Lingdao Kexue yu Lingdao Yishu

领导科学与领导艺术

刘峰 著

高等教育出版社·北京

北京大学出版社
PEKING UNIVERSITY PRESS

图书在版编目（CIP）数据

领导科学与领导艺术 / 刘峰著. -- 北京：高等教育出版社，2014.9（2025.10重印）
公共管理硕士MPA系列教材 / 周志忍主编
ISBN 978-7-04-031461-8

Ⅰ.①领… Ⅱ.①刘… Ⅲ.①领导学 – 研究生 – 教材 Ⅳ.① C933

中国版本图书馆CIP数据核字(2014)第083663号

出版发行	高等教育出版社	策划编辑	梅 咏 孟 鹏
社　　址	北京市西城区德外大街4号	责任编辑	孟　鹏
邮政编码	100120	书籍设计	张　楠
购书热线	010-58581118	责任校对	王　雨
咨询电话	400-810-0598	责任印制	刘思涵
网　　址	http://www.hep.edu.cn		
	http://www.hep.com.cn		
网上订购	http://www.landraco.com		
	http://www.landraco.com.cn		

印　　刷	三河市骏杰印刷有限公司
开　　本	787mm×960mm　1/16
印　　张	17.75
字　　数	280千字
版　　次	2014年9月第1版
印　　次	2025年10月第6次印刷
定　　价	35.60元

本书如有缺页、倒页、脱页等质量问题，请到所购图书销售部门联系调换
版权所有　侵权必究
物　料　号　31461-00

目　录

导论 ·· （1）

上篇

第一章　领导特质理论研究及应用 ································ （2）
　　第一节　领导特质理论的静态分析 ···························· （2）
　　第二节　领导特质理论的动态分析 ···························· （22）
　　第三节　领导者的成才之道 ·································· （32）
　　附录 ·· （50）

第二章　领导行为理论研究及应用 ································ （54）
　　第一节　由"两维"风格到"两为"职责 ······················ （55）
　　第二节　领导决策行为 ······································ （77）
　　第三节　领导用人行为 ······································ （83）
　　附录 ·· （92）

第三章　领导情境理论研究及应用 ································ （96）
　　第一节　领导情境理论的深层涵义 ···························· （96）
　　第二节　领导就是服务 ······································ （105）
　　第三节　领导情境重在权变 ·································· （121）
　　附录 ·· （133）

第四章　领导变革理论研究及其应用 ······························ （137）
　　第一节　领导变革的理论与实践 ······························ （137）
　　第二节　领导重在创新 ······································ （149）

第三节　领导变革大趋势 …………………………………………（164）
附录 ……………………………………………………………………（167）

下篇

第五章　领导决策决断艺术 ……………………………………（172）
第一节　领导重在决策 ………………………………………………（172）
第二节　决策重在执行 ………………………………………………（181）
第三节　修正决策的艺术 ……………………………………………（189）
附录 ……………………………………………………………………（199）

第六章　领导激励凝聚艺术 ……………………………………（203）
第一节　领导激励的逻辑 ……………………………………………（204）
第二节　领导激励的机制 ……………………………………………（212）
第三节　领导激励的艺术 ……………………………………………（215）
附录 ……………………………………………………………………（222）

第七章　领导权变艺术 ……………………………………………（226）
第一节　领导权变并非权术 …………………………………………（226）
第二节　领导者的角色转变 …………………………………………（231）
第三节　方圆兼顾的领导艺术 ………………………………………（237）
附录 ……………………………………………………………………（246）

第八章　新领导力的修炼艺术 …………………………………（250）
第一节　何为新领导力 ………………………………………………（250）
第二节　新领导力定律 ………………………………………………（255）
第三节　新领导力的修炼艺术 ………………………………………（258）
附录 ……………………………………………………………………（266）

后记 ……………………………………………………………………（269）

导 论

领导科学在中国的兴起和发展是与改革开放同步共进的。十八届三中全会吹响了全面深化改革的集结号,与之相应,领导科学也应有它的"升级版"。与以往出版的同类教材相比,本书有它的鲜明特色和内容架构。

一

第一个特点是领导科学和领导艺术相结合。作为一个学科应先研究领导科学,再研究领导艺术,把领导科学与领导艺术结合起来,这也是本书的突出特色。与传统领导科学教材偏重理论的归纳和评述不同,本书强调领导科学与领导艺术的有机结合:既有领导理论的内核,从领导特质理论、领导行为理论、领导情境理论到领导变革理论,并把逻辑和历史结合起来,框架清晰简约;也有决断艺术、激励艺术、权变艺术和新领导力修炼艺术等领导艺术的应用和归纳。

本书理论篇中每一个理论都有特定的应用领域;反过来,艺术篇中每一种领导艺术都有相应的理论基础。具体来说,领导特质理论的应用体现在成才之道,领导行为理论的应用体现在决策艺术和激励艺术,领导情境理论的应用体现在权变艺术,领导变革理论的应用体现在新领导力的提升艺术。

第二个特点是国际接轨和本土创新相结合。本书注重阐释领导科学理论的历史演进逻辑和国内外最新发展前沿态势,有助于读者及时把握学科发展脉络并接近学科发展前沿。同时,结合几千年中国传统文化的资政精华和中国共产党九十多年的成功经验,加之本书作者多年深入系统的教学科研成果,在超越西方领导科学理论的基础上进行归纳提炼,进行领导科学理论的本土化创新,初步形成具有中国特色的领导科学学科体系和话语体系,把相对系统的中国领导科学理论最新研究成果介绍给读者。下篇领导艺术部分主要呈现中国领导科学理论的应用艺术。

第三个特点是领导者和领导力研究相结合。本书认为领导科学有两条相辅相成的主线，一是研究领导者（Leader），即研究领导者的发现、培养、成长特点和规律；二是研究领导力（Leadership），即研究领导力的生成、构成和提升路径。领导者研究中科学的成分更多一些，普遍性更多一些，比如，就领导者特质而言，西方领导科学强调智商、情商和逆商，中国领导科学强调智、仁、勇。领导力研究中应用的成分和艺术的成分更多一些，特殊性更多一些。比如，就领导力的构成来说，西方领导科学主要强调影响力，中国领导科学不仅强调影响力，还强调决断力。因此，本书既重视领导者的研究，更关注领导力的研究，尤其注重领导者和领导力研究相结合。

第四个特点是领导观和领导力研究相结合。中国的领导科学需要更多的理论自信、理论自觉，而不是对西方领导理论的照搬照抄，这就需要自己的领导哲学，需要自己的领导观。所谓领导观就是改革开放和现代治理的领导观，就是中国特色社会主义的领导观，它是领导科学的内核和基石，具体包括简约领导观、柔隐领导观、治理领导观和人本领导观等方面的内容。从学科上来说，领导科学既是政治学又是管理学，强调领导科学的政治学属性主要与领导观相关；强调领导科学的管理学属性则主要与领导力相关。

二

本书篇章结构分上下篇，共八章。上篇四章偏重领导理论的阐释和演绎，下篇四章侧重领导艺术的分析和归纳。

第一章领导特质理论及其应用。本章首先对国内外领导特质理论的由来和最新进展进行了介绍和评价，重点论述了中国本土化的领导特质理论——"三德"修炼理论，并从不同层级领导特质、不同岗位领导者之间领导特质等角度论述了领导特质究竟"特"在何处及领导特质的重要作用。分析了领导特质理论的实际应用，介绍了领导力胜任模型的最新进展情况，并重点结合领导特质理论阐释了领导者的成才规律。可以说，领导人才学是领导科学的一个分支学科，因此，领导科学的一个重要研究领域就是如何选拔任用干部，要重点研究习近平总书记提出的"怎样才是好干部，怎样选拔好干部，怎样用好好干部"这一课题。

第二章领导行为理论及其应用。由于领导特质理论只关注领导者在领导活动中的作用,而真实领导活动的绩效既取决于领导者的作用,又取决于追随者的作用,更取决于二者的相互作用。领导科学的第二个理论由单向思维转向了双向思维,领导理论由领导特质转向领导行为,由关注工作到关注人。本章的领导行为理论既与西方理论对接,又超越了西方理论的视野和格局。领导行为是与领导职责和领导本质连在一起的。决策行为与用人行为是领导行为的两个组成部分,前者重"领",后者重"导"。本章主要对国内外领导行为理论的演进和发展进行了述评,重点阐释了中国本土化的领导行为理论——"两为"领导行为理论。

第三章领导情境理论及其应用。领导行为理论开始关注人是一个进步,但领导实践表明,领导绩效不仅取决于领导者与追随者这些人的因素,还取决于领导任务的特征和领导情境的作用,取决于领导者、追随者及领导任务在内的领导情境等多个因素的匹配和作用。于是领导科学发展就由单向思维、双向思维进一步转到多向思维。一代伟人邓小平认为"领导就是服务",这个论断有助于提高领导者和研究者的觉悟。领导服务的实质就是提供和营造合适的情境。本章在介绍西方情境理论主要观点的基础上,阐明领导情境理论与领导服务理论之间的内在逻辑,分析了中国服务型领导理论研究的进展,并阐述"领导就是服务"的中国情境理论,包括其内涵、特征、作用、提供服务的六种形式及其制度化以及服务型政府和服务型政党组织建设的缘由。最后论述了领导权变的问题,包括软权力的主要特征和应用策略,领导授权的原则和艺术,以及领导方式和领导方法的转变问题。

第四章领导变革理论及其应用。领导情境理论的形成和发展只是部分回答了领导科学发展中面临的一些实际问题,但其主要强调应变,似乎过于被动,很容易忽略领导活动的目的和价值。领导活动的本质是主动地变革,通过推动变革、实现变革,与追随者一起去创造价值、分享价值,并在领导变革的过程中提升双方的价值。领导变革理论关注的是变什么以及为什么变这些方向性的问题、根本性的问题。如果说领导科学的前三个理论重点是单向、双向和多向思维的话,领导变革理论则是方向思维。本章首先介绍领导变革理论的缘起、发展和主要观点,并在比较领导情境理论和领导变革理论异同的基础上，对西方领导变革理论进行评价，进而提出本土化的"双新"领导变革理论及其主要内容；最后讨论了领导变革的途径和艺术，包括领导者如何"自新"，如何"新民"以及领导变革的智慧和艺术。

第五章领导决策决断艺术。领导重在决策，决策包括"决"和"策"两个环节，因此，领导决策的艺术既包括领导者如何"策"的艺术，也包括领导者如何"决"的艺术。但领导决策重在决断，本章阐述的重点是在探讨领导决策艺术的基础上论述领导决断的艺术。首先阐明"决"和"策"的主要关系，领导决断的艺术和领导者的全脑思维；然后探讨执行决策的艺术，包括执行力和领导力的关系，决策执行中的解释和传达以及执行决策中的管理行为与领导行为；最后主要阐述修正完善决策的艺术，包括评估决策的艺术，完善和修正决策的艺术以及决策目标优化的艺术。

第六章领导激励凝聚艺术。领导重在用人，用人重在激励，因此也可以说领导重在激励。但领导激励只是形成动力，这种动力还是分散的，领导用人更需要在激励的基础上进行凝聚，以把分散的动力形成合力，凝聚力量，把激励和凝聚结合起来。本章主要阐述领导激励凝聚的艺术，激励既有科学性，更具艺术性，掌握了激励的原则和规律，然后因地制宜、因人而异地运用就形成了激励艺术。本章首先论述了领导激励的逻辑，包括领导激励的着力点和逻辑以及激励制度和激励艺术的动态平衡关系；然后探讨领导激励的制度和机制，包括激励和保健的结合、激励和约束的平衡以及激励的机制和制度；最后阐述了领导激励的实用艺术，包括目标激励的艺术、工作激励的艺术、尊重激励的艺术和兼容激励的艺术等。

第七章领导权变艺术。权变不是权术，权变的实质是"一切从实际出发"，是辩证思维与创新思维在领导工作中的具体体现，是因人而变、因事而变、因时而变和因境而变。在现实的领导活动中要坚持"方圆兼顾"的领导艺术。本章首先论述了领导权变在中国情境下的实质就是一切从实际出发，这就要求领导者因事、因人、因时、因境而变，领导者要学会辩证思维；然后重点阐述领导者角色转变的艺术，如何从追随者的角色向领导者角色转变，如何从基层领导者向中层、高层领导者以及卓越领导成长过程中的角色转变问题。最后重点探讨了领导者"方圆兼顾"的领导艺术及其具体应用。

第八章新领导力修炼艺术。本章把领导科学与领导艺术进一步结合起来，界定新领导力的内涵及特征，并揭示了新领导力的四大定律，提出修炼新领导力的具体途径和方法艺术。首先从内容、形态和来源三个方面分析了新领导力的构成，并论述了新领导力的主要特征；然后重点阐述了新领导力的四大定律，揭示新领导力如何产生、如何开发、如何提升；最后探讨了新领导力的修炼途径和修炼艺术。修炼新领导力的途径主要包括参加领导力培训和训练，导师的教练和指导，组织的培养和选拔以及个人的自省和感悟，探讨新领导力修炼艺术重点在领导应变力、网络领导力、形象领导力、学习领导力和共享领导力等方面。

三

学习领导科学需要把握领导科学的学科特点，在此基础上学习起来就能得心应手，事半功倍。归纳起来，领导科学的学科特点主要有以下几点：

一是不易不难。一个学科太容易，就很难吸引一流的人才去研究它。没有一定的理论功力，没有经过专门的训练，没有一定的实践体验，是不适合从事领导科学的研究工作的。领导科学的研究有一定难度，这对领导科学的发展大有裨益。当然，领导科学也非难以攀登。因为难度太大就会挡住很多人才，这对领导科学的学习和应用就产生了副作用。

二是不软不硬。领导科学的研究和学习不能太软，也不能太硬。太软了，就缺少科学的形态和框架，缺少规律和"硬核"；太硬了，尽是些公式图表，尽是些逻辑演绎，离领导工作的实际太远，也会降低它的实用价值。

三是不大不小。领导科学的研究领域不能太大，也不能太小。太大了，什么都想研究，什么都想学，结果把领导科学搞成了四不像，没有自己的特点和特色。太小了就不能把与领导工作相关的要素包括进来。国外的领导科学主要局限在领导力方面的研究。要创新领导科学，还要把领导制度、领导环境、领导职责、领导作用等内容包括进来。

四是不土不洋。领导科学的研究和学习不能太洋，也不能太土。所谓不能太洋，是说领导科学的研究一定要坚持中国特色，要使用中国话语，不能照抄照搬国外的东西。所谓不能太土，是指领导科学的研究不能关起门来搞自己的一套。

五是不虚不实。领导科学的研究和学习不能太虚，也不能太实。太虚了尽是些空洞的大道理和小道理，领导科学研究就脱离了实际。但也不能太实，尽是些经验的总结，案例的叙述。领导工作要科学化，领导科学也要科学化，"要研究领导工作的特点和规律"。

六是不轻不重。不要把领导科学的作用看得太轻，也不要看得太重。领导科学作为一门学科而言对于领导绩效的提高有帮助，但一个领导者要提高素质做好领导工作，把领导科学看得很特殊、过于重要是不利于领导工作科学研究的。当然也不能把领导科学看得太轻，认为学不学领导科学都能做好领导工作的观点也是错误的。

四

学习领导科学最好有一定的理论基础和工作经历，这样学习起来就能把书本知识和自己的经验知识结合起来，进而增强自己的感悟和内省，从而内化为自己的行动方式，指导自己的行为实践。领导力从本质上来说是一种积极的、定向的影响力，它存在于每一个事件当中，也存在于每一个人身上，概括起来，学习领导科学要注重以下"五个结合"。

第一个"结合"是把书本知识和经验知识结合起来。既要学习书本知识，也要向身边的领导者学习他们的领导经验，观摩并揣摩他们的领导行为和领导风格，把二者结合起来，互补起来。

第二个"结合"是把具体实际和西方理论结合起来。学习领导科学一定要有开放的心态，既要植根中国国情和中国实际，也要善于学习和吸收西方领导科学的最新研究成果和实践经验。

第三个"结合"是把传统文化和红色文化结合起来。学习领导科学的目的重在应用，重在提升真正的领导力，这就要求领导科学的学习和研究离不开领导活动的具体环境。中国的领导环境包括领导文化中的两个重点，一个是中国几千年的传统文化，另一个是中国共产党的红色文化，学习领导科学时要注意把二者结合起来。

第四个"结合"是把学习领导科学与其他学科结合起来。学习领导科学不能过于强调本学科的作用，认为有了领导科学就能包打天下。实际上，领导科学的发展脱胎于管理学、政治学、心理学等相关学科，要从相关学科汲取营养；另一方面，领导科学作为一门学科有特定的研究对象，特定的研究问题，特定的研究视角。因此，要把学习领导科学与其他学科结合起来，既要学习领导科学，也要学习专业知识，特别要下工夫学习马列主义基本理论，学习中国特色社会主义理论体系。

第五个"结合"是把理论和实践结合起来。领导科学的最大特色是它的实践性，实践出真知，要用领导科学来指导和提升自身的领导力。因此，学习领导科学既要从书本上学，也要从实践中学，要用理论知识指导实践，更要从实践中总结理论，最终把学习领导科学与实践领导科学结合起来，从而切实提升自己的领导力。

上篇

第一章　领导特质理论研究及应用

【内容提要】

本章阐述领导特质理论的主要观点、基本内涵和主要特征,并重点探讨领导特质理论的拓展应用。第一节主要对国内外领导特质理论的发展和最新进展进行介绍和评价,重点论述中国本土化的领导特质理论——"三德"理论;第二节主要从不同层级领导特质、不同领导者之间领导特质等角度论述领导特质究竟"特"在何处及领导特质的辩证特征;第三节主要总结分析领导特质理论的拓展应用,并重点探讨青年干部陷入"彼得高地"的原因及如何突围的成才路径和规律。

领导特质理论(Traits Theory of Leader)聚焦具备何种特殊素质的人能够成为领导者这一研究问题,主要从领导者的生理、心理、性格、智力及社会因素等方面研究领导者特有的性格和素质,旨在回答"领导者是什么人""领导者与被领导者的特质有何区别"这一问题。

第一节　领导特质理论的静态分析

本节主要介绍国内外领导特质理论的发展脉络与最新进展,涵盖西方领导特质理论的缘起、发展和最新进展状况,中国领导特质理论的发展演进、研究现状以及对国内外领导特质理论的评价,并重点阐述"三德"理论。

一、西方领导特质理论的缘起

关于领导特质理论的研究发端于19世纪末的西方国家,一直延续到20世纪60、70年代,形成了众多理论观点,学术界通常把这个时期的理论称为传统的领导特质理论。实际上，因领导特质理论解释力和预测力的局限，其从20世纪50年代开始就逐渐式微了。20世纪80年代以后，随着知识经济时代的来临，领导特质的重要性得到重新发现，关于领导特质理论的研究至今方兴未艾，这一时期出现的相关理论被称为现代领导特质理论。

（一）传统领导特质理论的概括

传统领导特质理论植根于这样的假设：领导者的特质来源于生理遗传，是与生俱来的，只有具备这种特质才可能成为有效的领导者。比如，亚里士多德就认为，"凡是赋有理智而遇事能操持远见的，往往成为统治的主人；凡是具有体力而能担任由他人凭远见所安排的劳务的，也就自然地成为被统治者，而处于奴隶从属的地位……"①。马基雅维利也认为，"君主必须是一头狐狸以便认识陷阱，同时又必须是一头狮子，以便使豺狼惊骇"②。政治学经典论著的论断中包含着丰富的领导特质论的思想，但直到19世纪末20世纪初才对领导特质开始进行系统研究。

1. 亨利·法约尔的七项领导特质理论

最早比较系统研究领导者特质的是法国管理学家亨利·法约尔（Henri Fayol），他认为，"所有大企业高级领导应具有如下能力与知识：（1）身体健康并且体力好；（2）有智慧并且精力充沛；（3）道德品质方面：有深思熟虑的、坚定的顽强的决心；积极、有毅力、必要时很勇敢；勇于负责，有责任感并关心集体利益；（4）有丰富的一般文化知识；（5）有管理才能，包括：预测——自己拟定和让别人拟定行动计划的能力；组织——尤为重要的是懂得怎样建立社会组织；指挥——管理人的艺术；协调——调节行动，使力量集中；控制；（6）对所有基本职能都有一般性概念；（7）在企业的特有专业方面有尽可能大的能力"③。

2. 亨利的十二项领导特质理论④

亨利（W.Henry）于1949年在调查研究的基础上归纳了成功的领导者应具备的十二种特质：（1）成就需要强烈，把工作成就看成是最大的乐趣；（2）干

---

① [古希腊]亚里士多德，吴寿彭译：《政治学》，商务印书馆1965年版，第4页。
② [意]尼可洛·马基雅维利，潘汉典译：《君主论》，商务印书馆1985年版，第84页。
③ [法]H.法约尔，周安华等译：《工业管理与一般管理》，中国社会科学出版社1982年版，第82-83页。
④ 转引自关力：《亨利等人有关领导者品质的理论》，载《管理现代化》1990年第5期，第45-46页。

劲大，工作积极努力，希望承担富有挑战性的工作；（3）用积极的态度对待上级，尊重上级，与上级关系较好；（4）组织能力强，有较强的预测能力；（5）决断力强，能在较短时间内权衡利弊进行选择；（6）自信心强，对自己的选择和能力充满十足的信心；（7）思维敏捷，富于进取心；（8）竭力避免失败，不断地接受新的任务，树立新的奋斗目标，驱使自己前进；（9）讲求实际，重视现在；（10）不能只对上级亲近而对下级疏远；（11）对父母没有情感上的牵扯，而且一般不同父母住在一起；（12）效力于组织、忠于职守。

3. 吉普的七项领导特质理论

美国心理学家吉普（J.R.Gibb）在1969年的一项研究报告中指出，一个天才的领导者应该具备以下七项天生的特征：（1）外表英俊潇洒、有魅力；（2）善于言辞；（3）智力过人；（4）具有自信心；（5）心理健康；（6）善于控制和支配别人；（7）性格外向，灵活敏感。

4. 斯托格蒂尔的六类领导特质理论[1]

斯托格蒂尔（R.M.Stogdill）在1974年出版的《领导手册》一书中总结了领导者应该具备的六大类特质：（1）生理特质，如身高、外貌、精力等；（2）社会背景特质，如社会经济地位、学历等；（3）智力特质，如判断力、决断力、知识的深度和广度、口才好等；（4）个性特质，如适应性、进取性、自信、正直、情绪稳定、不随波逐流、作风民主等；（5）与工作有关的特质，如成就的需要、愿意承担责任、重视任务的完成等；（6）人际交往特质，善于交际、愿意且能够与别人合作等。

5. 吉赛利的个性—激励特征领导特质理论

美国学者埃德温·吉赛利（Edwin E. Ghiselli）于1971年在《管理才能探索》一书中，认为领导者应具备八种个性特征和五种激励特征，其中个性特征包括：（1）才智：语言与文辞方面的才能；（2）首创精神：开拓新方向、创新的愿望；（3）督察能力：指导别人的能力；（4）自信心：自我评价较高；（5）适应性：为下属所亲近；（6）决断能力；（7）性别；（8）成熟程度。激励特征包括：（1）对工作稳定的需求；（2）对金钱奖励的需求；（3）对指挥

---

[1] [美]理查德·L.达夫特，杨斌译：《领导学：原理与实践》，电子工业出版社2008年版，第30页。

别人的权力需求；(4)对自我实现的需求；(5)对事业成就的需求。①

6. 鲍莫尔的十项领导特质理论

普林斯顿大学的威廉·鲍莫尔(W.J.Baumol)教授通过调查分析归纳出领导者应该具备的十项领导特质：(1)合作精神，即愿与他人一起工作，对人不是压服，而是说服、感动以致行动；(2)决策能力，既具有高瞻远瞩的能力，又超脱想象并依赖事实进行决策；(3)组织能力，善于围绕一定的组织目标和任务去组织人力、物力和财力，使部属的才能得以发掘；(4)精于授权，既能大权独揽，又可小权分散去完成任务和激励下属；(5)善于应变，即善于进取，机动灵活，而不抱残守缺、墨守成规；(6)敢于求新，即对新事物、新环境和新观念有敏锐的感受性和追求精神；(7)勇于负责，即对组织内的上级、平级、下级及整个社会抱有高度的责任心；(8)敢担风险，既有创造新局面的雄心和信心，又敢于承担组织发展中的挫折甚至失败的风险；(9)尊重他人，即尊重他人的人格和行为，又尊重他人的思想和表达，并积极吸取和采纳；(10)操守高尚，即品德能为组织成员和社会大众所接受甚或遵从。

7. 美国管理协会的二十项领导特质理论

美国管理协会在20世纪70年代曾对在事业上取得成功的1800名领导者进行了调查，发现成功的领导者一般具有下列二十种品质和能力：(1)工作效率高；(2)有主动进取精神；(3)善于分析问题；(4)有概括能力；(5)有很强的判断能力；(6)有自信心；(7)能帮助别人提高工作的能力；(8)能以自己的行为影响别人；(9)善于用权；(10)善于调动他人的积极性；(11)善于利用谈心做工作；(12)热情关心别人；(13)能使别人积极而乐观地工作；(14)能实行集体领导；(15)能自我克制；(16)能自主做出决策；(17)能客观地听取各方面的意见；(18)对自己有正确估价，能以他人之长补自己之短；(19)勤俭；(20)具有管理领域的专业技能和管理知识。

领导特质理论旨在寻求能够有效解释领导活动绩效，且能够对甄选领导者有指导作用的领导特质指标。因此，关于领导特质理论的研究成果应该具备以下基本的科学形态特征：第一，特质结构要素要尽可能简单、要素之间

---

① 孙耀君：《西方管理思想史》，山西人民出版社1987年版，第392页。

要相互独立，而且要素要具有明确的指向性；第二，特质结构要素的指标是围绕特定要素的，既是对特定特质要素的进一步细化，也是进一步说明，而且，特质要素的指标之间也要尽可能相互独立；第三，关于领导特质要素、特质要素具体指标的相关概念界定要有明确的边界；第四，关于领导特质的研究，要围绕领导特质的内核展开，要注意区分领导特质的具体表现和内核。关于领导特质理论研究成果只有先具有这些科学的形态，才能谈得上对领导活动和领导者的解释力和预测力。

传统的领导特质理论作为领导科学研究初创时期的研究成果意味着领导科学研究体系化和科学化的开端，逐渐有一批专门的学者开始以领导者为中心开展研究工作，关注领导者与非领导者在特质方面的差异，但研究角度和研究结论大不相同。比如，有的研究注重领导者的个性特质；有的研究注重领导者的能力特质；有的注重领导者的行为特质；还有的研究注重领导者的综合特质，包括生理、心理、智力、社会背景等多种特质因素。整体而言，传统领导特质理论的研究总结的领导特质要素和指标之间彼此交叉且界定较为模糊，从而导致取得的研究成果在某种程度上既缺乏系统性和科学性，也缺乏解释力和预测力。

由于学科发展阶段和所处时代背景的约束，这一时期领导特质理论研究明显的局限性主要有：第一，从研究方法看，主要是以经验分析和总结归纳为主；第二，因研究方法的局限导致研究成果呈现杂乱无章的状态，既缺乏内在的逻辑结构，也缺乏科学的形态；第三，关于领导特质理论的研究缺乏对领导活动绩效的理论解释力以及对甄选领导者和培养领导者的实际应用性；第四，没有区分领导特质的内核和具体表现，在取得的研究成果上，一方面表现为领导特质内核和具体表现的混淆，把二者并列在领导者应该具备的领导特质要素或指标中；另一方面表现为还没有把领导特质的内核要素从众多具体表现中提取出来、抽象出来，所以成果中列出的领导特质以各种具体表现为主。

（二）现代领导特质理论的演进

现代领导特质理论认为领导者的特质是在实践中形成的，可以通过后天的训练和培养加以塑造，因此，它比传统领导特质理论前进了一大步。进入20世纪80年代以来，在领导力的实践中，人们发现单纯依靠领导行为并不能保证领导效果，领导人格特质仍然在领导活动效果中起到重要作用。因此，领导特质重新引起人们的关注，领导特质理论的研究再次获得生机，领导特质理论研究进入现代领导特质理论研究时期，相继产生了魅力领导理论和领导胜任力理论等理论学派，其中，与领导特质直接相关且具有代表性的现代领导特质理论是魅力型领导理论。

1. 魅力型领导理论（Charismatic Leadership Theory）

魅力型领导理论是指领导者利用其自身的魅力鼓励并影响追随者去实现重大组织变革的一种领导理论。魅力型领导理论是对传统领导特质理论的超越，"魅力型领导虽然属于领导特质理论的范畴，但这种理论包括了领导特质、领导行为、影响过程及情境变量，有融合行为领导理论和权变领导理论的特点"，而且，"领导者是以个人的号召力来影响下属的行为，其才能是可以通过培训获得的"[1]。

大部分魅力型领导理论的研究试图确定魅力型领导与非魅力型领导之间的特质差异。比如，豪斯（House，1976）指出，魅力型领导者有三种个人特质：第一项特质是有预见（envisioning），有很好的洞察力和眼光，确立较高的目标，并且以行动来让下属学习怎样可以达到那些目标，这是魅力型领导最重要的特质；第二项特质是充满激情活力（energizing），以个人对工作的投入、对自己的信仰信念表现极高的自信心来推动下属的工作；第三项特质是赋予下级能力（enabling），例如表现对他们的支持，了解他们和对他们有信心。[2]

本尼斯和奈纳斯（Bennis & Nanus，1985）研究了90位美国最杰出和最成功的领导者，发现他们有四种共同的能力特质：有令人折服的远见和目标意识；能清晰地表达这一目标，使下属明确理解；对这一目标的追求表现出一致性和全身心的投入；了解自己的实力并以此作为资本。[3]

关于魅力型领导理论最全面的研究是加拿大麦吉尔大学的康格和凯南格（J. Conger & R. Kanungo，1987）进行的。他们的结论是，魅力型领导者具有

---

[1] 胡月星等：《现代领导心理学》，山西经济出版社2005年版，第29页。
[2] Robert J. House, *Charismatic Leadership in Service-Producing Organizations*, International Journal of Service Industry Management,1992,3(2):5–16.
[3] Warren G.Bennis and Burt Nanus, *Leaders: The Strategy for Taking Charge*, New York: Harper and Row,1985.

以下关键特质:他们有一个希望达到的理想目标;为此目标能够全身心地投入和奉献;反传统;固执而自信;是激进变革的代言人而不是传统现状的卫道士。[①](见表1-1)

表1-1 魅力型领导者的关键特质

序号	特质	解释
1	自信	对他们的判断和能力充满自信。
2	远见	有理想的目标,认为未来定会比现状更美好;理想目标与现状相差越大,下属越有可能认为领导者有远见卓识。
3	清楚表达目标能力	能够明确地陈述目标,使其他人都能明白。这种清晰的表达表明了对下属需要的了解,然后,它可以成为一种激励的力量。
4	对目标的坚定信念	被认为具有强烈奉献精神,愿意从事高冒险性的工作,承受高代价。为了实现目标能够自我牺牲。
5	不循规蹈矩的行为	行为被认为是新颖、反传统、反规范的。当获得成功时,这些行为令下属们惊诧而崇敬。
6	作为变革的代言人出现	被认为是激进变革的代言人而不是传统现状的卫道士。
7	环境的敏感性	能够对需要变革的环境加以限制和对资源进行切实可行的评估。

近年来,比较有影响的成果是保罗·B.布朗(Paul B. Brown)的领导特质八要素说。[②]

第一,前瞻性:领导者要纵观全局,并把整体观点通告给大家。这样,他们就可以树立一个共同的目标,从而达到发动群众、将大家的努力协调一致,创建一个单一的、有凝聚力的、生机勃勃的组织。

第二,信任:没有信任,前瞻性就会成为一句空话。信任能把人们团结在

---

① 转引自刘建军编著:《领导学原理——科学与艺术》(第3版),复旦大学出版社2007年版,第96页。
② [美]保罗·B.布朗:《领导的艺术》,国际文化出版公司2000年版,第22—23页。

一起，为创建一个坚强有力、使人心情愉快的团体群策群力。要树立起信任之风，领导者要能与别人交流传息，分享权力。其目的是营造诚实的文化氛围。

第三，参与意识：一个机构的能力大小在于其员工的参与意识和奉献精神。领导者要调动员工积极性，使他们劲往一处使，激发起全部门所有员工全身心的参与奉献。

第四，求知欲：领导者对自己要有深入的了解，对自己的长处与不足必须有清楚的认识。这要求他们终生不渝地探索发现。他们还必须能够适应新的条件。他们所领导的机构也要有这样的能力，必须不断的改善和创新。领导者还必须鼓励员工更新思想观念，学习掌握新技能。

第五，多样性：高超的领导者懂得多样性的重要作用，也了解偏颇的害处。他们明白，自己也有某些偏好，于是就以赞赏的态度鼓励人们各有侧重的积极方面。在其所在部门，他们一心一意地创造一种相互尊重的文化氛围。

第六，创造性：在聪明的方法比高强度劳动更能发挥作用的社会，创造性是至关重要的。领导者对员工的聪明才智也特别留意，取其长，弃其短，要鼓励员工大胆地进行独立思考，并在技术方面做出投入，以使员工的聪明才智得以充分发挥。

第七，笃实精神：领导者必须有信仰。作为社会公民，以个人身份，他应懂得，根据奉行多年的原则标准，生活中什么东西为重为大。所有明智的领导者都有自己的道德准则，都有自己的是非观。好的领导者深知，遵守道德规范是很划算的事。

第八，集体意识：社会需要公民共同承担义务，社会鼓励最佳的行为表现。成熟的领导者都很重视其所在部门对周围社会所承担的责任。领导者还应该视自己为自然环境的管理人。

魅力型领导对下属有什么影响呢？有关这方面越来越多的研究表明，魅力型领导与下属的高绩效和高满意度之间有着显著的相关性。为魅力型领导工作的员工受到激励而付出更多的工作努力，而且，由于他们喜爱自己的领导，也表现出更高的满意度。研究表明，魅力领导、个别关怀、智力刺激与下属的绩效呈正相关关系。[1]

---

[1] 转引自罗珉：《魅力型领导理论述评》，载《当代经济管理》2008年第11期，第1-6页。

现代领导特质理论比传统领导特质理论更富有解释力，因为其扩展了对领导特质的研究范畴，把领导行为、领导情境、甚至追随者的特质特征都融入领导特质的边界之内，进而探讨其与领导效果之间的相关关系，寻找影响领导效果的有效领导特质变量。

但其明显的局限是该理论仍然没有有效区分领导特质的内核与领导特质的外在表现，没有形成相互独立又彼此互洽的领导特质结构和指标，导致的许多研究成果把领导特质的内核与外在表现混淆在一起，让从事实际领导工作的领导者无所适从。理论研究的一个目的就是要透过现象看本质，通过对领导特质众多外在表现的梳理归纳出各种具体表现所指向的相同内核，然后形成领导特质的结构。

有西方学者认识到这一问题，并把探索领导特质的内核要素视为推动领导特质理论研究的突破口。艾登（Eden，1975）提出内隐式领导（Implicit Leadership）的概念，认为被领导者的内在特质因素对领导者行为有极大的影响，这应当成为区分领导者与非领导者的"内部标签"。随后，沃夫曼（Offermen，1994）等学者基于美国文化背景，提出敏感性、献身精神、专制、感召力、智力、吸引力、男性气质、气质等8个内隐领导特质要素。艾比帕克和马丁（Epitropaki & Martin，2004）采用沃夫曼开发的41项特质量表进一步探索内隐领导的内容和结构，最终形成了6个维度，包含21项特质的内隐领导特质结构。

2. 以信誉（Conviction）为基础的领导理论

随着现代领导特质理论逐步转向对领导特质内核要素的研究，"信任""信誉""诚实"等内在领导特质慢慢从诸多领导特质要素中浮现出来，成为引领领导特质理论发展的方向。许多学者都同意把"信任"作为领导特质的重要组成，比如美国学者斯蒂芬·P.罗宾斯认为，"信任是与领导有关的最主要的因素"，詹姆斯·库泽斯和巴里·波斯纳（James Kouzes & Barry Posner）更是一语中的，明确强调"信誉是领导力的基石"，并通过多年的追踪调查，用调查数据证明"信任"这一领导特质对领导者成才、领导力提升和领导效能提供的关键价值，而且，这一特质是追随者最希望从领导者身上看到的，是追随者对领导者的期望。

他们开发了一个名为"受人尊敬的领导者的品质"的调查问卷，在全世界范围内发放,"多年的调查结果保持着一定的规律性,没有随着地区、组织、文化的不同而呈现差异"①,多年来,只有4种品质被超过60%的人选中,这些品质分别是真诚、有前瞻性、有激情和有能力,其中真诚这一特质一直位居第一。(具体调查结果见表1-2)

表1-2 受人尊敬的领导者的品质

品质	选择该品质的被调查者的百分比(%)			
	2007年版	2002年版	1995年版	1987年版
真诚	89	88	88	83
有前瞻性	71	71	75	62
有激情	69	65	68	58
有能力	68	66	63	67

表格来源于[美]詹姆斯·库泽斯、巴里·波斯纳著,李丽林等译:《领导力》(第4版),电子工业出版社2009年版,第23页。

"值得信任是真诚的同义词,领导者要使众人行,信任是关键。""领导者必须获得信誉。忠诚、投入、活力和生产率全靠它。""领导力始于你和你对自己的信任。但是,只有当他人也信任你时,你的领导才能继续。"正是基于这样的理念,于是,就有了1993年出版的《领导者——信誉的获得和丧失》②一书,该书是关于信誉领导理论的集大成者,但其远远没有得到人们的广泛重视。

"信任"毫无疑问是领导特质的内核要素之一,关于如何界定"信任",有学者认为,"信任是一种对他人的肯定的预期,认为他人不是通过言语、行动或决定等行为惟利是图的投机者"。有研究进一步对"信任"这一特质进行了

---

① [美]詹姆斯·库泽斯、巴里·波斯纳,李丽林等译:《领导力》(第4版),电子工业出版社2009年版,第22页。
② [美]库泽斯·库纳斯等,方晓利等译:《领导者——信誉的获得和丧失》,中国经济出版社1999年版。

拆分，认为其包括5个重要维度，包括诚实、能力、一致、忠诚和公开。[①]（具体见表1-3）

表1-3 信任的5个重要维度

序号	信任的维度	解释
1	诚实	指真诚与正直。在所有估计他人的可信度的五个维度中，该尺度似乎最重要，没有对他人的道德品质和诚实本性有一定的理解，信任的其他维度就毫无意义。
2	能力	包括个体的技能，人际交往的能力。这个人知道他谈论的内容吗？如果某人的能力让你不敢恭维，那你肯定不会听这个人的话或信赖他。你需要相信的是，某人有技巧和能力做到他说的事情。
3	一致	指一个人的可靠性和处理问题时的判断。言行的不一致降低信任。这个维度尤其与管理者有关。没有什么比管理者的鼓吹与他们的实际行为之间的差异更能引人注意。
4	忠诚	是维护和照顾他人名誉的意愿。信任要求你可以信赖某人，相信他不会有投机行为。
5	公开	你会不信任一个对你完全坦白的人吗？

有学者给出了建立信誉领导或信任领导的建议：[②]

第一，实行公开。不信任大多是因为人们不清楚他们在干什么。因此，要让人们保持信息通畅，明确决策制定的标准，解释决策的基本原则，坦白问题，完全展开相关的信息。

第二，公正。在做决定或行动之前，从客观公正的角度来考虑别人会如何看待这些问题。在适当的时候要信任下属，在绩效评估时要客观公正，在奖励分配时要注意赏罚分明。

第三，说出你的感受。管理者通常都表现出很硬朗的形象，冷漠，不易

---

① [美]斯蒂芬·P.罗宾斯，柯江华译：《组织行为学精要》（第7版），机械工业出版社2003年版，第140-141页。
② [美]斯蒂芬·P.罗宾斯，柯江华译：《组织行为学精要》（第7版），机械工业出版社2003年版，第143页。

接近。如果你能够同别人分享喜怒哀乐，其他人会明白其实你也是个有血有肉的普通人。他们会变得理解你，会更加尊重你。

第四，讲实话。诚实是信任关键的因素，人们通常可以容忍并理解一些"不想听到的事情"，而不愿意看到管理者在欺骗他们。

第五，始终如一。人们总希望自己可以预期他人的行为。花些时间好好想想自己的价值观和信仰，让这些一贯地指导自己的决定。

第六，守诺。信任要求人们觉得你是可靠的，因此你必须信守诺言。要说到做到。

第七，保密。人们信任和依靠言行谨慎的人。所以，如果别人告诉你一些秘密可能会使得自己更容易受伤害。他们希望你能保证不会和其他人谈论这些事或者泄露这些秘密。

第八，展示能力。通过展示你的技术和专业能力，来增加别人对你的钦佩和尊敬。特别注意展现你的交际、谈判和与人相处的技巧。

3. "技术、人际和概念"三维领导特质理论

在纷纭众多的领导特质理论中，有一种领导特质理论很长时间以来一直没有引起人们的关注，这就是卡茨（Katz，1955）和曼（Mann，1965）提出的领导特质的三维分类：即技术技能、人际技能和概念技能。

技术技能主要与物有关，人际技能主要与人有关，概念技能则主要与思想和概念有关。具体而言，技术技能是实现特殊活动的有关方法、过程、程序和技术的知识，运用与这个活动相关的工具和设备的能力。人际技能是关于人类行为和人际过程的知识；从言行举止中理解他人的感情、态度和动机的能力（同情、社会敏感性）；清楚和有效沟通的能力（演说流利、有劝导性），以及建设有效的和合作间关系的能力（得体、倾听技能、可接受的社会行为的知识）。概念技能是概括分析能力；逻辑思维；熟练地形成概念和使复杂矛盾关系概念化；在产生想法和解决问题中的创造性，以及有能力去分析事件和洞察趋势、预见变化、认识机会和潜在的问题（归纳和演绎分析）。[①]

这种三维领导技能的分类在很大程度上契合领导特质理论，尽管技术、

---

① 转引自[美]加里·尤克尔，陶文昭译：《组织领导学》（第5版），中国人民大学出版社2004年版，第207页。

人际和概念这三种技能是被视为管理者的技能分类，但实际上，其已经具有了领导特质理论的内涵，三维技能是领导特质的外在表现，技术技能主要指向领导者的技术特质，人际技能主要指向领导者的人际特质，概念技能主要指向领导者的概念特质。这样，领导特质理论就有了一个三维的领导特质结构：技术特质、人际特质和概念特质。

与此相类似，有学者提出，领导者应该具备以下三类领导技能：分析技能、操作技能和决策技能。其中，分析技能包括分析问题、产生和实验假设、收集和综合资料；操作技能包括群体促进、任务完成、会议的掌握和项目的管理；决策技能包括方案的取舍、权衡利弊、评估风险和解决冲突。[1]

另外，阿尔弗雷德·德克兰（Alfred C. Decrane）认为领导者的优良品质就像宪法因其广泛性和弹性能够随着客观外界条件的变化而适应一样，能够得以保留。他据此提出的"领导特质的宪法模型"包括四种领导特质：个性、想象力、行为以及信心。[2]沃伦·本尼斯（Warren G. Bennis）和罗伯特·托马斯（Robert J. Thomas）通过对43名年轻和年长的领导者的研究后认为，适应能力、凝聚共识、独特声音以及操守——是所有成功领导者的必备条件。[3]这样，西方现代领导特质的研究就越来越深入到对领导特质内在要素的探索中去了。

二、中国领导特质理论的发展

从中国古圣先贤到中国共产党人一直十分重视对领导者的素质即特质研究。军事家孙子认为领导者必须具备的素质为："将者，智、信、仁、勇、严也。"[4]梅尧臣对此注释说："智能发谋，信能赏罚，仁能附众，勇能果断，严能立威。"因此，智、信、仁、勇、严被后人称为"为将五德"。孔子则认为作为领导者的君子应该具备三种美德，即"智者不惑，仁者不忧，勇者不惧"。[5]

---

[1] [美]乔恩·R.卡曾巴赫等：《改革领导人》，经济科学出版社2000年版。
[2] 阿尔弗雷德·德克兰：《一个分析领导的宪法模型》，载《未来的领导者：新时代的新视野、新策略与新措施》，四川人民出版社1998年版，第316—323页。
[3] [美]沃伦·本尼斯、罗伯特·托马斯，杨斌译：《极客与怪杰》，机械工业出版社2003年版，第117页。
[4] 《孙子兵法·计篇》。
[5] 《论语·子罕》。

（一）中国领导干部素质的要求

毛泽东认为，领导干部"应是以能否坚决地执行党的路线，服从党的纪律，和群众有密切的联系，有独立的工作能力，积极肯干，不谋私利为标准"。①"应该是襟怀坦白，忠实，积极，以革命利益为第一生命，以个人利益服从革命利益。"②

邓小平认为领导干部应该具备三种素质："一是坚决拥护党的政治路线和思想路线；二是大公无私，严守法纪，坚持党性，根绝派性；三是有强烈的革命事业心和政治责任心，有胜任工作的业务能力。另外，从精力上说，能够顶着干八小时工作。"③1980年12月，邓小平在中央工作会议上，首次把党在社会主义现代化建设时期的领导干部素质的标准完整地概括为"四化"，并强调："提出年轻化、知识化、专业化这三个条件，当然首先是要革命化，所以要以坚持社会主义道路为前提。"强调了领导者政治道德素质和专业知识素质的重要性。

江泽民在党的"十五大"报告中明确提出："要把群众公认是坚决执行党的路线、实绩突出、清正廉洁的干部及时选拔到领导岗位上来。"2002年7月，中共中央颁布《党政领导干部选拔任用工作条例》，其中第二十一条规定提拔领导干部必须考察"德、能、勤、绩、廉五方面的主要表现和主要特长"。

2014年1月，中共中央颁布了重新修订的《党政领导干部选拔任用工作条例》，在总则中明确地把习近平总书记在中央组织工作会议上提出的好干部的五个素质即"信念坚定，为民服务，勤政务实，敢于担当，清正廉洁"作为选拔党政干部的主要标准。

（二）中国领导特质理论的研究现状

关于中国领导特质理论的研究基本沿着政策阐释和学术研究两大相互联系的路径展开，前者重在政策阐释、细化和应用，后者重在理论研究、发展和应用。

1. 政策研究视角的领导特质理论

政策路径的研究基本按照党的文件确立的领导干部素质进行理论分析和

---

① 《毛泽东选集》第2卷，人民出版社1991年版，第527页。
② 《毛泽东选集》第2卷，人民出版社1991年版，第361页。
③ 《邓小平文选》第2卷，人民出版社1994年版，第222页。

实证研究。北京大学肖鸣政教授认为，党政领导者素质标准包括政治标准、思想标准、道德标准、能力标准、业绩标准、知识经验标准、身体标准和心理素质标准。① 中山大学王乐夫教授认为，领导者素质包括政治素质、知识素质、能力素质和心理素质。② 辽宁师范大学孙立樵教授系统总结了关于中国领导干部素质的构成要素，认为现代领导者的素质结构包括：政治素质、道德素质、知识素质、能力素质、身心素质和作风素质等。③（具体构成见表1-4）

表1-4 现代领导者的素质结构

序号	素质结构	构成
1	政治素质	包括正确的政治方向、坚定的政治立场、鲜明的政治观点、高度的政治觉悟
2	道德素质	包括大公无私的高尚情操、实事求是的优秀品质、谦让容人的豁达胸怀、严于律己的自省精神
3	知识素质	包括深厚的政治理论知识、广博的科学文化知识、精通的专业业务知识、娴熟的领导和管理知识
4	能力素质	包括远见卓识的预见能力、多谋善断的决策能力、统筹全局的驾驭能力、机动灵活的指挥能力、知人善任的组织能力、通融豁达的协调能力、机智敏捷的应变能力、动人心魄的表达能力、开拓进取的创新能力
5	身心素质	包括强壮的体魄、健康的个性、优秀的情商
6	作风素质	包括思想作风、工作作风、生活作风

2. 学术研究视角的领导特质理论

复旦大学刘建军教授认为，领导者主要特质包括五个方面：第一，智力，指的是领导具有较强的表达能力、洞察力和理性的思考能力；第二，自信心，指的是对自身能力和技能的相信程度，包括自尊心、胸有成竹和对自身影响

---

① 肖鸣政：《党政领导人才评价标准问题研究》，载《北京大学学报》（哲学社会科学版）2005年第3期，第114页。
② 王乐夫：《领导学：理论、实践与方法》（第3版），中山大学出版社2007年版，第61-70页。
③ 孙立樵编：《现代领导学教程》（修订版），中央党校出版社2006年，第80-95页。

力的信念；第三，决断力，指的是完成某项工作的愿望以及包含主动性、坚韧性、支配力和驱动力的性格；第四，正直，意味着诚实与可信；第五，合群，指的是领导者建立良性社会关系的意向。①并在此基础上，从特质来源的角度对这些特质要素分成三类：先天性要素、经验性要素和修炼性要素。②但由于其对领导特质要素的分类主要是基于特质来源的角度，这就导致对领导特质要素的提炼在很大程度上只是一种形式的分类和提炼，难以有效解释和指导领导活动的实践。

2007年，中国浦东干部学院的吴涛将具有代表性的动物特性引入领导特质的分析，在领导特质的要素中划分出五种维度。第一，海龟型维度，这类领导者往往敦厚随和，行事冷静自持，生活讲求规律，但也随缘从容，面对困境能泰然自若。第二，狮子型维度，这类领导者具有高支配型特质，他们竞争力强，好胜心盛，积极自信，是有决断力和魄力的领导者。第三，企鹅型维度，这类领导者往往具有较高的社交和沟通能力，表达能力较强，有雄辩的口才和热情幽默的风度，在团体或社群中容易广结人缘，建立知名度。第四，工蚁型维度，这类领导者是比较精细的人，其行事重条规轻情感，事事以规则为准绳，并以之为主导思想。第五，章鱼型维度，这类领导者具有高度的应变能力，他们往往性格善变，处事极具弹性，能为了适应环境而调整其决定甚至信念。并强调，这五类特质没有最佳，也没有最差，关键在于领导者的偏好以及能否契合追随者和领导环境。③

2012年，齐善鸿、张党珠、李彦敏结合中国传统文化提出领导特质的三重人格观点：第一，外我境界，即领导者自己或者借助外力做自己的旁观者，随时随地"反观、反听、反思"自己；第二，大我境界，即领导者清晰定位自己的角色，缩小人我之界，承载天地之本色，获得"大欲、大智"，以借天地之力帮助他人为功；第三，无我境界，即领导者以服务者、公仆的角色自居，做到"无我执、无我身、无我名"。④

---

① 刘建军编著：《领导学原理——科学与艺术》（第3版），复旦大学出版社2007年版，第75—76页。
② 刘建军编著：《领导学原理——科学与艺术》（第3版），复旦大学出版社2007年版，第178页。
③ 吴涛：《领导特质光谱中的五种维度》，载《领导科学》2007年第6期，第33页。
④ 齐善鸿、张党珠、李彦敏：《论国学视域下的领导特质：三重人格境界》，载《辽宁大学学报》（哲学社会科学版）2012年第3期，第95—99页。

领导特质理论重在识别领导者与非领导者之间特质的根本差异，从而有助于选拔领导者，并进而提升领导活动的绩效。因此，领导特质理论强调的是领导者素质的特殊性，特别是领导者与追随者的素质的差异。按照这种逻辑，领导特质的研究就应该沿着比较领导者和非领导者素质差异的研究途径展开，通过比较、分析和归纳提炼出真正属于领导者的特殊素质。但多数国内外对领导特质的研究都没有采用这种比较分析的方法来阐述领导特质究竟"特"在何处，对领导特质理论的中心问题进行回应。

三、领导者的"三德"修炼

"如果有综合的概念框架能以少量元结构包含所有相关的品质，将更容易按照领导人的个人品质去描述领导。"[1]不仅如此，简明的领导特质结构还能提高对领导者识别和选拔的准确度，提高对领导活动绩效的解释力和预测力。通过对领导者特质和专业技术人员特质的比较分析，本书作者提出了中国本土化的领导特质理论。经过长期研究领导者成长特点和规律发现，我们发现，在中国领导活动的语境中，"智""仁""勇"这三大特质是成功领导者的共同属性，简称"三德"理论。需要注意的是，这里所讲的"德"不只是狭义的道德，而是广义的领导能力和素质。

（一）领导者的"智德"

"智德"居"三德"特质之首，领导者的"智德"主要包括四个方面的具体内容，体现在创新思维、战略眼光、机遇意识和决策水平上。

1. 领导者"智德"的基础是精通业务和提高绩效

领导者要胜任本职工作，首先必须精通业务。领导者在任何一个岗位上，都应该善于学习，全面掌握自己工作岗位所处行业的基本业务知识，进而才能提高领导工作的绩效。

领导者的两件大事，即"决策"和"用人"都需要领导者精通业务。一方面，领导决策是领导者基于特定的领导情境和实现组织目标而自己出主意，或合主意，或断主意，这些活动都需要领导者对相关业务的精通；另一方面，

---

[1] [美]加里·尤克尔，陶文昭译：《组织领导学》（第5版），中国人民大学出版社2004年版，第225页。

领导者的用人活动总是与一定的领导事务相结合并对之加以处理,这又需要领导者用业务的标准去识别、使用相应的人员,特别是对于基层领导者而言,业务的专长就尤为必要。

领导者的"智德"最终表现在决策和执行的超优绩效上面。领导绩效对领导工作而言是最重要的,业务能力强不强,不是看怎么说,而是看怎么干,更要看干得怎么样。

2. 领导者"智德"的特征是创新思维和辩证思维

领导者的"智德"还表现为打开空间、善于创新思维和辩证思维。理性思维能力就是领导者符合逻辑的判断、推理能力,它帮助领导者把领导实践中获得的经验理论化,使之具有普遍的适用性,善于把握趋势,善于预测前景,善于分析形势;同时,领导者在长期的知识积累、实践历练的基础上,必然形成一定直觉、想象、灵感等非逻辑思维能力,这些往往都能帮助领导者在重要关头、危急时刻,思维灵光乍现,纠结茅塞顿开,问题迎刃而解。

3. 领导者"智德"的重点是机遇意识和决策水平

领导者的"智德"也表现为在遵循客观规律的基础上,对客观事实和环境条件的发展变化的趋势进行综合分析判断,有清晰的问题意识和敏锐的机遇意识,决策要及时,机遇要抓住。领导者"智德"的关键是领导决策,领导决策的前提和基础是预见、预测。

概言之,领导者首先要精通业务,在精通业务的基础上要学会创新思维,创新思维是为了科学决策,科学决策是为了贯彻执行,贯彻执行的最终目的是为了提高领导绩效和创造领导价值。

(二)领导者的"仁德"

当好领导"20%靠智商,80%靠情商",戈尔曼"二八律"虽然有一定的道理,但我们要超越戈尔曼的"二八律",超越"情商"的概念。领导者的"仁德"是个比情商更大的概念,它的重点是作风建设和道德修养,是进取意识和影响力。领导者的"仁德"主要包括四个方面的内容:

1. 领导者要有自知之明和使命感

"吾日三省吾身",讲的就是人要自我认知。自知之明可以分为三个方面:一知道自己的职责和使命。领导者一定要知道自己的职责是什么,使命是什么，发展方向是什么。有了使命，就有了方向和动力，就知道要把"组织"往哪儿领。

二知道自身的真正优势。领导者一定要懂得突出自身优势，善于拿自己的优势和别人竞争，这样才容易取得成功。

三知道自己的缺点局限。领导者有缺点不怕，就怕因为缺乏自知之明而不知道自己的缺点与局限所在。

2. 领导者要积极进取并自我管理，只有管住自己，才能领导他人

领导者必须能够严格自律，做到自我管理，其要点有三个方面：

一要管好自己的心态。积极的心态就是昂扬向上的进取意识和自信心。领导者需要比普通人更自信，唯有如此，方可赢得别人的信任，从而产生强大的影响力。

二要管住自己的情绪。稳定的情绪是领导工作的前提和保证。情绪低落要振作；情绪激动要冷静。领导者要有自制力，要能及时摆脱负面思考以及控制个人情绪。

三要管好自己的行为。领导者的一言一行要符合自己的角色，符合自己所处的领导情境。领导干部要比普通群众付出更多的辛劳，要比普通群众接受更严格的约束。

3. 领导者要善于识人

作为领导者应该从哪些方面以及怎样识别他人呢？

一是辨别能力大小。领导识别人才要重点结合工作岗位看一个人的长处和短处，以便给其安排一个合适的岗位。

二是分出品德高下。识别人才还要分辨他是否德才兼备，以德为先。领导者没有品德，就不能赢得追随者的信任和追随。没有追随和信任，领导者的影响力也就无从谈起。

三是善识人心远近。能够较为准确地把握领导者与追随者的心理距离和感情距离也是领导者的一个基本功。

4. 领导者重在用人

领导"仁德"的重中之重是用人，也就是影响人。这里的用人不仅要用比自己地位低的人，而且还要用与自己地位相当的人，甚至用比自己地位高的人，领导者对不同的人要有不同的"用"法。

对上级重认同。主动跟上级沟通，让上级知道自己工作的进度和难度，知道自己的优点和缺点，知道自己什么时候需要帮助，什么时候需要鼓励。领导者在与上级交往时要真诚沟通、主动认同。

对同级重协作。与同级的协作要学会合作，追求共赢。要主动合作，相互补台，你追我赶，共同发展。所谓同级之间，相互补台，好戏连台；反之，相互拆台，一起垮台。

对下属重激励。领导者对下属既要激励又要约束，同时领导艺术重在激励。

（三）领导者的"勇德"

领导者的"勇德"主要体现在责任意识和敢于担当、对外部情势的抗逆和果断方面。领导者"勇德"的重点是胆略气魄、坚毅果断、敢担风险、勇于负责。

1. 领导者的胆略与果敢

领导者的勇德首先体现在要有胆略，能够果断决策。1950年6月25日，朝鲜内战爆发。随后美军越过三八线，把战火燃烧到中朝边界的鸭绿江边。毛泽东采取的对策为：抗美援朝，保家卫国。经过三年持续的军事和政治斗争，1953年7月27日，新生的中华人民共和国迫使以美国为首的联合国军在《朝鲜停战协定》上签字，从而宣告这场战争的结束。抗美援朝战争的胜利，捍卫了新中国的安全，提高了新中国的国际地位，保障了新中国经济恢复和建设工作的顺利进行。这一伟大胜利，与以毛泽东为代表的领导者的胆略与果敢是分不开的。

2. 领导者的坚强意志

领导者面对变化，方向要坚定，信念要坚守，意志要坚强，认准目标，咬定青山不放松。遇到困难要不怕挫折，要有坚韧不拔的毅力。1947年，蒋介石将"全面进攻"的策略转变为"重点进攻"，企图以优势兵力一举消灭西北解放军，夺取延安。当国民党大军压境之际，毛泽东深思熟虑做出的决策是：全部撤出延安。毛泽东以是否有利于歼灭敌人的有生力量和解放全中国的长期目标作为选择标准，认为撤出延安比坚守延安更有利于实现长期目标，最终选择了暂时撤出延安的决策，体现了一位杰出领导者的坚强意志和非凡魄力。

3. 领导者要有抗逆能力

领导者要勇于面对逆境，有抗压能力和抗逆能力，要勇于面对压力，化压力为动力，善于应对危机。在工作中遇到困难，领导者要挺得住，在逆境中寻求突破。

抗逆能力是面对逆境和压力时的一种恢复力，又称为心理韧性或心理复原力。面对逆境，能将逆境视作挑战，把压力变为动力，把逆境视为新的契机，保持自信、乐观的心态，积极面对，勇往直前。

领导者之所以为领导者就在于其要超越普通群众，群众低头时领导者要昂头、群众退缩时领导者要前进。在群众和下级眼里，领导者越有抗逆能力，内心越是强大，群众和下级就会越信服。

4. 领导者要勇于担当

领导者的"勇于担当"重在责任意识，重在担当精神，主要是使命的担当和道义的担当。领导工作不能怕危险、更不能怕担责任，领导者要有强烈的担当意识。

担当重在担责、勇在克难、贵在化险。真正的领导者就是责任、困难和风险的担当者。"勇德"不是胆子大，不是逞匹夫之勇，不是蛮干。"勇德"是大智大勇，是见识和胆识，是气魄和勇气。

第二节　领导特质理论的动态分析

领导特质理论是以领导者为中心的，强调领导者与非领导者之间的角色与能力素质的差异，强调领导者的特殊性。实际上，领导特质的特殊性不仅仅"特"在与非领导者的特质不同，而且，基层、中层和高层不同层级领导者之间的特质也是不同的，这是领导特质的第二重内涵；不同领域、不同行业之间领导者的特质也是存在差异的，在更广泛的意义上来说，每一个领导者的领导特质都有其自身的特殊性所在，根本而言，每一个领导者的领导特质都是不同于其他领导者的，这是领导特质的第三重内涵。正是因为这些领导特质的动态特征决定了领导特质的组成更加丰富生动、更具启发性和实用性。

一、领导特质的辩证特征

领导特质是从领导实践中来分析、总结、归纳出来的。从大量的领导实践中可以发现，领导特质具有五个方面的基本特征：既有普遍性又有特殊性、既有先天性又有后天性、既有稳定性又有变动性、既有偶然性又有必然性、既有被动性又有主动性。

（一）领导特质的普遍性与特殊性

与领导工作的要求相适应，领导者具有一些相似的人格特质。他们几乎都高度自信、成就导向、情绪平衡、性格乐观、智能超强、善于分析、善于拓展并能建立和维系积极的人际关系等。一般而言，普遍性的领导特质应该包括以下四个方面：

第一，优秀的道德素质。领导者必须是正直的人，可以信任的人。这是领导者能够让别人取信于他、服从于他的重要因素。如果人们认为某个人缺乏正直，就会对他产生拒斥心理，不会听从和服从他的领导，至少不会长期服从他。"每个人都想要完全信任他们的领导人，而要让他们完全信任，就必须让他们相信他们的领导者非常正直。"[①]

第二，较高的智力水平。领导者通常具有较强的分析能力，能够在接收大量信息的基础上，去粗取精，去伪存真，提取有用的、重要的信息，找出信息之间的相互联系，继而判断局势，做出正确决断。较高的智力通常外显为能力，追随者"必须看到领导者有相关的经验，有判断能力。如果他们怀疑领导者的能力，就不可能跟他走"[②]。

第三，良好的心理素质。他们与人进行接触、交流时，通常心态积极，能够正确看待问题，这是领导者很重要的品质。只有非常注重与他人联系，准确把握他人的情感和价值观，才能处理和协调人际关系，动员全体成员向着共同目标协作努力。一定意义上，心理健康对组织发展方向的明确和坚定起着非常关键的作用。

第四，积极的进取意识和一定的健康体魄。领导者必须具有旺盛的内在动

---

① [美]詹姆斯·库泽斯、巴里·波斯纳，李丽林等译：《领导力》（第4版），电子工业出版社2009年版，第25页。
② [美]詹姆斯·库泽斯、巴里·波斯纳，李丽林等译：《领导力》（第4版），电子工业出版社2009年版，第27页。

力，不满足于现状，渴望发展并获得成功。没有这种内在的驱动力，就不可能让一个人长久保持积极上进和不懈追求的精神去全力以赴地投身事业。"热情与活力是基本的，代表着领导者个人追求梦想的投入程度。如果领导者对某件事情无动于衷，为什么其他人要拼命呢？"[1]同时，领导者必须具有基本的健康体魄，"有较高水平的领导者都要很大的耐力和精力储备"[2]。

领导特质的共性体现了领导活动的普遍性，而领导者之间存在着的差异性则反映了领导活动的特殊性。领导活动的丰富多彩和变动不居正是对特殊性的生动注解，就领导特质而言，有的性格开朗、做事高调；有的性格内敛、做事低调；有的性情急躁，有的性情平和；有的长于思考，有的善于行动；有的偏重理性，有的偏重感性等。这些构成了领导活动表现方式的丰富多彩，也展示了领导特质千差万别的特殊性。

（二）领导特质的先天性与后天性

领导才能是先天生成的，还是后天造就的？对此，历来有着激烈的争论。从20世纪30年代起，心理学家们进行了大量研究，希望发现领导者与非领导者在个性、社会、生理或智力因素方面的差异，这些研究成果的综合就形成了领导特质理论。有些学者认为，领导者所具有的品质是天生的，是由遗传决定的；有些学者则强调，领导者素质是后天的产物，具有深刻的社会实践性，认为需要通过训练和培养，从而成长为合格的领导者。

领导特质既有先天的成分，更离不开后天的教育、培养和社会实践活动的历练。两相比较，后天因素具有更加决定性的作用。总体上看，领导者的特质并不是高不可及的。领导者具有的一些基本特质，大部分人通常也能具备，而能否成为领导者，尤其是成为卓越的领导者，主要还是取决于后天的历练。随着社会经历的不同而产生某些重大改变，一些"平凡的""日常的"经历看似影响不大，但是，累积起来，影响就可能日益显著。比如，在早期事业中遇到的磨难、挫折和挑战，可能就成为人生重要的经历和财富。在一定程度上，与先天性相比，后天性更加重要。领导特质理论不仅关注特质的发现，更强调特质的养成。

---

[1] [美]詹姆斯·库泽斯、巴里·波斯纳，李丽林等译：《领导力》（第4版），电子工业出版社2009年版，第27页。

[2] [美]约翰·加德纳，李养龙译：《论领导力》，中信出版社2007年版，第57页。

（三）领导特质的稳定性与变动性

领导特质作为互相联系的各种要素的综合，一旦形成之后，就具有极大的稳定性。领导特质是领导者思想、行为中的一贯体现，而不是一时的具体表现，一事的具体做法。领导特质是领导者的个性、气质、性格相结合的一体，具有极大的稳定性。同时，领导素质的修炼也是一个漫长和曲折的动态演化过程，因而又具有变动性。特定的领导特质一经形成，就会成为一种自身完善的精神素质，本身具有内在的发展动力，而这种动力就蕴涵在领导特质各种要素的相互转化之中。一般而言，如果社会结构和组织环境处于渐变过程中，则领导特质处于相对稳定之中；而如果社会结构和组织环境处于转型和变革之中，领导特质就会相应地发生大幅度的调整和变动。

（四）领导特质的偶然性与必然性

领导特质的形成具有必然性。领导者是改造客观世界的主体，具有主动性和能动性，如果领导者能够自觉地认识、把握领导活动和领导工作的特点和规律，主动地发现追随者的群体特征、善于领导追随者，因时因地制宜地顺应领导环境的变化、借助领导环境的变化去开展领导工作，在领导工作中付出的多、思考的多、总结的好、把握的好，那么，领导特质的形成就孕育着更多的必然性。同时，领导特质形成的必然性中也包含着一定的偶然性。领导者在从事领导工作的过程中，在领导特质形成的过程中，在自觉发挥自身主观能动性塑造领导特质的同时，还不免受到自身之外一些因素如重大意外事件的影响，这些因素影响着领导特质形成的时间早晚、特征强弱，甚至在很大程度上能够决定领导特质的特征。需要注意的是，与偶然性相比，必然性更加重要。领导特质生成的必然性决定了领导者要自觉、主动地注重领导特质的修炼，有领导者的自觉、主动并不意味着必然有领导特质，但没有领导者的自觉、主动很难说有领导特质。

（五）领导特质的被动性与主动性

领导特质既具有被动性又具有主动性，这一点常常被一些领导者所忽视。领导者与追随者是领导活动中的一对基本矛盾，在这一矛盾中，领导者是主要矛盾和主要矛盾的主要方面，追随者是次要矛盾和矛盾的次要方面。领导者与追随者二者之间的矛盾决定了领导者在领导活动中居于主导地位，领导者的主导地位决定了领导特质的被动性和主动性，被动性和主动性是体现领导者主导地位这一个问题的两个方面。领导特质的"被动性"是指领导者要学会追随追随者,由传统的领导者中心地位转变到现代的追随者中心地位,领导者要为追随者创造环境、提供服务,及时、准确地回应追随者的需求。在这个意义上,领导者是被动的。另一方面,领导者又是主动的。领导者在领导活动中并不仅仅是被动地追随追随者,更要主动的引领追随者前进的方向。领导者的主动性更体现了领导者在领导活动中的主导地位。与被动性相比,领导者的主动性居于主导地位。

二、领导特质的层级差异

在关于领导特质理论研究的发端阶段,就有研究者注意到不同层级领导者之间的相对差异。法约尔认为领导者应当具备生理、智力、道德、知识、管理和专业等特质,并特别强调了成为领导者必须具备的两项条件是管理能力和专业能力。而且进一步指出不同层级领导者之间应具备的特质基本相同只是比例不同,"高级领导人与低级领导人的特质都是由性质相同而比例不同的因素组成的"[1],认为管理人员的能力和素质具有"相对的重要性",即随着领导者等级地位的提高,管理能力的相对重要性增加,技术能力的重要性减少。

真正把不同层级领导特质差异的研究往前推进的是管理能力的技能分类理论,这一理论不仅指出领导素质能力结构可以概括为技术能力、人际能力和概念能力,而且进一步强调不同层级领导者的技能构成是不同的。领导层级分为基层领导、中层领导和高层领导,不同层级领导特质的共同之处在于他们都需要人际技能,特别是人际技能在不同层级领导特质结构中的重要程度一样;不同之处在于这三类技能在其中所占的比例不同,相较而言,基层领导需要的技术技能最多,中层领导需要的人际技能最多,高层领导需要的概念技能最多。(见图1-1)

---

[1] [法]H.法约尔,周安华等译:《工业管理与一般管理》,中国社会科学出版社1982年版,第84页。

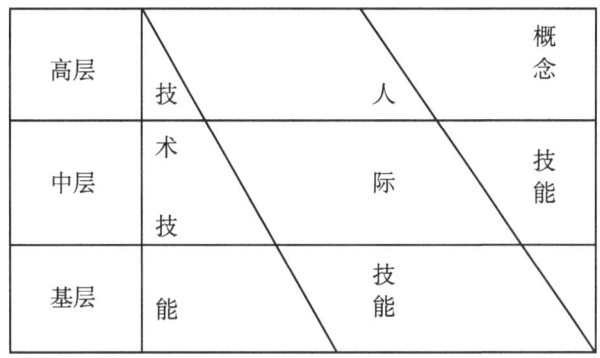

图1-1　不同层级领导者的技能结构

1965年，美国麻省理工学院斯隆（Sloan）管理学院的学者提出了"安东尼结构"（Anthony Structure），这是一种关于组织管理层次的结构理论，该理论把组织内部的管理行为分为战略规划层、战术计划层和运行管理层。其中，战略规划层主要关注组织最根本的决策问题，涉及组织的全局性、方向性以及与组织目标有关的宏观问题；战术计划层主要关注组织在既定战略下如何组织和安排人、财、物；运行管理层强调对组织战略和计划的执行。（见表1-5）

表1-5　"安东尼结构"理论

组织层级	工作内容
战略规划层	主要关注组织发展的战略和决策问题
战术计划层	主要关注组织既定战略下人、财、物的组织和协调问题
运行管理层	主要关注组织发展战略和计划的执行和实施问题

按照"安东尼结构"理论，组织内部不同管理层级的目标和内容决定了不同管理层级的领导者所具备的能力和素质是有差异的，各类能力和素质在不同层级领导者中所占的权重也是不同的。

其中，对基层领导者而言，其领导特质结构中决策决断能力占18%、人际互动能力占35%、业务技术能力占47%，业务能力在基层领导者所应具备的领导特质结构中居主要地位。

对中层领导者而言，其领导特质结构中决策决断能力占31%、人际互动能力占42%、业务技术能力占27%，人际互动能力在中层领导者所应具备的领导特质中居主要地位。

对高层领导者而言，其领导特质结构中决策决断能力占47%、人际互动能力占35%、业务技术能力是18%，决策决断能力在基层领导者所应具备的领导特质中居主要地位。（见表1-6）

表1-6 不同层级领导者领导特质的差异

层次\能力	决策决断	人际互动	业务技术
高层	47%	35%	18%
中层	31%	42%	27%
基层	18%	35%	47%

根据"安东尼结构"理论，可以发现尽管组织不同层级领导者所应具备的领导特质结构基本一致，但各类领导特质在领导特质结构中所占的权重是有差异的。但是，这里提到的领导特质差异重点是强调领导能力，并没有深入领导特质的内核要素之中。

三、领导特质的形成和适应

领导者之间的特质差异主要体现在两个方面：第一，每一个领导者特质形成的影响因素存在差异；第二，每一个领导者特质的适应性也体现在多个方面。在更广泛的意义上，领导者特质与管理者特质也存在差异。

（一）领导特质形成的差异性

领导特质的形成主要受四个因素的影响：追随者、领导事件、领导情境和自己的追求，这些影响因素的不同决定了领导特质形成的差异性。

1. 追随者的影响

领导者与追随者的关系是领导活动中的基本关系，领导力的实质就是领导者施加于追随者的一种定向的、积极的影响力。因此，追随者需要领导者，领导者更需要追随者,领导者更离不开追随者。领导者具备的领导特质应该适合于追随者,领导特质的形成离不开追随者的影响。

2. 领导事件的催生

重大事件的发生既是对领导者的考验,也为领导者发挥影响力、凸显决断力提供机遇,同时,重大事件的发生也影响着领导者领导特质的生成,在一定程度上,领导特质的生成离不开领导事件的催生和磨砺。

3. 领导情境的塑造

领导活动的开展总是处在特定的领导情境之中,时势造就领导者,领导特质的生成离不开所处环境的塑造。

4. 领导者自己的追求

领导活动的要素包括领导者、追随者和领导情境三大要素。领导特质的形成离不开追随者的影响、离不开环境的塑造、离不开事件的催生,更离不开领导者自己的主动追求。

(二)领导特质表现的适应性

归根结底,每一位领导者的特质都有自身的特殊性,这也意味着每一位领导者的领导特质都要适合于领导者自身、适合于追随者、适合于领导情境的诸要素。

1. 适应领导者

领导特质首先要适合领导者,适应领导者的个性、经历、学历、长处、短处等领导者自身所具备的独特个体特征。毛泽东曾经概括自己的领导特质为:"有些虎气,是为主,也有些猴气,是为次。"[①]具体而言,"虎气"主要表现为权威、领袖气质;"猴气"主要表现为即兴随意、浪漫洒脱、不拘成规、灵活多变。而周恩来被誉为"明星气质的革命家",费正清曾这样描述1945年重庆谈判时的周恩来:"……作为领袖人物的非凡才能,初次见面时就打动了我。这是一位英俊潇洒、有着一双黑色的大眼睛的伟人。"毛泽东和周恩来是两种具有明显不同甚至相反领导特质的领袖,他们各自的领导特质都适合他们自己。

---

① 谢柳青:《毛泽东家书》,中原农民出版社1993年版,第419–420页。

2. 适应追随者

领导特质更要适应追随者，适应追随者的心理、学历、地域等追随者特有的群体特征。例如，毛泽东的"土"适合广大农民群众的口味和感观，得到广大农民群众的认可和拥戴。毛泽东的"土"不仅表现在饮食习惯和生活衣着上，更表现在行为方式上。斯诺在《西行漫记》一书中记述了这样一个细节：初次见到毛泽东时，他一边说着话，一边不经意地捉虱子。毛泽东当着外国友人的面捉虱子的表现就像普通农民一样，更重要的是，毛泽东领导特质中"土"的一面适合当时广大的农民群众。

3. 适合任务和环境

领导特质还要适合组织任务，适合组织任务的结构化程度、难易、繁简等任务特征。例如，毛泽东的"猴气"中最核心的是反抗和斗争精神，这种领导特质适合中国共产党领导中国人民革命的主要任务。领导特质更要适合领导活动所处的环境，适合政治、经济、社会、文化和生态等环境特征。毛泽东的"虎气"中最重要的是权威，其所处的时代环境，政治上军阀割据、四分五裂，缺乏政治权威，社会中百姓一盘散沙、小农社会，缺乏社会动员，在这样的环境中领导中国革命，更需要高度权威的领袖和高度权威的领导。

（三）领导者特质与管理者特质的差异

领导者有领导特质，管理者有管理特质，二者相比，领导特质的重点在对"人"的"领导"，管理特质的重点在对"事"的"管理"。领导特质重在"领"和"导"，"领"是领方向、领团队，"领"要明、"领"要刚；"导"是引导、辅导、督导和教导，"导"要柔、"导"要隐。管理特质包括"管"和"理"，重点是"理"。理是道理之理，是条理之理，是伦理之理，是治理之理。

"领导"和"管理"作为现代组织实践中的两大基本活动，它们之间既有明显的差异，又有相互联系的互补关系。"管理的根本目的在于发号施令和保持稳定与一致；领导的主要功能则在于引起变革和运动。成功的组织无一例外地拥有杰出的管理与伟大的领导。"进一步而言，管理是关注秩序、关注效率，主要考虑如何多快好省地把事情做好。管理依赖技术，崇尚科学。领导关注目的关注价值，主要考虑如何培养人影响人。概括来说，领导特质与管理特质的区别主要体现在四个方面：

1. 管理特质重事，领导特质重人

管理以职能为中心，它重视对"事"的管理，重视做事的程序、方式，重视做事的效率。对事的管理越具体越好、越直接越好。管理越严格、越科学越好。领导以人为本，它重视人、尊重人、关心人；重视人的需求、动机；重视对人的关怀、对人的引导和辅导。对人的领导越简约越柔隐越好、越亲民越艺术越好。

2. 管理特质重效率，领导特质重价值

管理重过程、重任务、重目标和指标、重效率。领导重结果、重目的、重效益、重价值。领导追求价值的最大化，并给追随者留下了足够的创新空间。重视公正、重视价值的领导比重视效率、重视任务的管理更受欢迎。

3. 管理特质重控制，领导特质重激励

管理以控制为主要手段：它借助于严格的规章制度，借助于管理者的权力和权威，对被管理者施加压力，使他们俯首听命，按照管理者的意志行动。领导则以激励为主要方式：它借助于各种精神和物质的手段来满足被领导者的需求，激发被领导者的动机，开发被领导者的潜能，引导被领导者的奋斗目标。控制的结果最多是服从，而激励的结果则是认同，是热情，是潜能变成显能和效能。控制使下属变得渺小，激励使下属变得伟大。在今天，依赖引导和激励的领导比依赖控制的管理更受欢迎，更有实用价值。

4. 管理特质重秩序，领导特质重变革

管理追求的是秩序，是条理性、程序性和规范性，通过规范化的程序性操作去实现自己对效率的追求。领导追求创新，追求变革，追求突破。管理与常规及秩序不可分，领导与变革和创新紧相连。由于管理重秩序，所以管理强调的是共性和刚性，不管什么对象什么时候都用相同的方式去管理；由于领导重变革，所以领导强调的是个性和柔性，强调根据不同的对象、不同的情境来选择不同的领导方式。

（四）领导特质与领导者类型

领导特质的特殊性是领导特质理论强调的重点，但领导特质的特殊性中也蕴含着一般性，比如，领导特质的"三德"理论认为，领导者要具备"智德""仁德"和"勇德"，这就是领导特质的一般性和共同性。领导特质的共同性决定了可以根据领导特质的构成对领导者的类型进行分类。有研究者从领导者个体特质的角度对此进行了有益的尝试，并比较了不同类型领导者之间的差异。该研究把领导者分为仁人型领导者与能人型领导者，这两类领导者主要存在以下差异：①

第一，在领导权威的基础方面。仁人型领导者以德服人，能人型领导者以能取威；换而言之，仁人型领导者崇尚"王道"，能人型领导者崇尚"霸道"。能人型领导者使下属"慑服"，而仁人型领导者则使下属心服。

第二，在领导原则方面。仁人型领导者往往不动如山岳，能人型领导者通常难知有阴阳。

第三，在领导作风方面。仁人型领导者能以身作则，令行于民；能人型领导者则大礼不辞小让，大行不顾细谨。

第四，在领导决策方面。仁人型领导者是临事而惧，好谋而成；能人型领导者则暴虎冯河，死而无悔。

第五，在与下属关系方面。仁人型领导者为政以大德，不以小惠；能人型领导者常具有侠义精神。

当然，在现实生活中，领导者往往是仁人型和能人型的结合，在此，仅仅是从理想类型的角度揭示领导者权威基础的不同。因为纯粹的仁人型领导者出于过分注重"德服"，在无章可循的情况下，往往"仁有余而严不足"；而纯粹的能人型领导者出于过分重视"力服"，往往威有余而宽不足。这里根据领导特质对领导者进行分类只是一种理论上的区分。

第三节　领导者的成才之道

领导特质理论是识别领导者与非领导者之间差异的理论，是旨在探讨不同层级领导者特质差异的理论，分析不同领导者个体之间特质差异的理论。基于上述理论基础凸显领导特质理论在领导者测评、选拔和培养特别是在领导成才之道方面的指导作用。

---

① 刘建军编著：《领导学原理——科学与艺术》（第3版），复旦大学出版社2007年版，第184-186页。

一、领导特质理论的拓展应用

领导特质理论重在探讨具备何种特质的人能够成为领导者,这一理论在识别领导者方面具备以下四个基本作用。

（一）领导特质理论的作用

1. 有利于领导者的识别

领导特质理论的内涵决定了领导特质理论的第一个基本作用就是发现领导者,根据一个人的特质识别其是否有可能适合领导者职位,进而能否成为领导者。因此,领导特质理论能够增加识人的准确度。与此同时,具备领导特质的人并不必然成为领导者,所以,领导特质与领导者之间的关系是一种概率关系,即具备领导特质的人在具备相关条件时更可能成为领导者。

2. 有利于领导者的培养

领导特质理论旨在发现领导者,发现领导者身上具备的领导特质;相反,我们也可以根据从成功领导者身上发现的领导特质,对其进行提炼、分析和概括,运用关于领导特质的研究结果去设计课程去培训领导者。有了领导特质理论的指导,也更有利于在实践中培养不同层级的领导者。

3. 有利于领导力的提升

领导特质理论的作用不仅体现在识别领导者和培养领导者方面,还体现在可以更有效的使用领导者,即更有利于领导用人,更有利于提升领导力。领导特质的"特"决定了每一个领导者的领导特质都是不同的,这就要求我们在使用领导干部时要考虑每一个领导干部已经具备的领导特质,重点在于要在特定的领导岗位上能够发挥其具备的领导特质的长处和作用;另一方面,每一类领导特质也都有其局限性和短处所在,因此,用人时既要用人之长,用领导特质之长,又要用人之短,选择合适的领导岗位变短为长。

4. 有利于领导绩效的提高

领导特质理论隐含的另一层含义就是具备特定特质领导者的领导活动能够产生更高的领导绩效。因此,具备领导特质、发现领导特质、生成领导特质,就容易产出更高的领导绩效、提升领导者的领导力。这样,领导特质与领导绩效之间就建立了一种联系,这种联系是一种函数关系,即领导特质与领导绩效之间存在着某种确定性的关系,一定的领导特质产生一定的领导绩效，领导特质变化了，领导绩效也会产生相应的变化。

(二)领导胜任力模型的应用

现代领导特质理论的实际应用主要沿着两条路径进行，一条路径是上文提及的魅力型领导理论，重在学术研究；另一条路径是领导胜任力模型，重在实践应用，通过对领导者胜任特征的甄选构建有效的领导胜任模型，从而指导领导者素质和能力的测评与选拔。有学者认为，"在领导能力结构研究中，特质模型着重考虑个人一贯的能力与个性特征，与此相比，胜任特征模型则表明了个体在特定情境中所体现的能力，能够表征基于具体工作情境的知识和技能。在一定程度上，胜任特征模型是特质模型在具体领域的拓展"①。

1. 领导胜任力模型的理论基础

胜任力（Competence）是一个综合的能力概念，是一个能够有效衡量和预测领导者能力水平、工作绩效的主要指标体系。胜任特征模型（competency model）则是顺利完成工作任务，达成既定绩效目标所要求的一系列不同胜任要素的有机组合。胜任特征模型的理论基础就是领导特质理论。

1973年，美国哈佛大学心理学家戴维·麦克利兰（David McClelland）最先提出了胜任力的概念。麦克利兰在《测量胜任特征而非智力》一文中指出，"单凭学术能力倾向测验以及以知识为内容的测验并不能预测工作中的高绩效和在生活中取得成功，而一些个人特征和胜任力可以鉴别高绩效者"。他把胜任力界定为与各方面结果联系着的绩效的组成部分，认为胜任力是一系列广泛的特性。

具体而言，胜任力主要有六个层次：（1）知识，指对某一职业领域有用信息的组织和利用；（2）技能，指将事情做好的能力；（3）社会角色，指一个人在他人面前表现出的形象；（4）自我概念，指对自己身份的认识或知觉；（5）人格特质，指一个人的身体特征及典型的行为方式；（6）动机/需要，指决定一个人外显行为的自然而稳定的思想。

这些胜任特征可用漂浮在水面上的一座冰山来描述，所以胜任力模型有时也被称为是"冰山模型"。其中知识、技能属于表面的胜任特征，漂浮在水面上，很容易被发现；社会角色、自我概念、人格特质和动机/需要，属于深

---

① 秦臻，张玲玲：《关于领导能力的综合研究》，载《领导科学》2009年第5期，第11-13页。

层次的胜任特征，隐藏在水面下，且越往水下，越难发现。深层特征是决定人们的行为及表现的关键因素。

胜任力的概念提出后，得到西方实务界和学术界的极大关注，胜任力研究成为全球管理界关注的焦点，并被引入领导科学的研究之中，通过领导胜任特征的研究进一步区分有效领导者和无效领导者，这就是领导胜任模型研究。所以，领导胜任模型虽然是领导特质理论的拓展应用，但其研究的是领导者的胜任特征，而非普遍特质，这种胜任特征是通过比较有效领导者与无效领导者获得的，而领导特质理论是通过比较领导者与非领导者之间的特质差异为旨归的。

2. 中国领导胜任力模型的研究

胜任力模型被介绍到中国后，一批学者迅速基于中国背景展开领导胜任力模型的研究，研究模式多是通过实证分析的方法构建中国领导干部的胜任特征模型。这种模式又可以分为两类：一类是关于领导胜任力模型的一般研究，探讨中国领导干部的一般胜任特征；另一类是关于领导胜任特征的比较研究，分析某一层级的胜任特征或者比较不同层级的胜任特征。

北京大学王登峰教授等采用深度访谈和问卷调查的方法对党政领导干部的胜任素质特征进行了研究，认为中国党政领导干部的胜任素质特征包括管理能力（政治素质、领导能力、以人为本）、人际能力（协调能力、自我约束）、自律能力（学习能力、工作能力）三个维度、七个因子。[①]

2009年，北京大学博士生陈小平在其博士论文中对既有关于党政领导干部胜任素质特征的实证研究结果进行了统计，发现共同认可的领导素质包括政治素质、知识素质、能力素质、情绪智力、尽责性、工作意识和工作经历七大类，按照认可度排序发现，工作能力素质认可度最高，达到45.2%，后面依次为尽责性、情绪智力、工作意识、工作知识、政治素质和管理经历，分别占19.3%、11.9%、9.4%、8.2%、5.7%和0.3%。[②]（见表1-7）

---

① 王登峰，崔红：《中国基层党政领导干部的胜任特征与跨文化比较》，载《北京大学学报》（哲学社会科学版）2006年第6期，第138-145页。
② 陈小平：《我国公务员胜任结构模型研究——以1300个局处级岗位为样本》，北京大学2009届博士论文，第64-65页。

表1-7 中国党政领导干部胜任素质结构要素一览表

素质类别	要素	频次	百分比%
政治兴趣	政治素质、思想素质、杜绝派性、对政治环境敏感、革命化、坚持党性、坚决拥护党的政治路线和思想路线、快速进入当地的政治网络、思想觉悟、思想政治素质、效忠于现行政体、政治表现、政治环境敏感性、政治敏锐性、政治信仰坚定	20	5.7
工作知识	专业知识、法律知识、管理科学知识、经济知识、政治理论、党内的规章制度、教育素质、科技知识、历史学知识、马列理论知识、社会心理学知识、文化素质、文化知识素质、行政管理理论、业务知识、哲学与历史知识、政治学知识、知识化、知识技能、知识经验、知识素质、熟悉外部环境	29	8.2
组织与决策能力	沟通协调能力、自我管理能力、计划与组织能力、战略规划能力、领导能力、专业技能、表达能力、决策能力、适应能力、政策贯彻能力、综合能力、合作共事能力、持续学习能力、解决实际问题能力、知人善任能力、说服与协商能力、公文写作能力、人才管理能力、资源的开发与管理能力、财务管理能力、冲突管理能力、定性分析能力、贯彻执行能力、辩证思维能力、发展当地经济能力、复杂局面与紧急事件处理能力、监控能力、愿景力、处理人际关系能力、调查研究能力、多种劳动力管理能力、工作能力、管理变革能力、激励下属与建设团队能力、科技（知识）管理能力、联系群众能力、胜任他所司职责的高度才能、团队建设能力、文化差异管理能力、信息处理和操作执行能力强、依法行政能力、综合能力、组织知觉能力	159	45.2
情绪智力	成就动机、洞察力、心理素质、应变能力、坚忍不拔、独立性、个性特征、工作思路、进取心、灵活性、冒险精神、情绪稳定、人的积极期望、人格、思考力、思路/视野开阔、思维模式、心胸开阔、行为的弹性、幽默感、跨文化的人际敏感性、认知能力、思考力、心理调适能力、克服压力的能力、理解能力、毅力/抗压力、毅力和勇气	42	11.9

续表

素质类别	要素	频次	百分比%
尽责性	责任心、廉洁自律、事业心、道德素质、品德、诚实守信、果断性、勤奋、原则性、敬业、大公无私、工作思路、公平公正性、积极务实、宽容、民主作风素质、群众威信、容人度量与宽容心、生活素质、伟大、相容性、心胸开阔、严守法纪、严肃庄严、宜人性与亲和力、以人为本、英勇	68	19.3
工作意识	公众服务意识、绩效导向、大局意识、务实精神、部门利益意识、法治精神、结果导向、竞争意识、全局观念、效益意识、重视信息处理、注重大环境、重视关系构建、奉献与牺牲精神、节俭精神、平等精神	33	9.4
工作经历	管理工作经历	1	0.3

陈小平博士通过对上述胜任特征普遍要素的实证分析认为，中国局处级领导的胜任特征包括七个因子，分别是政治兴趣、尽责性、工作知识、情绪智力、工作意识、工作经历和组织与决策能力。并测算出各因子的重要性程度排序，重要性程度最高的是组织与决策能力，然后依次为工作意识、尽责性、政治兴趣、情绪智力、工作知识和工作经历。另外，他把这些因子分为三个层次体系并计算出各个层次体系对领导绩效的解释比例：最外层包括工作知识和工作经历，解释了领导绩效的26%；中间层是情绪智力，解释了领导绩效的14%；核心层包括组织与决策能力、工作意识、尽责性、政治兴趣，解释了领导绩效的62%。

关于领导胜任力模型的比较研究，以国家行政学院胡月星教授的研究最为系统（胡月星，2011）。他系统研究了科级、处级、厅级三个层级的领导胜任力特征模型。结论认为，在解决实际问题能力、政策贯彻能力等28项核心能力要素上，司局级公务员选择比较集中的是政治鉴别能力、解决实际问题能力、合作共事能力、战略思维能力、综合分析能力、决策能力、政策贯彻能力；县处级公务员选择比较集中的是政治鉴别能力、解决实际问题能力、合作共事能力、政策贯彻能力、综合分析能力、决策能力、协调能力；科级及以下基层公务员选择频次比较集中的是解决实际问题能力、政策贯彻能力、政治鉴别能力、合作共事能力、综合分析能力、协调能力、依法行政能力。

二、尽快走出"彼得高地"

随着领导职位的变化和调整,从一般工作人员成为管理人员,从管理人员成长为部门领导,从部门领导成长为单位中高层领导……在领导者的成长过程中,很多时候会出现晋升到一定领导职位后很长时间甚至终生都停滞在某一领导职位上的情况,领导理论称之为"彼得高地"现象。领导者特别是青年领导者成长要了解进入"彼得高地"的原因,把握走出"彼得高地"的规律,尽快走出"彼得高地"。

(一)领导者成长的"彼得高地"

在20世纪60年代,美国学者劳伦斯·J.彼得博士在出版的《彼得原理》一书中提出了著名的"彼得原理","在实行等级制度的组织中,每个组织成员都会晋升到他所不能胜任的那一级"。同时,他又指出了该原理成立的两个条件:一是组织的等级结构中有足够的职位供其成员晋升;二是组织成员又有充裕的时间去完成这些晋升。当然,这两个条件在现实的组织中都难以满足,但"彼得原理"指出了现代组织中普遍存在的一个现象,即随着领导职位的晋升,胜任原来领导职位的组织成员并不必然能够胜任更高的领导职位,"一流的二号往往沦为二流的一号",比如,业务骨干被提拔为基层领导者后可能难以胜任,基层领导者被提拔为中层领导者后也常常难以胜任,中层晋升高层后更是如此。

通过对某一国家级干部院校连续两期青干班学员的访谈发现,相当一部分学员已经在不同程度上,以不同形式自觉或者不自觉地进入了"彼得高地"。比如,有的青年干部晋升很快,得到的奖杯多、奖状多,而没有看到自己的基层锻炼不够、基层经验不足的局限。还有的青年干部学历很高,年龄也有很大的优势,同样也没意识到文凭不等于水平,学历不等于能力。还有的青年干部是领导秘书出身,往往有一种心理优势,主要靠权力资源塑造政绩,而不是靠自己的能力优势打造政绩,把权力等同于能力,过多关注领导职务而非领导能力,从而忽视领导能力的提升。

这些进入"彼得高地"的青年干部实际上陷入了一个认识上的误区,就是认为领导者成长的唯一标志就是领导职位的晋升,却忽略了领导者成长的根本目的。领导者成长的根本标志是提高领导能力、领导素质，而不是仅仅提升领导职务。因此，领导者不要过多地盯着职务如何上去，更要关注职务上去后能力和素质如何跟上、如何胜任岗位和职务。

（二）领导者进入"彼得高地"的原因

领导者成长过程中的"彼得高地"现象，从表面上看是领导职位的停滞，根本原因则是领导能力、领导素质的固化，随着领导职位的晋升，领导能力并没有同步提高，主要表现为以下几点。

第一，缺乏多个领导岗位的锻炼导致领导能力较为单一。通常认为，担任领导职位的时间越长，领导经验就越丰富，领导能力就越强，但实际上并非绝对如此。从领导者的成长过程来看，他们多数从参加工作开始到晋升领导职位通常都是在一个单位，因此导致其领导能力虽然较强但较为单一；而且，在同一领导职位的任职时间越长这种领导能力的局限就越明显，从而致使以后的成长受到极大的限制，因为他的领导能力只是量的增加而没有质的提升。

第二，以青年领导干部为例，由于参加工作后表现优秀，与同龄人相比晋升更快，从短期来看，晋升得快是优势，但从长期来看，晋升得快却未必是优势。从领导者成长规律来看，在职业生涯前期成长快的人往往中后期成长得比较慢、甚至是停滞，即"先快后慢"；而在职业生涯前期成长慢的人往往中后期成长得比较快，即"先慢后快"。这主要是因为职业生涯前期成长慢的人，如果能够在不同地区、不同性质、不同领导职位上进行轮岗锻炼，通过多岗位的磨练，增长见识，丰富经历，提升领导能力，在中后期可以发展和晋升更快。因此，"厚积薄发"对领导者成长来说是有普遍意义的。

第三，缺乏丰富领导事件的磨练导致综合领导能力不足。领导能力与领导实践呈正相关，更与不同性质的领导实践呈正相关。习近平总书记强调，要坚持多岗位培养锻炼年轻干部。领导实践往往是由一个个的领导事件构成，因此，领导能力也是与具体的领导事件呈正相关，领导者领导能力的提升就是通过处置一个个具体的领导事件中完成的。作为领导者，处置过的领导事件越多，领导能力提升就越快；处理过不同性质的领导事件越多，对自己不同领导潜力的开发就越多，综合领导能力的提升就越快，胜任更高层级领导职位的可能性就越大。因此，领导者的成长、成熟就要求必须聚焦于具体的领导事件，聚焦于不同性质的领导事件，从领导事件的处置中提升自己的综合领导能力。

第四，因为"路径依赖"和惯性思维而丧失主动学习的自觉性。当一位基层领导者走上中层领导职位时，大家通常会说因为这位领导者表现优秀所以得到提拔。在基层领导职位上表现优秀是否必然意味着在中层领导职位上仍然有优秀的表现呢？实际上，领导理论告诉我们，不同层级领导者的领导能力素质是存在显著差异的：基层领导者重业务技术能力、中层领导者重沟通协调能力、高层领导者重决策决断能力。一位基层的领导者是优秀的实质上是说他胜任基层领导的岗位，至于能否在中层领导职位上继续进取并有优秀的表现，在很大程度上还取决于他能否避免在基层工作时形成的"路径依赖"和惯性思维，取决于他能否避免"经验主义"的错误。

（三）领导者成长的"三级跳"

领导者走出"彼得高地"的关键在于通过主动学习、加强实践磨练及时提升自己的领导力。对领导者自身来说，既要学习综合知识，也要学习和修炼与领导角色转变相适应的领导力，核心是把握领导者成长的"三级跳"。具体来说，"三级跳"就是指领导者要把握基层、中层和高层三个不同层级对领导能力、素质要求的差异，进而实现在基层、中层、高层三类领导职位之间的角色转变和能力跃迁。

基层领导者要关注业务技术，达成指标，把事情做好；要技术能力高超，在业务上才华出众，要勤勤恳恳，兢兢业业，重在完成指标，把事情做好做精；要严格按照规章制度用权、办事，明确底线，下级不听要批评、惩罚，下级听了要鼓励、奖励。

中层领导者要关注沟通协调能力，要善于激励和凝聚人心；要讲究战术，要讨论如何带团队，怎么样整合资源，怎么样激励下属调动大家的创造性，重在"带领大家一起干好"，带领团队完成任务；要从关注细节转向关注影响完成任务的重要环节，特别是关键的环节、薄弱的环节。中层领导者以沟通协调为主的角色定位决定了他要注重提升自己的影响力，也就是软权力，这与基层领导者重在用好职权、硬权的要求不同。

高层领导者则要关注战略方向，确定目的，把方向定准，视野和思路更要打开，要关注全局，关注大节，关注趋势，关注变化，重在确定"在哪个方向集中优势兵力"以实现目的;要集中主要精力抓大局、定战略、定方向,这就要求高层领导要相对超脱;要学会授权,把具体做事的权力授给下级,通过授权培养下级的能力,培养他们的自主性,把他们培养成业务骨干、培养成积极的追随者、培养成领导者。

需要注意的是,这里基层、中层、高层三个层级的划分是相对而言的。通常来说,从静态的角度来看,领导者处于何种层级是明确的,但如果把领导者的领导职位放在更宏观的领导情境中去看,放在更具体的领导事件中去看的话,领导者处于何种层级就不是那么清晰了。这就要求领导者在学习、分析时可以把三个层级相对分开,但在实践应用时则要根据领导情境的变化、领导事件的不同进行变化,因时因地因事灵活把握。

一般来说,领导者成长的"第一跳"是从追随者到基层领导者,从一个团队成员成长为有职务的基层领导者。"第二跳"是从基层领导者到中层领导者,从直接领导到间接领导,从硬权领导到软权领导。"第三跳"则是从中层领导者到高层领导者,从科学领导到艺术领导,从有界领导到跨界领导。应该说,领导者从较低的职位晋升到较高的领导职位后,短时间内不适应、不胜任是正常的,但要尽快进入角色、提升能力、胜任职位,这就需要领导者自觉把握不同领导层级对能力、素质要求的差异,从而尽快实现领导者成长跃迁,从而顺利地走出"彼得高地"。

(四)领导者成长需要把握的几个关系

人的成长过程是主体和客观环境交互作用的过程,领导者的成长过程同样是领导者自身和周围环境的相互影响、相互作用的过程。因此,领导者成长过程中需要正确认识和把握几个关系。

1."赋魅"和"祛魅"的关系

从领导活动的实践来看,领导者特别是领袖人物都具备一定的超凡魅力。因此,领导者需要"赋魅",就是提升自己的领导魅力。领导要提升领导魅力,首先要把握领导魅力是如何生成、构成以及提升的。

习近平总书记在2013年全国组织工作会议上阐述了好干部的五条标准:信念坚定、为民服务、勤政务实、敢于担当、清正廉洁,为领导干部指明了努力的方向,明确了衡量的标准。领导者重点要在以上五个方面生成并提升自己的领导能力和领导魅力。正如习近平总书记所强调的那样,"当领导干部就必须付出更多辛劳、接受更严格的约束",领导干部就是要"平常时候看得出来,关键时刻站得出来、危急关头豁得出来",体现领导者的超凡魅力。领导者要更自信,要更有心理能量,要更增强进取意识、机遇意识、责任意识。

从领导成才规律来说,领导者不仅需要"赋魅",更要学会"祛魅"。从一般的领导实践来看,领导者应该把精力和能力放在如何带领大家、如何激励大家方面。换言之,领导者不是亲自制造绩效的人而是通过营造环境激励大家共同制造绩效的人。因此,从把握领导角色方面来说,领导者还要学会"祛魅",就是说不能急于表现自己,不能过于凸显自己,而应当集中自己的主要精力和时间提升领导才干。

2. 继承和创新的关系

领导者在成长过程中,特别是在领导一个地区、一个部分的发展过程中,要处理好继承和创新的问题。一方面要坚持历史的继承性,领导者尤其不能否定或抛弃前任所取得的成就,无论什么一概否定,一切都推倒重来。在现实领导工作中,不坚持对历史的继承,既会导致对资源的浪费和重复建设,又不利于领导工作的连续性和稳定性。另一方面,领导者应当坚持稳中求进,稳中有为,稳中求好,不断改革创新,在继承的基础上有所创新,有所突破,有所发展。

领导者处理好继承和创新的问题,最核心的就是要坚持稳中求进、改革创新,既要有底线思维意识,又要有开拓创新意识。把握大局、扎实推进,坚持胆子要大、步子要稳,战略上要勇于进取,战术上则要稳扎稳打。巩固过去取得的成绩和向好的发展态势,同时,要坚持问题导向,勇于突破创新,以改革促发展。

3. 集体领导和敢于负责的关系

随着领导活动的不断深入,面临的各项任务会愈来愈繁重,情况也会愈来愈复杂,只凭领导者个人的知识和能力是不能解决所有问题的。这就要集中大家的智慧,发扬团队精神,紧紧依靠领导集体推动工作,干好工作。具体来说,领导者在决策之前和决策过程中要敢于献计献策,多出好主意,群策群力;在决定之后,领导者要按照分工就自己负责的事情做好执行、督促落实。即使对决定有保留意见,也要不折不扣地执行,抓好落实,这是领导者处理好集体领导和敢于负责关系的具体体现。

敢于负责就是勇于担当,就是责任意识。敢于负责要求领导者不能当"局外人",不能当"太平官",不能当"老好人"。不能当"局外人"就是说领导者对职责范围内的事要抓紧、要抓的有实效,要"踏石留印,抓铁有痕";不能当"太平官"就是说领导者要锐意进取,稳中求进,要不断开拓创新;不能当"老好人"就是说领导者要敢于碰硬,敢于做事,敢于管人。有一些领导者奉行"多种花,少栽刺"的从政思想,表面上看与周围的人一团和气,实际上是不利于自身成长的。

4. 权力和义务的关系

领导者尤其是要树立"领导就是服务"的思想,强化公仆意识,时刻保持清醒的头脑,不断加强主观世界的改造,牢固树立正确的权力观,学会敬畏权力、慎用权力,认识到权力和责任、义务的统一。做到"权高不忘责任重,位尊不忘公仆心",把权力同责任和服务统一起来。

三、领导者的成才路径

领导特质的层级差异决定了领导者从基层领导职位走向中高层领导职位要及时转变领导角色,并提升领导者的能力和素质,从而适应领导职位的新要求。这就要进一步探讨领导者的成长路径和成长规律,运用领导特质层级差异的领导理论指导领导者的培养过程。

领导者作为一种特殊的人才,把握人才成长的一般规律对认识领导成才规律有所裨益。中国人事科学研究院研究员王通讯认为人才成长主要遵循以下八大规律,即人才培养过程中的师承效应规律、人才成长过程中的扬长避短规律、创造成才过程中的最佳年龄规律、争取社会承认的马太效应规律、人才管理过程中的期望效应规律、人才涌现过程中的共生效应规律、队伍建设过程中的累积效应规律及环境优化过程中的综合效应规律。[①]

国家行政学院课题组系统总结和提炼了新时期领导干部成长的一般规律,认为:组织培养是新时期优秀主要领导干部成长的关键、科学规划是新时期优秀主要领导干部成长的前提、个人素质是新时期优秀主要领导干部成长的

---

① 王通讯:《人才成长的若干规律》,载《人民日报》2004年02月06日第八版。

基础、价值取向是新时期优秀主要领导干部成长的动力、良好环境是新时期优秀主要领导干部成长的条件和完善制度是新时期优秀主要领导干部成长的保障。①

另外，也有研究从领导干部成长更为宽广的层面研究了领导干部成长相关问题，②涉及干部成长的目标、动力、途径、素质、环境、标准、关口、周期八个方面内容，并依据年龄、培养过程和职务变化等参数把干部成长周期界定为动态运行又内在衔接的萌芽期、成长期、成熟期、成就期和淡出期五个阶段。

既有关于领导成才规律的研究既是对领导特质理论的拓展应用，对领导者的自我成长和培养也具有一定的指导作用。目前关于领导成长规律的研究大都强调领导者自身素质能力即主观条件和外部环境的交互作用。但领导特质理论是以领导者为中心的，因此，在研究领导成才规律时也应该以领导者为中心，密切结合领导者的特质及其提升的规律和途径来探讨领导者的成才规律。进一步而言，领导者的成长成才始终与领导者的"三德"修炼相关。

本书作者结合领导特质理论，从领导特质修炼规律和途径的角度提出领导者成长的六大路径：一是来去自如，赢得认同；二是实践磨练，勇于担当；三是组织培养，"贵人"相助；四是方圆兼顾，坚定信仰；五是顺势而为，大局为重；六是共同进步，凝聚力量。

（一）来去自如，赢得认同

习近平总书记强调领导干部"打铁还需自身硬"。因此，领导者务必要在两个方面重视起来，一方面是能力才干方面，一方面是作风感情方面。能力才干方面就是要求领导者的能力才华、理想信念、敢于担当、清正廉洁等特质要超越群众，重在从群众中出"来"，重在"领"，要走在群众的前面。作风感情方面就是要求领导者的心理感情、语言运用、利益诉求、为民服务等特质要贴近群众，重在回到群众中"去"，重在"导"，要密切联系群众。"来"是与众不同，是超越和卓越；"去"是与众相同，是沟通和认同。一个卓越的领导者既要能够从群众中出"来"，又要能够回到群众中

---

① 国家行政学院课题组：《新时期优秀主要领导干部成长规律探索》，载《领导科学》2009年第7期，第4-7页。
② 谈宜彦：《领导干部成长八论》，红旗出版社2009年版。

"去";既能从某一个方面"来""去",更能从多个方面"来""去";既能一次"来""去";更能多次"来""去"。在"来"和"去"之间转换自如,这就是领导者成长的"来去自如"规律。

领导者掌握"来去自如"的成长路径,既要防止出来之后回不去,又要防止回去之后出不来。如果领导者只能出来,超群出众、高瞻远瞩,但回不到群众中去发动群众、影响群众、凝聚群众,群众就难以理解领导意图,就跟不上领导的脚步,领导者就会"阳春白雪,和者必寡"。相反,如果领导者回到群众中去就出不来,就意味着领导者和普通群众一样,不能从群众中出来,当然难以成为领导者,更无法成为卓越的领导者。习近平总书记强调,领导干部不论在什么岗位,都只有为人民服务的义务,都要把人民群众利益放在行使权力的最高位置,把人民群众满意作为行使权力的最高标准。因此,领导者的"来去自如"归根结底要以赢得群众的拥护和认同为根本出发点和衡量标准,要把人民群众满意作为用权的最高标准,要把人民群众满意作为评价领导者的重要标准。

当然,领导者要想赢得群众的拥护和认同必须处理好"来"与"去"的关系,不能走极端,必须遵循"辩证法"。一方面,领导者要在"来"的方面下力气,要拉开与群众的能力距离,站得高、看得远,但这个能力距离也不是越大越好,能力距离太大、心理距离太大,群众就不容易跟上,就不买账,领导者就容易犯"命令主义"的错误。另一方面,领导者要在"去"的方面花工夫,要缩小与群众的心理距离,但心理距离也不是越近越好,心理距离太小、能力距离太小容易犯"尾巴主义"的错误。概言之,领导者与群众的距离要适度。

(二)实践磨练,勇于担当

习近平总书记在中央党校就年轻干部成长问题进行座谈时指出:"才干是逼出来的,是打出来的,是磨出来的。"这里的"才干"就是领导者"来去自如"的领导特质,它不会从天上自动掉下来,也不会一出生就具备,而是要通过实践、磨练和磨难磨出来。磨就是要磨出领导者解决实际问题的能力、磨出坚韧不拔的意志、磨出勇于担当的勇气、磨出艰苦奋斗的作风,唯有如此才能克服"本领恐慌"的危险。同时,又要磨出对社会的了解、对群众的感情,唯有如此才能从内心认同并全心全意为人民服务。

习近平总书记在多个场合多次强调领导干部要勇于担当，把是否具有担当精神，是否能够忠诚履责、尽心尽责、勇于担责作为检验每一个领导干部身上是否真正体现了共产党人先进性和纯洁性的重要方面。勇于担当与实践磨练密不可分。担当精神，重在担责、勇在担难、贵在担险，担当精神的实质就是要求领导干部要把人民利益放在第一位。因此，领导者勇于担当就要直面工作中的复杂问题，就要有锐意进取的改革决心，就要有破除利益藩篱的巨大勇气，就要全力推进事业的发展，就要在岗位上展示自己的作为、创造人民满意的政绩。

"实践磨练"意味着领导者聚焦于每一个领导事件，在每一个事件的解决和处理中赢得群众的认同与感情，提升自己的才干、意志和担当。"实践磨练"意味着领导者的成长要一个台阶、一个台阶地上，只有在一个台阶干出实绩才能晋升到另一个台阶，不能急于求成，不能急功近利，要抓铁有痕，踏石留印。

（三）组织培养，"贵人"相助

习近平总书记强调，好干部不会自然而然产生。成长为一个好干部需要很多条件，主要而言，一靠自身努力，二靠组织培养。组织培养就是"贵人"相助，或说是"贵人"相助的最重要方面。"贵人"相助，就是说领导者的成长需要外力帮助。什么叫"贵人"？就是在最需要的时候出现、在最需要的地方给力的人。一般来说，"贵人"在领导者成长过程中往往扮演着"导师"和"教练"的作用，在关键点、转折点给予机会、给予指点、给予指导、给予辅导。"贵人"可能是党委、是组织，也可能是上级、朋友、老师和家人。领导者要想成功，一定要找准自己的贵人。有时候，一生就一个贵人；有时候，一个阶段一个贵人；有时候，一个阶段有好几个贵人。概言之，自身努力是领导者成长的内在动力，组织培养是领导者成长的外力。

"贵人"相助重在赢得追随者，赢得支持者，不仅要赢得领导班子的支持，还要赢得下级的支持、同级的支持和群众的支持。贵人，有时是组织、是上级，有时是同级，更多的时候是下级。作为领导者，一定要赢得人心、赢得民心。"贵人"相助的核心是"仁德"高、情商高，"仁德"越高，越容易得到"贵人"相助；越是多"贵人"相助的人，"仁德"越高，越容易和环境形成良性互动。

（四）方圆兼顾，坚定信仰

所谓"方"，就是领导者的坚定性、原则性，认准的事情要坚定不移、向前推进；所谓"圆"，就是领导者的灵活性和适应性，认准的事情要灵活应对、加以实现。

在我国，中国特色社会主义道路就是"方"，一定要坚定、坚持、坚守，这是关系领导的根本方向问题。正如习近平总书记所指出的："理想信念就是共产党人精神上的'钙'，没有理想信念，理想信念不坚定，精神上就会'缺钙'，就会得'软骨病'。"因此，坚定理想信念，坚守共产党人的精神追求，始终是领导干部安身立命的根本和成长成才的原动力。

在"方"的基础上，领导者还要学会"圆"，要注意方圆兼顾，把二者结合起来。更为重要的是，领导者必须知道什么时候应该"方"，坚持原则性；什么时候应该"圆"，表现出灵活性。方圆兼顾也是成长为卓越领导的关键。

具体来说，做到方圆兼顾要注意以下四个方面。一是大方小圆。在战略方面、原则方面、全局方面一定要"方"，要与上级、与战略和全局保持一致；在策略、方法、具体工作、局部工作方面则要做到"圆"，能变通、能灵活应对，适应当地、当时的实际情况。二是内方外圆。内方，是指领导者的思想、信仰、人格方面，要有追求、有理想，堂堂正正，方方正正；外圆，就是领导者的行为要圆，要适应外部环境，适应人际关系，适应不断变化的形势。三是后方先圆。对领导、对下级、对同事，解决矛盾、处理问题，先来圆的，先沟通，先协调，如果圆的能达到目的就不动用方的，圆的不行再来方的。四是己方他圆。领导者对自己要严格要求、讲政治、讲原则、讲纪律，对他人、对下级、对群众要宽容、要包容、要理解，不能过于着急，更不能急功近利、竭泽而渔。

领导者成长的过程就是领导力开发和提升的过程，领导力的构成既包括硬权力，也包括软权力。硬权力就是职位权力，是"方"的影响力；软权力是个体影响力，是"圆"的影响力。从领导力提升的角度来说，"方圆兼顾"的另一重涵义是领导者既要用好职位权力，又要注重开发自己的软权力，把硬权和软权结合起来。具体来说，领导者用好权力的"方圆兼顾"是先用软权力，后用硬权力；多用软权力，少用硬权力；硬权软权都要用，重用软权力。

在实际领导工作中，有时会出现对下"方有余圆不足"或对上"圆有余方不足"两种不利于领导者成长的情形。前者是过于凸显自己的个性、自己的魅力、自己的意见和自己的职位权力，不愿意局限自己、约束自己，棱角分明、刚脆易折，难以成大器；后者则过分强调对周围人和事的妥协，只有放弃没有坚持，只有圆滑没有原则，一味迎合、缺乏坚守和担当，同样难以堪当大任。因此，领导者不要过多关注怎样"上去"，要关注如何从岗位到"到位"，更要关注"上去"以后如何"补课"，如何尽快"炼成"合格的领导者、优秀的领导者直至成长为卓越的领导者。

（五）顺势而为，大局为重

顺势而为需要胸怀大局以识势，把握大势以谋势，着眼大事以顺势。具体来说，"识势"意味着领导者首先要能够发现社会发展的大趋势；"谋势"意味着领导者要在社会发展趋势中找准自己的优势、找到自己的定位；"顺势"意味着领导者还要把自己的优势和社会大势叠加起来、结合起来。无论是"识势""谋势"还是"顺势"，关键在"势"。"势"就是全局、就是大局，"不谋全局者不足谋一域，不谋万世者不足谋一时"。唯物辩证法认为，部分是整体的部分，部分服从于整体，部分决定于整体，整体处于主导和决定地位。因此，大局的走向决定局部的命运，识别社会发展的大趋势，把握大势，着眼大事，也就抓住了领导工作的中心和重点，也就把握了领导者成长路径的一个重要方面。

顺势而为实际有两层涵义：第一层涵义是横向的顺势，即顺应社会发展的大趋势，以此增加领导力的动能。潮流向东你向东，潮流向西你向西，顺水行舟，能事半功倍，逆势而动则如逆水行舟，事倍功半。当然，这种借势是从大趋势来说的，在微观上、细节上、技术上有时不尽一致，但这种不一致本质体现出来的仍然是大趋势。第二层涵义是纵向上的顺势，以此来增加领导力的势能。由各事物间相对位置决定的能量叫势能，势能能够转化成为动能，动能也会转变为势能，顺势而为就是增加领导活动的正能量，增加领导者的领导力。

顺势而为需"四看"。一是要用大看小，大是系统，小是要素，用大的系统看小的要素，用世界看中国，把中国这个小的要素放在世界这个大的系统中看趋势。二是用长看短，长就是未来、就是将来，短就是现在、就是当下，用长看短就是从未来看现在和当下。三是正负都看。既要看正的、有利的，也要看负的、不利的，主要看大势、看趋势，同时要两面看，坚持两点论。四是由外看内，外就是环境，内就是系统，从外部的环境看内部的系统，从外部的变化看内部的发展。

（六）共同进步，凝聚力量

共同进步就是领导者之间及领导者与追随者要共同成长、共同发展。如果说实践磨练是内力，"贵人"相助是外力，顺势而为是借力，那么，共同进步则是形成合力。只有形成合力，才能凝聚力量，才能够进步更快、发展更好，才能更加共同进步、共同发展。①

英国管理学家贝尔宾提出了领导团队的八种角色理论。他认为团队中的八种人各有优点，各有缺点，配合得好，谁也离不开谁，谁都有价值，谁都能够成功，配合得不好都是缺点。第一种人是实干家，第二种人是推动者，第三种人是智多星，第四种人是协调者，第五种人是外交家，第六种人是监督者，第七种人是完美主义者，第八种人是凝聚者。②一个领导团队，不是哪一个人重要而其他人不重要，单独的哪一个人用处都不大，骏马行千里，犁田不如牛；坚车能载重，渡河不如舟，组织成员必须相互结合起来，才能形成合力，才能凝聚力量。

共同进步、共同成长是领导成长的普遍现象，也是领导活动的目的所在、价值所在。卓越的领导不仅领导者能够成长成才，而且追随者也能够成长成才，甚至成为领导者。所谓共同进步的深层含义是领导和群众相结合，共同创造财富、共同创造价值。在这个过程中，领导者实现自身的价值，追随者的能力和觉悟也得到提升。

总之，领导者成长要把握以上六个路径。第一个成长路径是来去自如、赢得认同，从群众中来再回去，回到群众中去再出来，把握来去自如旨在赢得认同；第二个成长路径是实践磨练，领导者通过探索，通过开拓，通过感悟，通过磨练，磨出"勇德"，勇于担当，这是成长的内在动力；第三个成长路径是组织培养，"贵人"相助，这是领导者成长的外力，需要提升"仁德"；第四个成长路径是方圆兼顾，既要坚定性也要灵活性，既要硬权力也要软权

---

① 刘峰：《简约领导》，国家行政学院出版社2012年版，第110页。
② [英]梅雷迪思·贝尔宾：《管理团队：成败启示录》，机械工业出版社2001年版。

力;第五个成长路径是顺势而为、大局为重,顺应社会发展大趋势、把握国际国内两个大局,这就需要修炼"智德";第六个成长路径是共同进步、凝聚力量,领导者之间共同发展,团队成员之间共同进步,领导和群众共同提升,这需要提升综合特质,需要提升领导力。

附录

一、案例和思考

[引言]现代领导特质理论认为领导特质的"特"不仅"特"在领导者与非领导者之间的特质差异,而且"特"在不同层级领导者之间的特质不同,还"特"在每一个领导者之间的特质也是不同的。为增强读者对领导特质的理解和感悟,选择两个案例以供阅读和思考。

[案例一] 最风光大臣 最"短命"首相[①]

英国广播公司评论,布朗是英国第二次世界大战后影响力最大的内阁大臣,也是任期最短的首相之一。担任大臣的布朗时时觊觎首相宝座,登上宝座后却发现自己身陷危机。

布朗1951年出生在苏格兰格拉斯哥,父亲是一名传教士,经常游历海外。年少的布朗性格腼腆,学习刻苦,16岁进入爱丁堡大学学习历史,成为英国"二战"以后最年轻的大学生。大学期间,布朗初步展示政治抱负。他成功当选爱丁堡大学管理委员会负责人,成为首名担任这一职位的学生。

但随后布朗遭遇人生一次重大挫折。在一次橄榄球比赛中,布朗受伤,视网膜脱落,左眼失明。后来谈及这一事件时,布朗说,"当遭遇厄运时,不要让厄运击倒",面对厄运的态度将决定一个人的一生如何度过。在爱丁堡大学完成硕士和博士学业后,布朗先是任教,后来成为一名记者和电视台编辑。

---

① 案例来源节选自《布朗辞职救党:最风光大臣 最"短命"首相》,新华网综合,2010年5月11日,http://news.xinhuanet.com/world/2010-05/11/c_1289256.htm。

1983年，32岁的布朗当选议员，拉开他的政坛生涯帷幕。1997年，工党取得选举胜利，布莱尔成为首相，布朗担任财政大臣，一干就是10年。按照英国广播公司的说法，这10年中，布朗的影响力剧增，成为二战以来最显赫的大臣。只是这名大臣时时"盯着"首相宝座。

2007年，面对工党日益下滑的支持率，布莱尔提前结束任期，布朗接任。但布朗很快发现，首相一职给他带来无尽的困扰。最初几个月，布朗加强打击恐怖主义力度，同时展现出自己出色的经济管理能力，赢得公众好感，支持率一度上扬。但随后，布朗就陷入了困境。面对媒体时，布朗显然不如布莱尔，不时失态，屡屡受到嘲讽。英国媒体报道称，布朗表情呆板，缺乏幽默感。

2007年4月28日，距离选举日不到10天。布朗当天造访社区，接受一名66岁女性工党支持者提问。布朗与助手私下交谈时，称这名女性是"偏执狂"，不料所戴麦克风未关，对话遭媒体曝光。布朗多番道歉，竭力弥补失言所造成的损失。

担任首相不久，金融危机爆发，英国经济陷入衰退，工党支持率下降。布朗一度面临逼宫，几名资深议员要求他辞职。按照英国广播公司的观点，布朗最大的失策发生在2007年夏天。他当时打算解散议会，举行选举。但布朗发现保守党支持率上升，最后一刻决定放弃。一些分析师说，这证明是一个致命的决定，工党的失利不可避免。随着工党失利，布朗在公众心目中成为失败者。

[案例二] **毛泽东领导特质与中国革命的契合**[①]

列宁指出："历史早已证明，伟大的革命斗争会造就伟大人物，使过去不可能发挥的天才发挥出来。"如果将伟大人物的才能看作是一个变量，列宁在这里着重强调的是革命运动本身对伟大人物的影响。如果把特定时代特定人物的个人特质（包括个人的经历、品格、气质、学问、胆识、智慧、才干等）看作是一个相对稳定的因素，那么，伟大的革命运动就将在千百万候选者中，筛选出最适合运动需要的人物作为自己的领袖。在波澜壮阔的中国新民主主

---

① 案例节选自刘松茂：《历史选择了毛泽东——试论毛泽东个人特质与中国革命特点的契合》，载《湘潭大学社会科学学报》2003年第6期，第17-21页。

义革命的伟大运动中，陈独秀、向忠发、王明等曾经在政治舞台上登台亮相，担任了中共中央的主要领导职务，但大浪淘沙，他们纷纷成为历史的匆匆过客，只有毛泽东应时而起，脱颖而出，最终成为中国共产党第一代领导集体的核心人物，成为毛泽东思想的主要创立者和主要代表，成为20世纪中国革命的伟大领袖人物。正是从这个意义上说，历史选择了毛泽东。

这一历史的选择，表面看来，似乎是偶然性在起作用，但是透过各种偶然性，人们会发现深藏其后的历史的必然性。历史的选择恰恰指的是这种必然性。学术界已经指出，毛泽东的个人特质是他成长为中国革命的领袖、成为毛泽东思想主要创立者的重要因素。但是，这并不是说，毛泽东的个人特质可以不受时代和环境的影响而直接成为决定性的前提。"人们自己创造自己的历史，但是他们并不是随心所欲地创造，并不是在他们自己选定的条件下创造，而是在直接碰到的、既定的、从过去承继下来的条件下创造。"如果我们考察毛泽东个人特质的若干方面，可以大致将其分为两类：其一类特质，并不能称之为一般意义上的领袖素质，但在特定的历史条件下，即考虑到中国国情，它又恰恰是成为中国革命领袖必不可少的最基本的个人特质；另一类从一般意义上可以视为个人的优越之处甚至是领袖素质，但如果离开了特定历史条件下中国革命的急迫需要，我们就不能完全理解这些特质在把毛泽东推上领袖地位中的举足轻重的特殊意义。中国革命有着自己的特点，它寻求着具有相应个人特质的革命领袖。毛泽东的个人特质与中国革命特点之间的契合，恰是历史选择了毛泽东的奥秘所在。

二、重点推荐阅读材料

1.《中庸》。

2.[美]库泽斯·库纳斯等，方晓利等译：《领导者——信誉的获得和丧失》，中国经济出版社1999年版。

3.胡月星：《胜任领导》，国家行政学院出版社2012年版。

4.[美]沃伦·本尼斯、罗伯特·托马斯，杨斌译：《极客与怪杰》，机械工业出版社2003年版。

5.[意]尼可洛·马基雅维利，潘汉典译：《君主论》，商务印书馆1985年版。

思考题

1. 从领导特质的角度分析毛泽东在哪些方面与中国革命相契合?
2. 论述中国本土化"三德"领导特质理论的主要观点?
3. 论述领导特质理论与领导胜任理论的区别与联系?
4. 重点学习和掌握领导者的成才特点和规律。你认为领导者成才的现实路径在哪里?应注意哪些问题?

第二章 领导行为理论研究及应用

【内容提要】

本章阐述领导行为理论的主要观点，重点探讨领导决策行为和领导用人行为相关内容。第一节主要对国内外领导行为理论的演进和发展进行述评，重点阐述中国本土化的领导行为理论——"两为"领导行为理论以及领导行为和管理行为的区别和互补；第二节主要论述领导决策与管理决策的区别，以及领导决策的实质、理念和原则；第三节在分析传统用人观局限的基础上，系统论述领导用人的实质、理念和方法等内容。

领导活动的基本要素是领导者、追随者和领导情境。领导特质理论研究试图通过寻找能够有效区分领导者与追随者的特质因素，以实现识别领导者的目的和提升领导活动有效性的需要。但由于领导特质理论主要强调领导者、领导者的特质在领导活动中的作用，忽略了追随者和领导情境对领导活动有效性的影响，因此，领导特质理论由于"天然"的局限性而逐渐让位于更具解释力的领导行为理论（Behavioral Theory of Leadership），这是领导科学理论发展的第二阶段。

如果说领导特质理论重在研究领导者，探讨领导者是什么人的问题，以及领导者应当在领导活动中扮演什么角色，领导者如何成长、成才；那么，领导行为理论则重在考察领导者干什么，这就把领导理论的研究进一步推进到领导活动实践的中心。西方领导行为理论实质上是关于领导风格或者领导方式的研究，探讨以人为中心和以事为中心、民主型和专制型等不同维度下领导方式的有效性问题。中国领导行为理论结合中国共产党领导革命、建设和改革的成功经验，从中概括和提炼出与领导者的职责、领导活动的本质相联系的领导行为理论，把对领导行为理论的研究向前推进了突破性的一大步。

第一节 由"两维"风格到"两为"职责

随着20世纪40、50年代行为科学的兴起,领导科学研究开始关注和考虑领导者之外的因素对领导有效性的影响,特别聚焦领导者的行为对领导活动有效性的影响。在领导行为理论发展的很长一段时期,其主要围绕领导者的行为风格展开,探讨领导者行为风格对领导活动有效性的影响,并取得一定的成功。

一、西方领导行为理论的演进

归纳西方领导行为理论的发展进程,可以归为两大流派,一派主要从研究领导行为的外在表现风格入手,形成领导行为的风格学派;一派重点围绕领导行为的分类进行研究,形成领导行为的类型学派。

(一)领导风格理论的主要观点

1. 勒温的领导风格三类型理论

从20世纪30年代开始,美国依阿华大学心理学家勒温(Kurt Lewin)通过研究发现,领导者在领导活动中表现出来的不同领导风格,对团体成员的工作绩效和工作满意度有着不同的影响。研究结果表明存在着三种不同的领导风格,即专制型、民主型和放任型的领导风格,造成三种不同的团体氛围和工作效率。(见表2-1)

表2-1 勒温的领导风格类型及表现

	专制型	民主型	放任型
权力分配	权力集中在领导者个人手中	权力在团体之中	权力分散在每个员工手中,采取无为而治态度
决策方式	领导者独断专行,所有的决策都由领导者自己作出,不重视下属成员的意见	让团队参与决策,所有的方针政策由集体讨论做出决策,领导者加以指导、鼓励和协助	团队成员具有完全的决策自由,领导者几乎不参与

续表

	专制型	民主型	放任型
对待下属的方式	领导者介入具体的工作任务，对员工在工作中的组合加以干预，不让下属知道工作的全过程和最终目标	员工可以自由选择与谁共同工作，任务的分工也由员工的团队来决定，让下属员工了解整体的目标	为员工提供必要的信息和材料，回答员工提出的问题
影响力	领导者以权力、地位等因素强制性地影响被领导者	领导者以自己的能力、个性等心理品质影响被领导者，被领导者愿意听从领导者的指挥和领导	领导者对被领导者缺乏影响力
对员工评价和反馈的方式	采取"个人化"的方式，根据个人的情感对员工的工作进行评价，采用惩罚性的反馈方式	根据客观事实对员工进行评价，将反馈作为对员工训练的机会	不对员工的工作进行评价和反馈

专制型的领导者只注重工作目标，仅仅关心工作任务和工作效率。他们对成员不够关心，被领导者与领导者之间的社会心理距离比较大，领导者对被领导者缺乏敏感性，被领导者对领导者存有戒心和敌意，容易使群体成员产生挫折感和机械化的行为倾向。

民主型的领导者注重对成员的工作予以鼓励和指导，关心并满足成员的需要，注意营造一种民主与平等的氛围，领导者与被领导者之间的社会心理距离比较近。在民主型的领导风格下，团体成员有较强的工作动机，责任心也比较强，团体成员自己决定工作的方式和进度，因此工作效率比较高。

放任型的领导者采取放任自由的领导方式，对工作任务和成员需求都不甚重视，无要求、无规章、无评估，工作效率低，人际关系淡薄。

勒温等人通过实验检验哪种领导风格是最有效的领导风格，结果发现，放任型领导者所领导的群体的绩效低于专制型和民主型领导者所领导的群体；专制型领导者所领导的群体与民主型领导者所领导的群体工作数量大体相当；民主型领导者所领导的群体的工作质量与工作满意度更高。但后来研究者发现，实际的情况远远比试验要复杂得多。在现实的领导活动中，很少有极端型的领导风格，大多数领导者都是界于专制型、民主型和放任型之间的混合型。

在勒温等人的研究之后，又有不少心理学家先后对领导风格问题作进一步的研究。鉴于放任型领导并不是一种现实的领导风格，因此，后续研究主要关注对民主型和专制型两种领导风格及介于二者之间的领导风格的研究。试验结果支持了勒温的观点，证明民主型和民主—专制型的领导风格均能导致优于专制型领导风格的效果，而且民主程度越高的领导风格越能有较好的效果。

2. 领导行为连续体理论

1958年，美国管理学家罗伯特·坦南鲍姆（Robert Tannenbaum）和沃伦·施密特（W.H. Schmidt）在民主型和专制型领导风格的基础上提出领导行为连续体理论。他们认为，领导风格与领导运用权力及下属享有自主权的程度相关，领导风格实际上是一条连续变化的分布带，一端以高度集权为特征，一端以高度分权为特征，因此，在两个极端中间存在众多的领导行为类型。基于此，他们提出7种典型的领导行为模式：

第一种模式是领导者直接做出决策并宣布实施；第二种模式是领导者做出决策并通过说服让下属执行决策；第三种模式是领导者决策后向下属征求意见；第四种模式是领导者进行初步决策，下属可以对初步决策进行修正；第五种模式是领导者征求各方面意见后再做决策；第六种模式是下属在领导者界定的界限内进行决策；第七种模式是领导者授权下属进行部分决策。

坦南鲍姆和施密特认为，不能抽象地、孤立地去判断哪一种领导模式是好的还是差的，成功的领导者应该是在具体条件下，综合各种因素的影响，采取最恰当行动的人。组织的类型、结构形式、组织规模、工作环境、地理位置分布都是影响领导行为的变量，因此，采取连续体中的某一种领导行为方式都可能是适当的，"不能把成功的经理人简单地归结为强硬的领导者或放任的领导者。他们的共同特点应当是：在多数情况下能够准确地估量各种影响因素和条件，并据以确定自己的领导方式来采取相应的实际行动"。

3. 李克特的领导风格四类型理论

在领导行为连续体理论的基础上，1961年，R.李克特（R. Likert）进一步把现有的领导风格分为四类：

第一类是集权式专制。权力集中于最高领导者，下级无任何发言权。管理者与下级互不信任，相互间接触交往很少。领导者对组织目标和工作方针作出决策后，通过一系列命令和一整套制度去强制推行。

第二类是仁慈式专制。权力控制于最高领导者，但授予中下层管理者部分权力。领导者待下级比较谦和，并在一定程度上予以信任。较重要的决策均由领导者制定，中下层管理者可就一些次要问题作出决策。注意利用奖惩手段去调动下级的工作积极性。

第三类是协商式民主。重大问题的决定权控制于最高领导者，一般问题的决定权都交给中下层。上下级之间有相当程度的信任，垂直沟通协商和平行沟通协商的渠道比较畅通，上下级关系比较融洽。高度重视采用奖惩手段进行激励。

第四类是参与式民主。职工参加对团体活动的全面管理，上下级基本上处于平等地位。领导者与下级互相信任、沟通频繁，遇有问题即通过各方面的充分协商进行解决。在几种方案相持不下时，由最高领导者作出决断。

李克特认为，参与式民主这种领导风格被认为是效果最好的，能充分发挥人的潜在能力、充分调动人的积极性；能达到工作效率和心理满足的统一。

4. 基于性别差异的领导风格理论

20世纪90年代，赫尔格森（Helgesen）提出女性领导风格理论，这种理论认为由于具有不同的社会经验，女性较男性具有更好的人际交往技能、教养和敏感性，因此女性可以成为很好的领导者和管理者。

其中比较有代表性的是朱迪·罗珊娜（Judy B.Rosener），她指出，女性领导者从作为女性的经历中演变出一种不同于男性的领导方式，这一方式显著地增强了组织在不确定环境中生存的机会。男性领导者更倾向于使用组织所赋予的职位权力，而女性领导者采用的是一种变革式的领导方式，即通过设计一个更宽的组织目标，将下属的个人兴趣融合到组织当中，在实现组织目标的同时实现个人目标。女性领导者更倾向于认为自己的权力来自于个人魅力、勤奋工作以及与下属之间的个人关系，而不是来源于在组织中的地位。女性领导者通过鼓励下属参与、提高下属的自我价值实现及调动、激励下属等手段，形成了明显区别于传统的命令——控制型的领导方式。女性之所以会形成这种不同于男性的领导风格，罗珊娜（Rosener）认为，这是由于社会对女性角色的期望（善于合作、寻求支持等）和女性的成长经历（没有权利的志愿者、个人奋斗）两个方面的原因造成的。

另外，许多研究都指出，尽管女性比男性更倾向于关系导向型而非任务导向型的领导风格，但要成为一位成功的领导者，不管是男性还是女性这两种风格必须结合起来，两性领导者之间确实存在差异，但人们注意到了这种差异是因为这是与性别有关的，但用性别差异来解释领导风格的差异是缺少理论根据的。

（二）领导类型学派的理论演进

这一学派对领导行为的研究主要采取理想类型的分类方法，将领导行为主要划分为基于"事"的领导行为和基于"人"的领导行为，相关的理论研究和实证分析基本都围绕这一思路展开，形成领导行为的"二分法"理论，并发展为PM领导类型理论和管理风格理论。

1. 密歇根大学的研究观点

密歇根大学的研究者认为，可以把众多的领导行为大致划分为两大类，即任务导向型行为和关系导向型行为。所谓任务导向型行为，即领导者的主要任务是计划和协调以及为工作的完成提供资源。他们为下属的行为提供目标指导，而且这些目标是具有挑战性和可实现性的。所谓关系导向型行为，即领导者不仅关注任务的实现情况，还关心与下属的关系建构。领导者对下属表现出十足的关心、呵护，帮助下属处理事业和个人问题，激励并感激下属的努力工作。领导者信任下属，不采取严密的直接监督，给下属充分的自由空间，寄希望于员工积极性的解放，最终更好地实现组织目标。

密歇根研究人员早期认为，任务导向和关系导向是两组相互对立的行为模式。这类似于领导行为直线序列上的两个极端原点，是领导行为早期研究的两个重要的变量。但是，伴随追踪研究的推进，密歇根研究团队开始修正自己的模型。他们发现，领导者可能同时采用这两种极端的领导行为方式，而且对生产和员工都表现出高度关心的领导者要比单维度关怀的领导者更加高效。

于是，"参与式领导行为"的概念被正式提出。也就是说，高效领导者都要善于运用组织导向的诸种行为，通过组织凝聚力的塑造，通过组织活动对个人观点和利益的整合来实现更好的组织绩效。领导者的任务更多地表现在鼓励、支持和帮助下属方面。

2. 俄亥俄州立大学的研究

1945年，俄亥俄州立大学费舍尔商学院的学者将1790项与领导行为相关的陈述精简为150项，然后将它们分为9个描述领导行为的类别，最终这些资料被开发成学界著名的"领导行为描述问卷"（LBDQ）。研究人员将问卷信息分类和按照出现频率归类后发现，几乎所有的领导行为可以被划分为相互区别的两大类理想模型：关怀维度（Consideration Structure）和定规维度（Initiating Structure）。

关怀维度，主要是指领导者对组织成员福利待遇和组织感受的关注程度，包括组织成员之间的有效沟通；相互信任和友情；行为亲切且容易接近；平等对待每个人；关心员工的福利；人缘好等。

定规维度，主要是指领导者有效界定领导和组织成员的理性行为角色，发起工作号召，组织团队，确定更好的工作方法，让组织成员明确知道领导对他们的工作期望，建立明确的工作任务、评估指标和工作任务规划，要求组织成员严格遵守组织章程和工作标准规定等。

俄亥俄州立大学的研究贡献在于，将关心人和关心工作这两类领导者的行为划分为相对独立的两个层面。也就是说，领导者完全可以在关心人和关心工作的维度上进行强与弱的自主性选择，而不是相互抵触和冲突。因此，领导行为就可以划分为四种基本类型：高关怀—高定规、高关怀—低定规、低关怀—低定规和低关怀—高定规。（见图2-1）

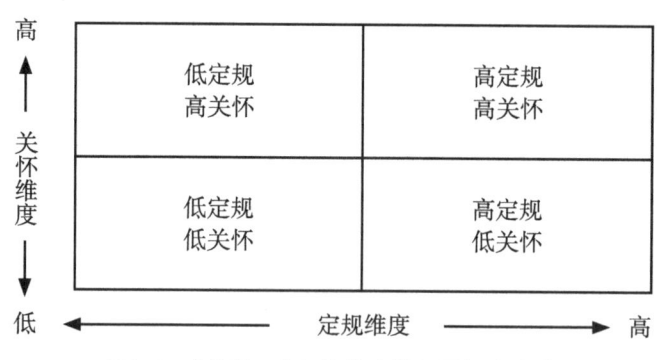

图2-1 "关怀—定规"维度的领导行为分类

从理论上来说，领导行为的二分假设基本成型，扩展了领导行为研究的空间，为后来管理方格论（Managerial Grid Theory）的提出打开了理论视域。从实践层面来看，此类分析更加符合成功实践者的行为经验，对有效领导行为的预测也更加准确。

3. PM领导类型理论

PM领导类型理论最早由美国学者卡特莱特和詹德（Cartwright & Zander, 1953）提出，日本大阪大学心理学教授三隅二不二在20世纪60年代对其进行了完善和发展。这种理论认为，任何一个团体都具有两种机能：一种是指团体的目标达成机能，也指工作绩效，简称P（Performance）；另一种是指维持强化团体的机能，也指团体维系，简称M（Maintenance）。因此，PM理论将领导行为方式分为两类：一类是绩效导向的领导方式（performance-directed），简称为P型；另一类是关系导向的领导方式（maintenance-directed），简称为M型。

P类型的领导行为特征是将组织成员的注意力引向目标，使问题明确化，拟订工作程序，运用专门知识评定工作成果等。M类型的领导行为特征是维持和睦的人际关系，调解成员之间的纠纷，促进成员的自觉性与自主性，增进成员之间的相互了解与交流。如果以P为横坐标，M为纵坐标，按照各自强弱程度可以把领导行为类型划分为四种。（见图2-2）

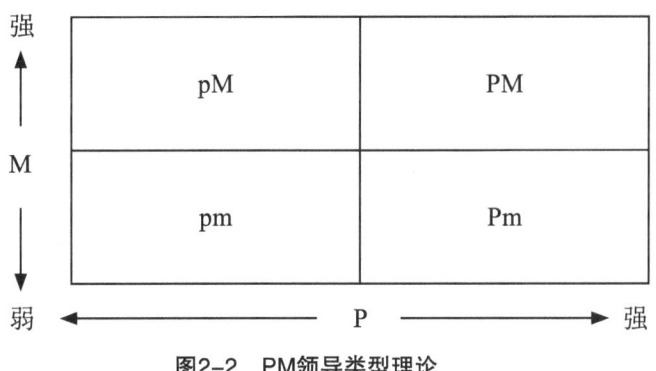

图2-2　PM领导类型理论

毫无疑问，PM类型的领导行为效果最好，Pm和pM两种类型的领导行为效果居中，pm类型的领导行为效果最差。而且，各种类型的领导行为对组织信赖度和团结力的影响也是不同的。（见表2-2）

表2-2　PM领导类型理论的分类及其影响

四种类型	生产效率	对组织的信赖度	团结力
PM	最高	最高	最高
P	中间	第二位	第三位
M	中间	第三位	第二位
Pm	最低	最低	最低

4. 管理方格理论

1964年，美国德克萨斯大学管理心理学家罗伯特·布莱克（Robert R. Blake）和简·莫顿（Jane S. Mouton）发展了领导行为的"二分法"理论，在关心人和关心工作的基础上提出管理方格理论。管理方格理论认为，一个有效的领导者应该既关心工作同时又关心人。

他们根据管理方格理论制定了管理方格图，以坐标的形式来表示，因此，又叫管理坐标图。图中的横坐标是对生产的关心这一要素，纵坐标是对人的关心这一要素，横纵两个坐标轴分别划分出9个等级，这样就形成81种不同的领导行为类型。在此基础上，他们提出5种典型的领导类型。（见图2-3）

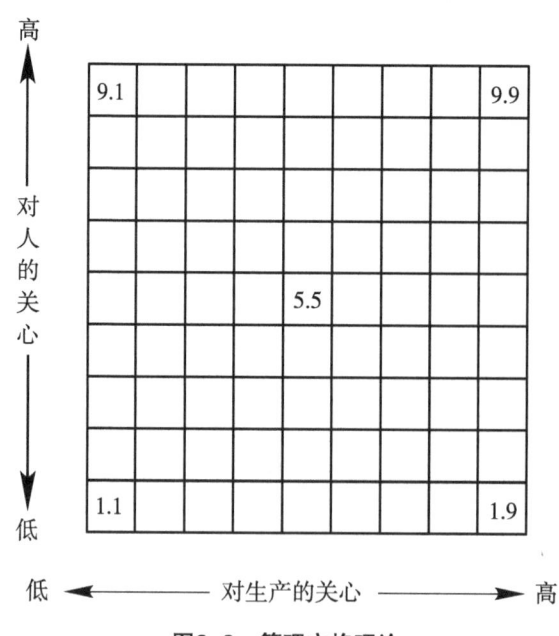

图2-3　管理方格理论

第一类模式是"贫乏式管理",以1.1方格为代表。领导者对组织成员和组织任务都不关心。领导者关心的是维护工作的稳定性和保护自己的资历免受挑战,而且避免承担责任,从而使得组织发展缺少创新性和活力。

第二类模式是"俱乐部式管理",以9.1方格为代表。领导者高度关心组织成员的需求,对工作任务的关心程度却很低。领导者通过各种方法让其他人感觉惬意和安全,从而期待组织成员可以在友好的工作环境下创造出优秀的工作成绩。

第三类模式是"专断式管理",以1.9方格为代表。领导者高度关切组织任务的完成情况,对组织成员个性需求则视而不见。领导者仅希望在稳定的薪酬待遇下,员工可以做出更好的工作。同时,领导者往往会使用制度和惩罚规则督促其他人按照规定完成工作。

第四类模式是"中庸式管理",以5.5方格为代表。领导者不做极端选择,往往在下属的情绪、心理因素和工作要求之间寻找一个平衡点或者是将二者兼顾。

第五类模式是"团队型管理",以9.9方格为代表。领导者对工作任务和组织成员的关心度都很高。领导者对组织成员高度信任,使其感觉到自身在组织中的地位以及自身的重要作用。管理者鼓励团队合作,支持高效完成组织任务。

毫无疑问,第五类模式的领导行为的效果最佳。

后来,布莱克(Robert R. Blake)和莫顿(Jane S. Mouton)接受了领导情境论的质疑和批判,在既有二维模型的基础上,增添了第三个维度,"即领导者在不同的情境下坚持既有领导风格的持久程度",也被称为管理方格理论的"立体模型",在一定程度上有效修正了早期管理方格理论作为一个静态理论模型的劣势。但是,环境因素是作为领导行为选择的背景存在的,行为理论模型的核心功能依然是对领导行为的合理分类和归纳概括。

(三)西方领导行为理论的新进展

当前,西方领导行为理论除了对传统领导风格学派和领导类型学派的研究,开始注重从领导行为的价值角度探讨领导行为的有效性,主要围绕支持型领导行为和破坏型领导行为展开。

1. 支持型领导行为

比利时心理学者尤威默（Martin C. Euwema）等人认为，指令型和支持型领导行为概念是最健全的领导行为概念之一。2007年，加拿大企业管理学者鲁尼（Jennifer A. Rooney）和戈特里伯（Benjamin H. Gottlieb）采用面谈调查法，总结了支持型领导行为的内容，包括八项行为：第一，真诚的关心：指领导者关心员工，关注员工的生活。第二，承认：指领导者承认员工对企业作出的贡献。第三，指导与帮助：指领导者对员工作出明确的指示，为员工的工作提供自己的建议和帮助。第四，值得信赖：指领导者通过自己的领导行为，表明自己是值得员工信赖的。第五，职业发展：指领导者支持员工的职业发展，乐于维护员工的利益。第六，坦诚沟通：指领导者与员工坦诚地沟通，随时为员工提供信息。第七，通情达理：指领导者公平、冷静、连贯，合理地评价企业的环境，作出决策。第八，鼓励自主决策：指领导者鼓励员工自主决策，发表意见。

研究结果表明，支持型领导行为可增强员工的满意度和忠诚感，提高员工的劳动生产率，削弱员工的沮丧感与离职意向，降低员工的工作角色与家庭角色的冲突程度。

2. 破坏型领导行为

经典领导理论探讨的是领导者在提高领导活动绩效中的积极性行为，而以探讨领导者的破坏性行为以及该类行为对组织和个体负面影响为研究目的，形成了领导研究的新视角——破坏型领导，这是对负面领导行为的概括。

根据Einarsen等（2007）的观点，破坏型领导是指来自领导者的系统的、反复的行为，通过破坏或者妨碍组织的目标任务、效果等方式侵犯了组织合法利益以及下属的动机、工作满意度等。并从下属和组织两个维度对破坏型领导行为进行了分类。指向组织的行为分为有利组织行为和不利组织行为，指向下属的行为分为有利于下属行为和不利于下属行为，指向下属的行为和指向组织的行为是两个独立的维度，领导者可以一方面表现出对下属不利的行为，如辱虐和欺凌等，一方面仍然做出对组织目标有利的事情；同样的也有可能一方面做出对组织不利的事情，如组织内偷窃，但是仍然表现出对下属的关心和爱护行为。根据这两个独立的维度，他将领导行为分为建设型领导、暴君型领导、越轨型领导、狭隘型领导，后三种均属于破坏型领导，都会对下属或者组织造成不同程度的负面影响。①

在Einarsen分类体系的基础上，Aasland等（2009）提出了第四种破坏型领导的表现形式，即间接的、消极的、被动的破坏性领导行为，也就是所谓的放任型领导行为（laissze-faire leadership behavior）。这种领导对于下属既没有干预矫正，也没有支持赞同，而是决策一推再推，既不关心下属的需求也不关心组织的目标。放任型领导的提出是对Einarsen模型极大的完善和补充。②

另外，研究表明破坏性领导行为与下属的许多负面心理反应指标（包括焦虑、抑郁、倦怠和工作紧张等）均存在紧密的联系，还会对员工满意度、组织承诺、员工偏差等工作态度和行为产生影响。

3. 彼得·圣吉的五项修炼

美国学者彼得·圣吉在《第五项修炼：学习型组织的艺术与实务》一书中系统阐述了"学习型组织"的五项修炼行为：第一项修炼：自我超越（Personal Mastery），发展自身，而不是除掉什么。第二项修炼：改善心智模式（Improving Mental Models），发掘内心世界的图象（假设、成见等），使这些图象浮上表面，并严加审视。有效表达自己的想法，并以开放的心灵容纳别人的想法。第三项修炼：建立共同愿景（Building Shared Vision），整合个人愿景，转化为能够鼓舞组织的共同愿景。这里"整合"，是帮助组织培养成员主动而真诚的奉献和投入，而非被动的遵从，否则会产生反效果。第四项修炼：团体学习（Team Learning），团体的集体智慧高于个人智慧，当团体真正在学习的时候，不仅团体整体产生出色的成果，个别成员成长的速度也比其他学习方式更快。第五项修炼：系统思考（Systematic Thinking），领导活动和组织活动都受到细微且息息相关的行动所牵连，彼此影响着，因此必须进行系统思考修炼，它也是建立学习型组织最重要的修炼。

彼得·圣吉特别认为"第五项修炼"即系统思考最为重要，需要"建立共同愿景""改善心智模式""团队学习"与"自我超越"四项修炼来发挥其潜力。少了系统思考，就无法探究各项修炼之间如何互动。系统思考强化其

---

① Einarsen S, Aasland M S, Skogstad A. *Destructive Leadership Behavior: A Definition and Conceptual Model*, Leadership Quarterly,2007,18(3):207–216.
② Aasland M S,Skogstad A,Notelaers G, Nielsen M B & Einarsen S.*The Prevalence of Destructive Leadership Behavior*.Birtish Journal of Management,2009,6:1–15.

他每一项修炼，融合整体能得到大于各部分加总的效力。"第五项修炼"需要个人和组织深入心智模式的转变，突出以组织的全员学习与创新精神为目标，在共同愿景下进行长期以致终身的团队学习。其核心是强调以通过了解动态复杂性为基础，进而以系统思考代替机械思考和静止思考，并找出解决问题的高"杠杆解"。

4. 詹姆斯·库泽斯的"五种行为"

詹姆斯·库泽斯在《领导力》一书中提出卓越领导的五种行为：以身作则、共启愿景、挑战现状、使众人行和激励人心，并把它们进一步分解为十个使命。

其中，"以身作则"包含的两项使命是明确自己的理念，找到自己的声音，宣扬共同的梦想；使行动与共同的理念保持一致，为他人树立榜样。"共启愿景"的两项使命是展望未来，想象令人激动的各种可能；诉诸共同愿景，感召他人为共同的愿景奋斗。"挑战现状"的两项使命是积极进取，尝试新方法，猎寻机会；进行试验和冒险，不断取得小小的成功，从错误中学习。"使众人行"的两项使命是通过强调共同目标和建立信任来促进合作；通过分享权力和自主权来增强他人的实力。"激励人心"的两项使命是通过表彰个人的卓越表现来认可他人的贡献；通过创造一种集体主义精神来庆祝价值的实现和胜利。

应该说，西方领导行为理论的最新进展成果，特别是彼得·圣吉的五项修炼行为理论和库泽斯的五个领导行为理论，对领导行为的研究和分析从不同的角度总结并揭示了领导行为的本质，深入研究涉及领导活动有效性的领导行为，并探讨积极领导行为与领导有效性之间的关系，实现了对传统领导风格学派和领导类型学派研究的超越和发展。

二、中国领导行为理论的发展

中国领导行为理论的发展一方面表现在中国学者对西方领导行为理论的介绍、验证和发展，另一方面表现在中国学者用本土话语对中国领导活动实践进行总结和概括。

（一）西方领导行为理论在中国的引进

1. 中国CPM领导行为理论[①]

1987年，凌文辁、方俐洛借鉴日本大阪大学心理学教授三隅二不二的PM领导类型理论，并结合中国文化背景，提出了中国的CPM领导行为理论。通过研究得出中国领导行为的三因素模型矩阵：因素1（C）为个人品德（Character and Moral）；因素2（P）为工作绩效（Performance）；因素3（M）为团体维系（Maintenance）。

在CPM理论中，P是完成团体目标的机能，M是维系和强化团体的机能，C是领导者的模范表率作用。C机能是领导者的间接影响力，领导者的模范表率行为一方面可以使被领导者在工作中的不满得以解除，从而获得心理上的平衡和公平感；另一方面，领导者的模范表率行为，通过角色认同和内化作用，可以激发被领导者的内在工作动机，使其努力地去实现组织目标。榜样的力量是无穷的，领导者的模范表率行为对被领导者而言是一种无声的命令、指挥、控制和监督。C机能对P机能和M机能有一种放大效应。

2. 中国"三元"领导风格理论[②]

2000年，台湾学者郑伯、周丽芳与樊景立通过研究认为，中国文化背景下的领导方式通常是一种家长式领导，领导方式和领导风格更多地表现出父亲般的关怀和威严，并通过问卷调查和实证分析得出家长式领导方式是一种"三元"领导风格的结合：威权领导、仁慈领导和德行领导。（见表2-3）

表2-3 家长式"三元"领导模式的因素结构

因素类型	仁慈领导	德行领导	威权领导
具体内容	嘘寒问暖 及时伸出援手 照顾部属的家人 无微不至的照顾 关怀生活与起居	公正无私 不拉关系走后门 能够以身作则 做人做事的好榜样 为人正派	按个人意思作决定 大小事情独立决定 给部属以工作压力 斥责部属没有完成任务 信息从不透露

---

① 凌文辁，方俐洛：《心理与行为测量》，机械工业出版社2003年版。
② 郑伯，周丽芳，樊景立：《家长式领导：三元模式的建构与测量》，载《本土心理学研究》2000年第14期，第3-62页。

在家长式领导模式中，德行领导处在最高层，具有统领威权领导和仁慈领导的作用，并分别在威权领导和仁慈领导中得以体现。威权领导和仁慈领导只有在德行领导的"德"字端正的前提下才有资格来讨论。失去了道德也就彻底失去了领导的威信，其仁慈一面也会由此黯淡。

3. 中国关于破坏型领导的研究

近年来，国内学者根据中国背景，也展开了关于破坏型领导的论述与实证研究。2007年，有研究提出类似负性领导的内容如越轨性领导——领导者履行责任时明知其领导行为以及结果将越出该职位所赋予的职责范围，并因此产生不良后果，但却依然去做的行为。[①]

2010年，暨南大学路红博士认为破坏性领导行为是指领导滥用权力，以不道德甚至是不合法的行为来侵犯组织和下属的合法权益。并运用探索性因素分析和验证性因素分析技术，发现基于我国组织情境破坏性领导行为的内容与结构包含4个方面：贪污腐化、苛责下属、辱虐下属与德行缺失。[②]

（二）中国领导的"两为"理论

国外的领导行为理论基于大量的现场观察和实证研究，因此理论与实践还是比较吻合的。但由于其仅仅关注领导者外部的风格特征和行为特征，忽视了领导活动的本质行为及领导者的主要职责，因此研究仍然是较为零散的、表面的和浅显的。

1. 中国领导行为理论研究的进展

中国领导行为理论研究主要通过关于领导职责的研究予以体现。从这个角度而言，应该说，中国领导行为理论研究从起步阶段就优于西方的领导行为理论，因为西方主要关注的是领导风格和领导类型的研究，而本土化的领导行为研究从一开始就进入到领导行为的本质当中去分析，围绕领导职责来研究领导行为。

中国人民大学朱立言教授从中国的国情和特色出发，用本土化话语概括了领导者的主要职责：第一，领导决策；第二，领导用人；第三，沟通与协调；第四，激励与鼓舞；第五，思想政治工作。其中，领导决策相当于拥有

---

① 郭镇方：《论领导越轨的类型与成因》，载《理论学刊》2007年第5期，第35—39页。
② 路红：《破坏性领导的内容结构及其相关因素研究》，暨南大学2012届博士论文。

愿景、提出战略；领导用人和沟通协调相当于形成联盟，激励鼓舞则是东西方的共识，而思想政治工作则是中国特色的领导活动，是传统优势和宝贵财富。①

中国领导行为理论研究大多持类似观点，基本内容相差无几。比如，有研究认为领导职责应该包括以下内容：确定组织的发展目标、把握关系全局的几件大事、建立协调的组织系统、创造一个良好的外界环境、处理随时出现的一些紧迫问题。②也有研究提出领导行为系统结构主要包括领导的决策行为、用人行为、组织指挥行为、激励行为、协调沟通行为和自我完善行为。③强调了领导者的自我完善行为。另外，有研究根据当前中国权力距离缩小的发展趋势，提出为应对这种变化，领导行为应当从群体决策、适度授权、减少强制、尊重员工和有效沟通五个方面进行改进。④

2. 强调中国国情的领导行为理论

领导特质理论重点研究领导者在领导活动中的作用，认为领导者是决定领导有效性的关键因素，这种观点本质上是一种单向思维，因为领导关系的实质是领导者与追随者之间的相互影响的关系，领导有效性不仅取决于领导者的作用，还取决于追随者的作用。领导行为理论是对领导特质理论的发展和超越，领导行为理论重点探讨领导者和追随者甚至是组织外成员之间的互动关系，旨在寻求有效的领导行为以尽可能定向、积极的影响追随者并扩大同盟者，本质上是一种双向思维，更具科学性。

领导行为，首先是一种赢得追随者的行为，即领导者通过自己的行为赢得追随者的行为。在职位权力范畴内本质上只有领导者和服从者，而非追随者，只有领导者通过领导行为生成领导力把服从者转变成追随者，只有服从者从对领导权力的服从转变到对领导者的认同，才产生领导者。进一步而言，只有追随者认同领导者之后，追随者才会认同领导者的决策，领导者的决策

---

① 朱立言，雷强：《领导者定义及职责新探》，载《行政论坛》2002年第6期，第50-52页。
② 刘东辉：《试论领导者的职责》，载《理论探讨》1986年第5期，第56-63页。
③ 王恒久，王艳茹，孙晓青：《论领导行为系统结构》，载《辽宁工程技术大学学报》（社科版）2005年第3期，第277-279页。
④ 廖建桥，赵君，张永军：《权力距离对中国领导行为的影响研究》，载《管理学报》2010年第7期，第988-992页。

行为才是有效的，才有真正的领导行为，无效的领导行为绝非真正的领导行为。

领导者的工作千头万绪，领导者的行为千差万别，领导者究竟要做出什么与领导本质相关、与领导职责相联系的领导行为，才能最大程度地提升领导有效性呢？对此，毛泽东将其概括为，"领导者的责任，归结起来，主要的是出主意、用干部两件事"。[①] 即决策行为和用人行为，决策行为实质就是"出主意"，用人行为实质就是"用干部"。

实际的领导活动中，决策行为要和用人行为相结合，领导者在决策时要有用人行为，特别是在"策"的阶段，务必要注意发挥追随者、同盟者、群众等相关主体的"谋"的作用，做到"多谋"；领导者在实施决策时更要学会用人，领导者的角色应该是教练员而非运动员，是用人之人而非做事之人，领导者要学会用认同决策的领导干部、领导人才和领导班子，这样，决策和用人就结合起来，进而提升领导工作的有效性。领导者此时关注的应是组织引导的能力而不是自己的业务能力，是组织的整体绩效而不是个人的工作绩效。

3. 强调"两为"的本土化领导行为理论

领导的本质是对追随者的影响力，是一种定向的、积极的影响力，这种影响力的来源主要有职位权力和非职位权力，职位权力是强制性影响力、非职位权力是非强制性影响力。非职位影响力依赖于领导特质带来的领导魅力，更取决于领导行为生成的领导能力。因此，领导者要学会并善于通过领导行为生成领导力、提升领导力，赢得追随者的认同。

领导行为之一是决策行为。决策行为的实质是"领"，"领"首先是领方向，"领"组织前进的方向。领方向不仅需要领导者的决策引领前进的方向，更需要领导者以身作则加以率领。领导者的以身作则一方面需要"说"，使用追随者喜欢的、能够明白的语言清晰地表达关于方向的理念，另一方面更需要"做"，身体力行地去做自己所说的。领导者的言行一致了，追随者才会认可领导者的决策行为，决策行为才有影响力，追随者才会去实施决策。因此，决策行为的实质要求领导者学会用信誉去领导、用诚实去领导。

---

① 《毛泽东选集》第2卷，人民出版社1991年版，第527页。

领导行为之二是用人行为。用人行为的实质是"导","导"是传导、是引导、是辅导,"导"就是影响人,就是使追随者发挥作用。影响人包括三个层面的内容,其一是影响追随者的心,其二是影响追随者的脑,其三是影响追随者的身。领导者首先要把自己对方向的热情传导给追随者,使追随者对其充满激情、产生兴趣;其次要引导追随者朝确定的方向前进,使得追随者知道往哪儿去,使追随者认可方向、坚定方向;最后要辅导追随者,使追随者获得能力、提高能力。

"领"不仅是领方向,还要领团队;"导"不仅要影响人,还要朝着既定的方向施加定向的、积极的影响力。"领"和"导"结合起来,领导者的决策行为和用人行为就结合起来。一方面,领导者要决策,包括制定决策和实施决策;另一方面,领导者要用人,用人要用认可决策之人。领导决策行为包括建立愿景、制定战略、选择战术等内容;领导用人行为包括用什么人、如何用人等内容。

三、领导行为与管理行为的联系和优化

传统的组织重管理,现代领导大趋势更加强调领导。实际上,无论是管理,还是领导,只有一个方面都是不够的。强调领导意味着组织活动要由管理为主转变到领导为主,在区分管理行为和领导行为的基础上把二者互补起来。

(一)领导行为和管理行为的区别

美国领导学大师史蒂芬·柯维举了一个小例子以说明管理与领导的区别:一群工人在丛林里清除矮灌木,他们是生产者,解决的是实际问题。管理者在他们后面拟定政策,引进技术,确定工作进程和补贴计划。领导者则爬上最高那棵树,巡视全貌,然后大声嚷道:"不是这块丛林!"这个例子说明领导者重点关注的是干什么和为什么干,管理者主要强调的是干多少和干得如何。综合相关研究,以下概括了领导行为与管理行为的八大区别(见表2-4),为便于理解,阐述时采取拟人化的分析方法。

表2-4 领导行为与管理行为的区别

	领导行为	管理行为
眼睛	未来和外部	当下和内部
头脑	思想和变革	技术和秩序
口中	方向和团队	目标和工作
手里	旗帜和令箭	规章和大棒
脚底	魅力和魄力	权力和能力
整体	个性和吸引力	共性和威严
周围	追随者和感性	下属和理性
组织	生命和灵魂	躯壳和健康

1. 眼睛的区别

领导者的眼睛盯着的是未来和外部，管理者的眼睛盯着的是当下和内部，未来和当下是指时间，外部和内部是指空间。未来就是发展趋势和发展方向，当下就是目前情况和当下态势；外部就是外部的危险和机会，内部就是内部的优势和不足。

关注未来需要关注外部，关注外部就要开放，开放就是要放开。要改革就要先开放、先放开，不开放就没有改革。关注外部，关注开放，首先领导者自身要做一个开放的领导者。

2. 头脑的区别

领导者的头脑装着的是思想和变革，管理者的头脑装着的是技术和秩序。管理的主要作用是提供技术，没有技术就没有管理，所以管理者通常是专家。管理者注重是秩序，关注的是稳定，有了稳定和秩序才好管理。

领导者的主要作用是提供思想，有思想才有领导，所以领导者通常是思想家。领导和变革是互为的，领导需要变革，变革更需要领导，越是变革期、越是转型期，就越需要领导者的思想、越需要领导力。

3. 口中的区别

领导者强调的是方向和团队，管理者注重的是目标和工作。领导者要领，要引领前进的方向、指出努力的方向；领导者主要关注的是团队，是人的尊严、价值、潜能和发展。简言之，领导者唱的是歌，念的是曲，激发人们的梦想。管理者要管，要管理人、财、物，完成管理目标，主要关心的是日常工作。

4. 手里的区别

领导者手里握的是旗帜和令箭，旗帜就是决策，旗帜往哪儿指，大家就往哪儿去；令箭就是授权，授权就是激励，要把各种具体的工作交给追随者去干，给他们锻炼的机会以培养他们。

管理者手里拿的是规章和大棒，规章就是执行，按部就班，一步一步，一环一环，一切按程序办事；大棒就是约束，要求大家都好好工作。

5. 脚底的区别

这实际是说领导者影响力的来源，领导者对追随者、管理者对下属都有一种作用力，区别在于领导者的作用力叫做影响力，管理者的作用力叫做控制力。影响力的来源主要是领导者自身的魅力和魄力；控制力的来源主要是管理者外在的权力和能力。影响力更多与个人内在的因素相关，是自己赢得的，是无限的，具有增值性，越用越多；控制力更多与外在职位因素相关，是外力赋予的，是有限的，具有贬值性，越用越少。

领导者和管理者作用力的来源不同决定了人人都可能成为领导者，影响力无处无时不在。而管理者更与职位、职权相关。

6. 周围的区别

领导者重要的特征在于他有追随者，追随者的概念往往在时间上意味着终生追随，在空间上意味着无论成功还是失败，无论疾病还是富贵，都矢志不移。领导者和追随者也可以互为，领导者可以是追随者，追随者可以成为领导者。或说领导者和追随者可以相互追随，相互激励，共同成长。

管理者的周围是下属，下属的概念意味着因职位、工作聚在一起，工作完成了、职位没有了，下属也就不存在了。管理者和下属的界限明确，即管理者在上，下属在下。

整体而言，虽然领导与管理在一定条件下有共通之处，但是，领导的本质是"放"，管理的本质是"收"；领导重人，管理重事。领导的"放"在于解放思想、打开空间、发动群众、激励群众、释放能量。管理的"收"在于组织群众、约束群众、控制力量。正如被誉为"领导力第一大师"的哈佛商学院教授约翰·科特所言:"管理者试图控制事物,甚至控制人,但领导者却努力解放人与能量。"

(二)领导行为和管理行为的互补

领导与管理的关系主要体现在两个方面:一方面领导既存于管理之中,另一方面,领导又超越于管理之上。为什么说领导存在于管理之中呢?因为传统的管理,包括计划、组织、领导和控制等四个方面的职能。很显然,领导就是其中的一个职能,一个方面。为什么我们又说领导超越于管理之上呢?首先,领导的作用是贯穿于其他三个职能的,同时又包含其他三个职能。其次,管理重做事,领导重用人,只有把人用好,才能把事做好,人重于事,人永远是第一位的。最后,领导从管理中逐步分化出来,独立出来,并进一步把管理纳入自己的范畴。比如领导决策离不开计划,领导制度离不开组织,领导权力离不开控制。只有领导从管理中分化出来,领导科学的构建才有可能。

领导与管理的区别已经明确,二者的内在联系也已十分清楚。对现代的领导者来说,单纯的管理和单纯的领导都是不够用、不足取的,只有把二者结合起来,互补起来,才可能提升领导的效果和价值。一般说来,领导行为加管理行为有以下四种类型:

一是领导有余,管理不足。这样的部门往往有活力,善变革,但制度不健全、秩序较混乱,难以持续发展。

二是管理有余,领导不足。这样的部门往往秩序井然,但缺少活力,不愿变革。

三是领导不足,管理也不足。这样的部门既没有活力又没有秩序。

四是领导与管理均衡发展,优势互补,这是最理想的状况。

领导加管理也可以是两种类型:一种是领导型管理,重点在领导方面;一种是管理型领导,重点在管理方面。领导型管理是一种新型的、重视人、重视价值的管理,领导贯穿于管理的整个过程。而管理型的领导则比较传统,它是事务型的、计划型的领导,它往往既体现不了领导工作的特点,也凸显不了领导的价值所在。

只有领导与管理互补起来才是一个好的组织部门,既会决策又会执行,既面向未来又管好现在；长远与现在相结合，既能盯着外部变化与机会，又能盯着内部的管理与秩序；既用领导艺术，也用管理科学，这种领导加管理的互补就会产生更有效的领导力。

（三）管理行为和领导行为的优化

"领导"一词的"领"与"导"是两个不同的概念，它们既有各自独立的内涵，又有相互包容的外延。传统的领导重在"领"，现代的领导重在"导"，因此，领导也需要进一步优化。

1. 管理行为的优化

"领导"和"管理"作为现代组织实践中的两大基本活动，它们之间既有明显的差异，又有很强的互补关系。管理关注秩序、关注效率，主要考虑如何多快好省地把事情做好。管理依赖技术，崇尚科学。领导关注目的关注价值，主要考虑如何培养人影响人。领导以人为本，崇尚艺术。正如前述有关"领"与"导"的四个关系，"管"与"理"的关系和趋势也可以概括为：

一是先理后管。管理是先跟下属讲道理，下属听进去就要少管或不管；下属不听就要管甚至严管。

二是多理少管。管是刚性的，权威的；理是柔性的，诉诸情感和心理的。管理也可以刚柔相济、恩威并用，但行政管理和社会管理的大趋势应是多理少管。

三是又理又管。管理中的"理"与"管"两种方式都是实现管理效率目标的方法和手段，在管理工作中是很必要的，都是不可或缺的。那么究竟何时、何处、何方式地去运用它们于具体的、特定的管理实践活动中，则只能是相机并相时而动。

四是重点在理。管理的"理"与"管"不是半斤八两，而是要突出"理"这个重点。行政管理和社会管理的重点是"理"不是"管"。理是道理之理，是条理之理，是伦理之理，是治理之理。[1]

---

[1] 刘峰：《简约领导》，国家行政学院出版社2012年版，第57页。

2. 领导行为的优化

领导工作有的时候要"领",要激昂,要领唱;有的时候要"导",要舒缓,要伴奏。领导者在不同的时间不同的场景或"领"或"导",扮演着不同的角色,发挥着不同的作用。具体说来,"领"和"导"在中国的文化和语境中,有着不同的涵义。"领"是带领、率领,是领方向、领目标和领途径。"领"要明确,要果敢,要有权威。"领"大体上属于领导决策的范畴。"导"是引导、指导,"导"的对象是人,是追随者。"导"要柔隐,要互动,要艺术。"导"大体上属于领导用人的范畴。

进一步而言,"导"有四个方面的含义:一是前面的方向的"引导";二是旁边的业务的"辅导";三是后边的结果的"督导";四是全程的对组织成员的培养"教导"。"领"一定要在组织成员的前边,而"导"可以在组织成员的前边,也可以在组织成员的旁边或后边,更多的时候则在组织成员的中间。领导者要善于与组织成员一起共享领导。领导者不仅起一种示范作用、带头作用,而且起到一种辅导作用和督导作用。"导"是引导和促使组织成员有能力并有意愿与领导者一道前行,去创造和实现组织的共同愿景。

就领导中的"领"和"导"两种行为关系而言,可以概括为:先领后导,少领多导,又领又导,重点在导。领导者要以身作则,先领后导,少领多导。追随者的觉悟低能力弱,就需要领导者多领多示范多推动;追随者的觉悟高能力强,就要求领导者少领少干预少指手画脚。社会发展到今天,随着人们受教育程度的提高,获取信息的水平的提高,工作的能力和个人素质的普遍提高,顺应这种趋势,应该少领多导。

领导的"领"主要有四个方面:一是道路向前的"带领";二是精神向上的"引领";三是心理向内的"领悟";第四是组织整体的"率领"。"领"要刚,要具有权威和号召力,对团队要能有呼有应,甚至一呼百应。领导者用自己的行为给组织成员做出榜样,身先士卒,以身作则。由于领导者走在了前面,就激励了员工行动,激励了员工的追随行为。

作为领导者,首先需要给组织的是方向和目标,随后再就具体的路径和对策方面进行"导"。引人注目的目标、令人向往的愿景、令人振奋的许诺对于鼓舞士气是有用的,但作用是有限的。美丽的言辞虽然能够打动人心,但在领导活动中真正能打动追随者的是具体的行动,尤其是领导者的行动。领导作用的关键也是行动，是领导者的领先行动。领导者先行了，做到了，被领导者就会有紧迫感，就会积极行动，就会照着领导者的样子去行动。

随着现代组织成员的觉悟和素养都在不断提高，需要领导者刚性的"领"的方面会越来越少，而领导者的更多工作需要转变到对追随者的柔性的"导"的方面上来。

领导者"领"的同时还要"导"，二者缺一不可。"导"是主动，"导"是尊重，"导"需要领导艺术。在领导者的工作中，"领"与"导"都是必要的，这就是领导工作的"两点论"：即"领"离不开"导"，"导"也离不开"领"。概言之，领导就是领导者对组织成员施加积极的影响，带领和引导全体组织成员努力趋近组织目标和共同愿景的组织行为。

第二节　领导决策行为

领导行为首先是决策行为。一个组织往哪儿去、去干什么、如何干，都需要领导决策，也都需要"领"。决策行为事关组织发展的方向和全局，事关领导活动的成败得失。领导决策行为就是定方向和愿景、定目的和战略。

一、领导决策与管理决策的区别

目前，关于决策理论的研究以理性决策模型（Rational Model of Decision Making）、有限理性模型[①]（Bounded Rationality of Decision Making）、渐进决策模型[②]（Incrementalism of Decision Making）和综合扫描模型[③]（Mixed-Scanning Model of Decision Making）为代表。

综合既有决策理论的主要观点可以发现其具有以下明显的特征：第一，既有决策模型基本上是以"事"为中心的决策模型，这些决策模型的提出旨在分析和解决现实的政策问题，具有直接的问题导向特征。第二，既有决策模型中主要基于决策目标的达到和优化进行研究，无论是完全理性决策模型

---

① [美]赫伯特·西蒙：《管理行为——管理组织决策过程的研究》，北京经济学院出版社1988年版。
② [美]查尔斯·E.林德布罗姆：《决策过程》，上海译文出版社1988年版。
③ Amitai Etzion. *Mixed-Scanning: A "Third" Approach to Decision-Making.* Public Administration Review, 27(5), 1967. pp. 385–392.

还是后来的混合扫描模型都强调对决策目标和决策方案的选择。第三，决策模型中蕴含着决策者决策理念的变化，完全理性决策模型的决策理念是最优，有限理性决策模型的决策理念是次优，渐进决策模型的决策理念是满意，混合扫描模型的决策理念是超优。

实际上，这些决策理论的发展基本是在管理学的框架下进行的，因此，在很大程度上可以认为这些决策理论实际是对管理决策的探讨。当前，无论是在理论上还是在实践中，领导决策和管理决策常常被相互混淆、替代使用。但领导决策和管理决策是存在根本区别的，主要体现在以下几个方面。

（一）管理决策重目标、领导决策重目的

管理决策通常视决策为目标优化的过程，决策理论发展的脉络清晰地凸显出这种目标导向的特征。最初的决策是经验决策，取代经验决策的第一个决策理论是完全理性决策模型，即"最优决策"；取代最优决策的第二个理论是有限理性决策模型，即"满意决策"；取代次优决策的第三个理论是"超优决策"理论。从经验决策的"无优"到科学决策的"最优"，从比较务实的"次优"到注重创新的"超优"，决策理论的发展都是突出决策目标这个核心，都是强调优化这个重点。管理决策强调目标越是优化，决策越是科学，这似乎已成了大多数人的共识。但领导决策并非追求决策目标的优化，而是重在追求决策目的的优化。

领导者一定要有远见，要超越具体的目标和指标，关注指标和目标背后的目的。只有将目的放在目标之上，领导者才会更加明确自己的使命和职责，更加坚定努力的方向，领导者的思路才会更清晰、更开阔、更有远见、更有创造性。

（二）管理决策重效率、领导决策重效果

管理决策重效率，效率的本质是个体收益，是个别收益，是局部观，是以事为中心的。领导决策重效果，决策效果是社会效果，是综合效果，是整体观，是以人为本。

（三）管理决策重成本、领导决策重价值

如果一件事是值得做的，是应该做的，领导者就必须千方百计地去决策、去运作，把它做好。领导决策重视价值也并非意味着做事情就可以不计成本，在实现既定价值的前提下，成本当然是越小越好。

（四）管理决策重秩序、领导决策重变革

如前所述，涉及方向、目的和战略的决策通常属于领导决策的范畴，具体实施和执行层面的决策一般属于管理决策的领域。管理决策旨在实现组织目标，关注的是既定方向、目的和战略的实施和执行问题，主要是操作层面、微观层面、战术层面的决定，更加关注当下和现实。一般情况下，方向性的领导决策轻易不会变化，而战术层面的管理决策则要根据影响因素的变化随时调整，因此，管理决策更要灵活、变通。但从更广阔的范围来看，这种变化是在方向既定的空间内进行的，是可控制的，是渐进的，是量变，因此，管理决策重秩序。

领导决策是关乎组织前进方向的根本调整，虽然领导决策具有相对稳定性，但如果领导决策一旦作出，就是涉及方向调整的根本问题，直接影响战略和全局工作重点的变化。因此，领导决策重变革，重战略，重长远。如果说管理决策的实质是从一到多、从有到优的话，是一种量变；那么，领导决策的实质就是从无到有、从黑到白、从左到右、从上到下，是一种质变，是一种主动的制造变化，通过变革来实现领导活动的价值。

二、共建愿景的领导决策

领导行为首先需要解决的是方向问题、价值问题。领导决策行为的实质就是领方向，就是确定价值，因此，领导行为首先是领导决策行为，领导决策行为的关键在于共建愿景。

（一）领导需要共同愿景

愿景，是从英文单词Vision翻译而来的。领导科学中的Vision，也译为"远见""远景"，但最终为学者所广泛接受和使用的是"愿景"。共同愿景，至少有三层含义：一是组织成员自愿追求的前景，而不是任何外部力量迫使的；二是共同的前景，是组织领导人员、管理人员和广大员工共同拥护共同认同的前景；三是一种有价值、有目的、有目标的生动的前景，这种前景是可视的、可感的、可追求的。

共建愿景，需要倾听群众心声，融合专家智慧。组织的领导者要善于"询问"，善于"聆听"，体会各级领导者内心是怎么想的，组织内的普通员工是怎么想的。问多了、听多了、沟通多了，领导者就能清晰地看到组织的共

同愿景。建立组织共同愿景的核心工作就是设计一个持续不断的流程，以便让组织中任何职位、任何岗位上的员工都能说出他们最关心的事情，都能听到别人的真实的看法。共同愿景往往存在于对话之中，存在于反思之中，存在于不同观点的整合之中，存在于不断沟通协调之中。

领导者既要善于使用内脑，又要善于使用外脑。最后，愿景还要经过法定程序，获得组织成员的认同。组织愿景来自每个人的愿景，也统摄每个人的愿景；个人的愿景符合组织愿景，也蕴涵于组织愿景。从共建愿景的基本程序上看，它包括以下两个主要的步骤：

一是描绘愿景。领导者要想提升为自己和他人描绘愿景的能力，必须抓住以下两个要点：想象各种可能的情况，找到共同的目标。明确愿景的过程就是反思过去，关注现在，然后展望未来。愿景要有吸引力，要能吸引所有在其中有利害关系的人，只有共同的愿景才有力量使大家能在长时间内为之献身。在描绘愿景时，要尽可能形象并易于理解。

二是感召他人。领导者需响应大众化的理想，把大家与共享愿景联系起来，并增强成功的信心。感召他人的要点有二：诉诸共同的理想和激活愿景。也就是要求领导者把灵魂注入愿景，让愿景活起来，帮助人们想象出它是什么样子，愿意为它和独特的未来而工作。

组织的共同愿景要紧扣组织的深层目的。目的明确的愿景能够有效激发全体员工的抱负和承诺，激发全体员工的积极性和创造性。建立共同愿景必须要有共享的价值标准、共享的价值观念。前面已经说过，在沟通时一定要尊重员工之间的差异，尊重与对方的差异，还要遵循共同的价值观。既承认差异，又寻求共同的价值，是沟通的难题，也是建立共同愿景的难题，同时更是领导工作和领导艺术的难题。解决这个难题的办法是兼容和协调，求大同，存小异，在承认差异的基础上寻找更多的共同点，寻找共同接受的价值准则。价值标准的共享及共同愿景的建立都不是容易的事，组织的领导者要善于运用各种手段使用各种艺术去做这件事。

（二）共建愿景与中国梦

愿景如其他领导方式一样，要有一个明确的目的、明确的价值观、明确的奋斗目标。愿景领导重在"共同"。共同愿景是领导者与被领导者共有的、共同的，是组织成员自愿追求的前景。

愿景领导还要重在"认同"。愿景领导的另一个重要特点是领导者与被领导者的相互认同。领导者认同被领导者，因此，被领导者更加认同自己的领导者，认同组织文化，认同组织的"共同愿景"。有了认同，被领导者的行为就容易与领导者一致起来；有了认同，被领导者的行为就会自觉起来，从而使领导活动"自动"地开展起来。共建愿景既是对往"哪儿领"的决策行为的回答，同时又解决了"依靠谁"的问题，因为共建愿景的过程就是对下级和群众进行启发和凝聚的过程。

2013年3月，十二届全国人大一次会议闭幕会议上，国家主席习近平发表讲话，提出要实现中华民族伟大复兴的"中国梦"，指出"我们必须再接再厉、一往无前，继续把中国特色社会主义事业推向前进，继续为实现中华民族伟大复兴的中国梦而努力奋斗"，并强调"生活在我们伟大祖国和伟大时代的中国人民，共同享有人生出彩的机会，共同享有梦想成真的机会，共同享有同祖国和时代一起成长与进步的机会。有梦想，有机会，有奋斗，一切美好的东西都能够创造出来"。这里，"中国梦"将国家"大梦"与国民"小梦"、民族"大我"与个体"小我"紧密地联系起来，将高远的蓝图与当下的奋斗紧密地联系起来，将宏大的方向与具体的目标联系起来，不仅形成了一个伟大的共同愿景，更是激励全体人民为之努力奋斗。

三、领导决策的理念和原则

领导决策理念和决策原则的认识如果停留在管理决策原则的层面，在一定程度上，就是以"事"为中心的决策原则。领导决策理念和决策原则不能仅止于此，不能仅仅停留在"事"的层面，还要进入"人"的层面，从决策涉及的利益相关者的角度考虑决策时应该遵循的原则。

（一）领导决策的共赢理念

一般来说，领导者的决策都是有目标的，都是追求效益和价值最大化的，但效益和价值最大化并不意味着你亏我赢，更不意味着你亏的最多我赢的最多，效益和价值最大化就是要共赢，领导决策要树立共赢的理念。

领导决策要认识到共赢的重要性，因为共赢在一定程度上体现了公共价值，而公共价值正是领导者制定政策的基本出发点和指导思想，而且，公共价值的实现同时意味着共赢的决策能够实现政策相关主体的利益，得到多数群众的认可和拥护。领导者的共赢决策不仅是一种制定政策的理念和艺术,更有利于政策的执行。

共赢决策理念的要点是,领导者在决策时要考虑到群众的利益和需求,让群众赢,这是最大也是最重要的赢;考虑到下级的利益和需求,让下级赢;考虑到普通员工的利益和需求,让员工赢。这样,与决策相关的各个利益主体都赢了,有了一个良好的外部环境和内部环境,组织才能更好地生存、发展。把自己的赢建立在别人赢的基础上,建立在共赢的基础上,这也是共赢决策艺术所在。

传统的决策观点认为,决策特别是竞争决策时是一种零和博弈,你赢得多我就赢得少。如果局限于这种认识,那么共赢决策就难以实现。而事实上在共赢决策的格局中,每一个参与决策者所赢之和是一个变量,是一个可以减少也可以增加的量。懂得共赢决策的理念和艺术,每个决策者都能增加所赢,甚至超过原来的单赢之和。这样共赢决策所赢的总和就大大超过了原来单赢决策的总和。放大所赢是共赢决策的内驱机制,也是共赢决策的合理性所在。

放大所赢不是一个静态的概念,必须把它与发展的概念结合起来探讨。或者说共赢决策是一个过程,是一个持续发展的过程,是一个持续所赢的发展过程。放大所赢不是一次性的。第一次的共赢决策成功了,然后这种行为得到强化,就有可能激发第二次的共赢决策,就有可能再次成功。只有持续所赢,才能放大所赢,最终实现真正的共赢。

(二)共赢决策的原则

共赢决策的含义是多层面的。第一层含义是多个决策主体的共赢,通常是指多个利益主体的共赢,共同发展;第二层含义是领导者与组织成员之间的共赢;第三层含义是政府与企业、与社会的共赢。

领导者要灵活掌握和运用共赢决策的原则,将这些原则创造性地加以运用就成了领导者共赢决策的艺术。共赢决策的原则有四条,即兼容激励的原则、竞争合作的原则、超越自我的原则和以人为本的原则。[①]

---

① 刘峰:《领导大趋势》,中国言实出版社2003年版,第223-230页。

1. 兼容激励的原则

领导决策与领导激励是绝对不能分开的，这里强调的共赢决策就是一种典型的激励型决策。如果说单赢决策忽视激励的话，那它忽视的只是对其他人的激励，生怕激励有余；对自身却是千方百计进行激励，唯恐激励不足。单赢决策把对自身利益的激励与对他人的激励对立起来。而共赢决策的激励是广泛的、兼容的。它在决策活动中不仅激励本部门，而且主动地激励其他参与者、竞争者、相关者。共赢决策的理论认为，对决策的制定者、参与者、竞争者和相关者可以同时进行激励，并且这种激励是相互兼容的、一致的。

2. 竞争合作的原则

在单赢决策者看来，竞争与合作是水火不相容的；而在共赢决策者看来，竞争与合作在许多领域、许多方面都是可以共存的。多个竞争对手可以竞争同一种资源或多种资源，实现同一个目标或多个目标。竞争中有合作，合作中有竞争，既竞争又合作有利于决策的共赢。

3. 超越自我的原则

所谓超越自我的原则是指决策的参与者不要把共赢局限于同一个目标、同一个范围，不要局限于同一种资源、同一种手段。比如，两个单位不仅可以在国内市场上共赢，更可以在国际市场上共赢。超越自我的原则强调了共赢决策要打开思路，要突破已有的成绩，要善于创新。

4. 以人为本的原则

共赢决策不仅追求经济效益，还追求环境效益、社会效益，包括下级和群众能力、素质的提高，下级和群众生活质量和满意度的提高。如果认识不到这一点，共赢决策也有可能走上弯路。

第三节　领导用人行为

领导的本质应该从追随者的角度来定义，换句话说，领导者是与追随者相对应的，不是和领导职位相关而是和影响力相关，对领导者和领导力的定义是从追随者、从影响力的角度界定的。如果从领导的本质出发，能得出这样的认识，领导用人不仅是使用人，更是影响人、激励人、培养人、提升人，领导用人的根本目的是赢得追随者。

一、领导行为重在用人

与决策行为相比,领导用人行为更重要,更带有根本性。领导行为的本质不仅是自己能干,而且是激励他人能干。领导用人需要突破传统用人观的局限,树立正确的用人理念,明白领导用人的实质并非仅仅是用人,而是重在影响人,既要影响下级,也要影响同级和上级,既要影响内部的人员,也要影响外部的人员,从广义上来讲,领导用人的实质就是凝聚力量,就是"团结一切可以团结的力量"。

(一)传统用人理念的局限

谈到传统用人之道,曾子曾提出"用师者王,用友者霸,用徒者亡"的论断。意指任用才能超过自己的人会成为王者,任用与自己才能相当的人会成为霸者,任用平庸之辈必定败亡。尽管曾子的论断很有道理,但这种用人观念却有很大的局限性,主要表现为:

一是只注重用。只强调对人的使用,其实质是把人视为一种工具来使用。

二是视人是被动的。用人过程中突出领导者的权力和作用,突出领导者的主动性,而忽视了被领导者的权利,忽视了被领导者的自主性、能动性和积极性,忽视了被领导者的重要作用。

三是对人的尊重不够。传统的用人理论突出了领导者的特殊地位,突出了外在的种种控制和约束,强调被领导者对领导者的服从,而忽视了被领导者的需求,忽视了领导者与被领导者相互的作用,忽视了领导者与被领导者之间的互动关系。

总之,以现代领导科学的观点来看,传统的用人观是比较狭隘的,存在着明显的局限,过分强调领导就是用人,就是识别人、就是任用人,容易陷入人治、违背法治,从而导致用的是庸才。这种用人观已经难以适应当今社会发展和人才成长的需要,迫切需要更新用人观,进而优化领导行为。

(二)领导用人理念的更新

随着社会的进步和发展,越来越多人的知识素质、能力水平在不断提高,人的使命感、创造力、自主意识都在增强,对人的领导也需要不同于传统的用人理论。因此用人理论和用人理念亟需创新。

一是用人的柔性化。传统的用人理论强调的是对人的约束、控制、监督,强调人与固定岗位的永久搭配。现代用人理论则强调对人的激励、鼓舞、影响，强调一个人去适应不同的岗位、不同的工作。事实上，传统的用人理论是在刚性的、僵硬的领导理论的框架内展开的。现代用人理论则是在柔性的、变革的领导理论的范畴中形成的。人是自主的，有独立的人格，独特的个性，他只有自愿接受领导者的影响，接受领导者的激励，才可能自觉地把潜能发挥出来。

二是用人的个性化。传统的用人理论忽视了人与人之间的差异，忽视了人的个性，过分强调组织成员整齐划一的共性，即强调同一种思想、同一种行为、同一种步调、同一种风格。其结果只能是在用人的过程中压抑人的个性，压抑人的创造性。少数用人的人张扬了自己的意志和风格，大多数被用的人却得不到发挥。新的用人理论强调个别化关怀，强调尊重人的人格和个性，尊重人与人的差异。

三是用人的非权力化。传统的用人理论强调的是用权力，是对人的外在强制性的控制力。新的用人理论强调的是魅力和亲和力，是领导者内在的非强制性的影响力，是领导者的软权力。领导者的软权力来自于自身的知识、能力、品德、经验、个性、业绩和风格等。

四是用人的隐性化。传统的用人者总是高高在上，大权在握，被用者只能俯首听命，盲目执行，用人方式是僵硬的、强制性的、显性的。新的用人理论强调用人角色的转换，用人者即领导者的主要职责是为下级和群众提供辅导当教练、当教师，提供服务当公仆、当服务员。用人者为下级和群众提供一个良好的环境，下级和群众自觉自主地创造财富，创造价值，这样，用人就实现了由显性化到隐性化的转变。

五是用人的制度化。传统的用人强调用人者的主观经验和意志、个人判断和好恶，是一种典型的人治。现代的用人理论强调用人的制度化，选拔人、任用人、辞退人不是领导者个人说了算，而是制度说了算，制度拥有最终的用人权。

（三）用人首先用自己

领导行为理论告诉我们，领导主要职责是决策和用人，领导决策要用脑、用心，领导用人也要用脑、用心，换句话说，领导者主要依靠自己的智慧、精力、能力和时间来进行领导，所以，领导用人首先要用自己。"打铁还需自身硬",就是强调领导者要在领导活动中起到模范带头作用。领导带头,层层示范,是做好各项工作的重要方法。上行下效,上率下行,上有所好、下必甚焉,上有所恶、下必不为,上面松一寸,下面松一尺。

领导活动的根本特征就是领导行为和领导目标之间的关系是间接的,即领导者要实现决策的目的、目标,并非仅仅依靠领导者自己去做,而要重在激励和影响追随者去实现目标,不是自己干,而是影响别人干,也就是要用人。领导活动用的是自己,也是他人。

(四)用人的实质是影响人

按照现代领导科学的理论,权力有两种,一种是硬权力,另一种是软权力。硬权力产生的影响力叫做强制性影响力,这种影响力与职位相联系,有职则有权,无职则无权,它包括惩罚权、奖赏权、合法权。软权力产生的影响力是非强制性影响力,这种影响力与职位无关,取决于个人素质,它来源于高尚的品德、良好的作风、独特的个性、丰富的经验、业务的专长、渊博的学识和高超的领导艺术。硬权力是职位对职位的影响力,是上级对下级的影响力,是法定权力的影响力;软权力是人对人的影响力,是职位和权力以外的因素产生的影响力。

领导者自身有各种各样的影响力。要想增强整体影响力,就必须把软权力与硬权力叠加起来使用以增强其合力。任何一个领导者都应注意这两种权力的搭配使用,只有硬权力与软权力搭配使用才能放大领导绩效。

二、用人重在激励

领导用人的实质是影响人,影响人重在激励人,所以用人重在激励。传统的领导观念认为用人就是约束人、控制人,现代的领导理论则认为用人强调激励人。因此,领导用人、影响人要把重点放在激励人方面,通过激励调动影响下属的积极性是领导用人工作的重点所在。

激励人首先要明白什么是激、什么是励。"激"在行为之前,是激发,是让一个人有意愿去干、有兴趣去干、有信心去干;"励"是在行为之后,是奖励,是对一个人行为的评价和反馈。"激"和"励"要相一致,"激"是激发人们行动的动机和动力,"励"是强化人们行动的后果和结果。在激与励一致的基础上以励促激,重点要放在"励"上。"励"得好,"激"也就在其中了。

于是先激后励、再激再励、再接再厉，激励是一个不断强化的过程。如果只激不励，激励就会断裂。

领导要激励别人，首先要激励自己，把激励自我与激励他人结合起来是领导者的第一要务。激励自我是手段，是前提；激励他人才是目的，是重点。领导激励第一步是自我激励。没有自我激励就没有领导者的影响力和领导力。领导者的以身作则就是自我激励，它是领导工作的起点，既是逻辑上的起点，又是实践的起点。领导激励的第二步是激励他人，激励众人，使众人行，这是激励的重点。通过激励他人、号召他人，使整个团队、整个组织的士气振奋起来，朝着同一个目标前进。领导激励的第三步是相互激励，即领导者激励追随者，追随者也激励领导者。通过相互激励为成功领导提供持续的动力。

激励有两个任务，既要激励心，更要激励智。领导激励首先要把自己的心、他人的心激励起来，做到有热情，有自信，有兴趣，有动机，然后再激励智力、智慧、能力和创造力。激励心就是领导者要传递正能量、疏导下属的心理；激励智就要辅导下属业务，提高下属能力，教导下属行为。有的领导者在认识上存在误区，认为激励就是调动积极性，解决热情、信念问题，结果产生许多只有积极性，苦干蛮干却不讲方法的现象。这实际上只对了一半。激励下属想干、愿干是对心的激励；更重要的还要让下属能干、会干、创造性地干。

激励要分和合相结合，一般先分后合。分是分别激励，个别激励；合是群体激励，综合激励。先分后合有两个方面的含义。第一是激励的对象，先激励个体，后激励群体，再激励整体，把激励个体、激励群体和激励整体相结合，重点是激励整体。必须把单独的具有鲜明个性的成员分别激励起来，才可能最终把全体组织成员都激励起来。第二是激励的手段，通常先单一激励，后综合激励。即在某一特定时刻，对某一特定对象，针对优势需求，进行单一手段和单一形式的激励，再对其他需求进行满足，对其他动机进行激发。

三、用人重在培养人

领导用人的目的不仅是实现领导目标，也是要培养人、发展人、提升人。或说"领导不仅是用人"，"领导也是培养人"，"领导也是发展人"。

（一）用人的目的

1. 用人重在培养人

培养人不仅是用人的一个环节，一个方面，也是用人的目的，是领导用人的本质所在。领导者提供环境、提供条件，让追随者有更多的机会去独立面对问题、处理问题，这样才能促使追随者更快成长。培养人不是把人培养成"被领导者"，而是培养成积极的追随者，直至培养成自我领导者。一方面，培养人是最好的用人；另一方面，用人也是最好的培养人。只用不养，或者只养不用，都不能用好人，培养好人。

培养人有四个阶段：生聚、培养、遂才、储备。生聚，是把那些有共同志向，共同目标的人凝聚在一起；培养，是把人召集起来，要培养其胜任岗位的能力；遂才，是人尽其才，把人放在合适的岗位，使其发挥自身的能力；储备，就是为组织的未来发展储备力量。

领导者把下级培养成领导者，使他们知道为什么这样干、干什么、怎么干、如何干好，知道领导的意图和组织的蓝图，形成"人人都是领导者，不用扬鞭自奋蹄"的氛围。

2. 培养人要用人所长

领导培养人、用人就要用长避短，优势互补，使团队中的每一个人都能发挥巨大作用。从静态上说，领导把一定时期的特定的组织成员放到合适的位置，使其发挥作用，即"用人所长"；从动态上说，领导通过对组织成员的培养，使组织成员的激情得以激发、智慧得以启迪，变得积极主动并且能力得到提升。

领导者要通过适当的方式让下级充分发挥积极性和创造力，从而实现组织的目标。比如领导通过授权让下级的能力得以使用。授权有两个目的：一是有利于领导者更加超脱，分身有术，集中精力考虑更加重要的事情；二是给下属提供成长的机会和空间，让他们真正得到信任和激励，充分发挥潜能和作用。从这种意义上说，领导用人就是使下级的能力得以使用，从而做到"用人所长"。

领导者培养人才，也要有重点之分和差异所在。人才是领导者培养的重点，从年龄上讲，中青年人才是领导者培养人才的重中之重，他们既是组织未来的期望所在，也是组织当下的骨干队伍。领导者应该为他们创造优越的工作环境，生活上关心他们、政治上信任他们、业务上放手使用他们。从类型上讲，将才和帅才也应是领导者培养人才的重点。总之，领导者要根据下级的所长来培养他们。

（二）用人重在用人才

领导用人重在用人才，用人才包括识才、选才和容才三个相互联系的有机整体，领导用人要先识才、后选才，还要容才。

1. 领导者要敏于识才

领导者要能识人于未显之时，然后培养、使用，使其成熟，成为显才。领导识别人才有两个关键：

一方面，识别人才重在从四个方面入手。

一是识别人才的独特优势。识别人才一定要看其独特的地方，无论是性格上的，能力上的，职业上的，一定要看其与众不同的地方。偶然的一次判断或许不会百分之百正确，但多次观察之后的结论在很大程度上是有参考价值的。

二是识别人才的行为方式。不仅要看说得怎样，更要看干得怎样，尤其是要看所言所行是否一致。人的行为举止是无声的语言，往往能反映一个人的心灵，反映一个人的为人和道德品貌，体现一个人的素质修养、精神气质。尤其是人的下意识的行为举止所透露出来的信息，要比加工后的言语更能够直接、真实地表现一个人的心理活动和真实思想。

三是识别人才的价值取向。识别人才的行为方式背后的价值取向，就是看其为什么这样做。一般来说，每一个人的行为背后都有其价值取向。所以，识别人才不能只看表现的行为，还要看背后的原因。

四是识别人才的业绩表现。识别人才的关键还要看其工作实绩，工作出色、成绩突出的人更有可能是一个人才。

另一方面，识别人才要避免六个"效应"。

一是避免"光环效应"。觉得这个人有一个优点，就认为一好百好；认为一个人在一个方面行，就认为他在其他方面也行。在现代社会，人的专业化取向将越来越显性，有的人在技术方面是一流的人才，但让他做管理工作，却是二流、三流的。所以我们不要被"光环效应"所迷惑。

二是避免"马太效应"。领导者如果总是喜欢与自己合得来的人，会造成另外的人被冷落,没有机会,难以施展。所以领导者要想凝聚人心,要想识别人才,须避免"马太效应"。

三是避免"首因效应"。许多领导者习惯根据最初的印象来评价这个人。比如一个人在刚进单位时很能干、很有闯劲,就认为他是一个人才,是一匹千里马,把他放到重要管理岗位上去。可是随着时间增加,他可能并不适合。因此,识人应该全面地看人,不能仅用最初的印象来左右对人才的整体评价。

四是避免"近因效应"。"近因效应"与"首因效应"相反,是指在对人的长期了解中,最近了解的内容往往占优势,掩盖了对人的一贯了解。比如,认为这个人最近表现不错,就把他原来的其他表现,不好的表现统统忽略。识别人才关键在:"看人要全面地看,历史地看",即要同时避免"首因效应"和"近因效应"。

五是避免"投射效应"。比如,有的领导者的性格是内向的,所以就喜欢提拔使用那些跟自己同样内向的人才,认为这样的人最可靠;有的领导者的性格是外向的,那么他可能就认为内向性格的人不适合当领导者,这就是典型的"投射效应"。用人应该跳出自我局限,站在更广阔的思路上去识别人。

六是避免"刻板效应"。"刻板效应"是指对某人或某一类人产生的一种比较固定的、类化的看法。比如,人们认为南方人精明,北方人厚道,就是一种刻板印象,用人不能拘泥于"刻板效应"。

识别人才要从四个方面入手,又要注意"六个避免",都是强调识人的重要性,以及具体的识人途径。识人是用人的基础,识人和用人是紧密相关的。

2. 领导者要善于选才

识别人才要从多个角度出发,同样,选拔人才的重点也要在对比中选拔人才,通过对比和比较从不同角度来认识人的不同侧面,从而全面识才,善于选才。

一是要从"独唱"与"合唱"的对比中选拔人才。真正的人才既能"合唱",与团队成员相互协同完成工作任务;也能"独唱",能够自我领导、自我管理。

二是要从顺境与逆境的对比中选拔人才。真正的人才既能在顺境中有所成就,也能在逆境中有所作为,尤其在逆境中更能凸显其坚定的意志以及非凡的能力。

三是要在平时与关键时刻的对比中选拔人才。既要考虑平时表现，更要注重关键时刻的作为。真正的人才往往能摧锋于正锐，扶大厦于将倾，挽狂澜于既倒。

四是要从所言与所行的对比中选拔人才。选拔人才既要看怎么说，也要看怎么做，通过说与做的对比观察其是否言行一致。如果不一致再看其具体行为，以备进一步观察后用。

五是要从对上与对下的态度行为对比中选拔人才。真正的人才对下级关心爱护、平易近人，对上级服从尊重，但不趋炎附势。

六是要从能力水平与努力程度的对比中选拔人才。工作努力又有能力水平的人是人才，要及时选拔任用；工作有能力但不努力的人要量才使用；工作能力不够但努力的人要培养使用。

七是要从规定动作与自选动作的对比中选拔人才。优秀的人才既能完成上级交代的规定动作，又能创新性地完成自选动作，而且能把二者结合起来。

八是要从专长与通才的对比中选拔人才。发现是专才的，培养其做技术骨干；发现是通才的，培养其做领导者；既是通才又是专才的，要下大力气培养。

九是要从品德与才干的对比中选拔人才。德才兼备的，要大胆选拔出来；有德无才的要培养使用；有才无德的要慎重使用。

十是要从群众评价与领导评价的对比中选拔人才。群众认可、领导赞赏的人是优秀的人才；群众认可、领导不赏识的人说明在某一方面还存在不足；只有领导赏识，没有群众认可的人很难说的上是人才。[1]

3. 领导者要宽于容才

领导者是用人之人，是用才之才。领导识人、选人，更要容才，容才就要容人之长、容人之言、容人之错、容人之怨。

一是领导者要容人之长。领导者要心胸开阔，气度恢弘，容人之长，容得下级某一方面的才能超过自己。下级中人才越多，才干越强，事业越会兴旺发达；反之，没有了人才，无论是组织还是领导者都难有作为。容才的对立面是妒贤嫉能。不能容才的结果最终是赶跑人才，引来庸才，导致人才越

---

[1] 刘峰：《简约领导》，国家行政学院出版社2012年版，第158–160页。

用越少、人才越用越短。

二是领导者要容人之言。容言就是要容许别人表达不同意见,甚至是反对意见,尤其是有才干、有能力的人的意见,要能俯下身去认真听取他们的意见,同时善于采纳正确的意见。领导者容言不仅可以熟悉下情,提高领导能力,而且还可以沟通感情,提高威信。兼听则明,偏听则暗。容言的关键是正反两方面的意见都要听,尤其是对反面的意见要虚心听、认真听。

三是领导者要容人之错。领导者要容许别人犯错误,也要给别人机会改正错误,所以决不能把犯过错误的人一棍子打死。对人才不能苛求不犯错,只能帮助他们少犯错误,犯了错误及时改正错误。对犯了错误的人才,要帮助他们卸下包袱、分析原因、提出建议,使人才能够在犯错中成长、在犯错中成才。

四是领导者要容人之怨。就是领导者要不计较个人恩怨,允许下级对自己有暂时的不理解和埋怨。对此,领导者要先容怨,后要及时沟通交流,消除误会,争取理解。领导者要有器识,有度量,要能容得下难容之事,容得下难容之人。否则,就很难把大家团结起来、凝聚起来,形成共识、共同奋斗。

(三)用人和决策要结合

决策和用人相结合主要体现在三个方面:第一,现代领导活动中强调"外脑",重视发挥"智库"在领导决策中的参谋和助手作用,这里,发挥"智库"作用就是用人,就是出谋划策,这是决策和用人结合的一个方面;第二,领导用人的目标和领导决策的目标要一致,用人是要实现决策目标,同时确定决策目标也要考虑用什么人、是否有人可用的问题;第三,用人行为本身就是一种选择,是一种特殊的决策行为。

附录

一、案例和思考

[引言]领导决策行为和领导用人行为是本土化领导行为理论的主要内容,也是我国传统领导实践活动和社会主义革命、建设时期领导实践活动的重要

组成部分，以下从我国领导活动的实践中选取两个案例供读者阅读和感悟。

[案例一] "星星之火，可以燎原"

1927年10月，毛泽东率领湘赣边秋收起义部队到达井冈山，创建了第一个革命根据地，点燃了工农武装割据的星星之火。此后又领导创建了赣南、闽西根据地。在根据地内，大力开展土地革命，进行各级政权建设，初步形成了土地革命、武装斗争和根据地建设三位一体的"工农武装割据"，为农村包围城市，武装夺取政权的革命道路的形成做出了伟大的实践。

此时，革命根据地处于初创时期。面对着国民党军队的"围剿"，每一个根据地的建立都充满了艰苦的斗争。因而，以毛泽东为代表的中国共产党人所确定的这一正确道路，在党内和军内也受到一些人的怀疑，这些人对时局的估计比较悲观，有的人甚至产生了"红旗到底能打多久"的疑问。针对这种疑问，毛泽东写下这篇文章，给予了有力地回答。

毛泽东对国际国内的基本矛盾作了科学分析，说明了星星之火可以造成燎原之势；明确指出，只有有计划地建设红色政权，进行土地革命，扩大人民武装，才是推进中国革命向前发展的正确道路。革命的高潮并非遥远无期。毛泽东满怀激情地用诗一样的语言写道："它是站在海岸遥望海中已经看得见桅杆尖头了的一只航船，它是立于高山之巅远看东方已见光芒四射喷薄欲出的一轮朝日，它是躁动于母腹中的快要成熟了的一个婴儿。"①

[案例二] 邓小平重视接班人的培养②

1982年6月27日至29日的中共十一届六中全会期间，印发了陈云撰写的《提拔培养中青年干部是当务之急》一文和他主持起草的《关于老干部离休退休问题座谈会纪要》。会后，部分与会人员留下来参加各省市自治区党委书记座谈会。7月2日，陈云在座谈会上讲话，强调干部队伍青黄不接的客观存在，不无担忧地说："提五十岁左右的人可能争论少些，提40岁左右的人，争论、怀疑会很多。提40岁以下的人，怀疑、争论会更多。"既然如此，为什么"纪

---

① 《毛泽东选集》第1卷，人民出版社1991年版，第106页。
② 案例节选自宋毅军：《邓小平谈接班人标准 胡锦涛"脱颖而出"》，中国共产党新闻网，2013年6月13日，http://dangshi.people.com.cn/n/2013/0613/c85037-21822194.html 。

要"还是"特别写提四十岁以下的人这一句?"他自问自答：一是年富力强。二是有意识地培养。经过3年、5年、10年，有意识地培养，选出好的人。三是40岁以下的人中间有人才。四是只有40岁以下的人才了解"文革"初期青年人当时的想法和表现。

陈云讲话后，邓小平即席讲话。他严肃地说："我们历来讲，这是个战略问题，是决定我们命运的问题。现在，解决这个问题已经是十分迫切了，再过三五年，如果我们不解决这个问题，要来一次灾难。"他面向大家问："为什么全会之后又专门把在座的诸位留下来开两天会，讨论陈云同志关于提拔培养中青年干部和老干部离休退休这两条建议?就是因为这个问题十分迫切，十分重要。"去年12月中央工作会议以后，陈云同志更尖锐地提出"选拔中青年干部不是几十、几百，是成千上万"这个问题。"他提得非常好，我赞成。"因为"我和陈云同志交过心的，老实说，就我们自己来说，现在我们退，我们实在是心里非常愉快的"。"我们两个人的主要任务是要解决这个问题。"会后不久，8月7日，中央组织部发出《关于贯彻执行中央对调整领导班子和选拔优秀中青年干部指示的几项工作的通知》。

1982年9月召开的中共十二大，新选进中央委员会的211人中，最年轻的是甘肃省建委副主任胡锦涛，当时只有39岁。大会闭幕第二天，邓小平、陈云等中央领导同志专门接见了39位新当选的年轻中委和候补中委。当他们依次步入大厅时，中央组织部同志一一唱名介绍情况，邓、陈等老同志同这些朝气蓬勃的年轻干部一一握手，仔细端详着，脸上露出满意的微笑。关于这次会见，新华社在题为《新老交替，继往开来》的报道中这样叙述："这不是一次普通的会面，也不是一般的接见。大家都沉浸在无比温暖的气氛中。老一辈无产阶级革命家，这些多少年来指引着中国这艘巨大航船破浪前进的中国革命舵手们，今天一个个满面春风，拉着走到自己面前的每一位同志的手。这是我们党新老合作和交替的握手，是老一辈无产阶级革命家传革命火炬的握手，是党对中青年干部寄予无限希望的握手。"

不久，胡锦涛这位最年轻的中委，就从甘肃被调到北京从事团中央领导工作，于1982年至1985年先后担任团中央书记处书记，全国青联主席，团中央书记处第一书记。根据中共中央决定，他从1985年至1992年到地方特别是国家欠发达、各方面条件艰苦的西部地区工作，先后担任贵州省委书记，贵州省军区党委第一书记;西藏自治区党委书记,西藏军区党委第一书记。连同走出清华大学校门后在甘肃工作的经历,胡锦涛在西部地区工作近20年,从各方面展示了他的领导才干。

二、重点推荐阅读材料

1.《毛泽东选集》(全4册),人民出版社1991年版。

2．刘峰:《领导大趋势》,中国言实出版社2003年版。

3．[美]詹姆斯·库泽斯、巴里·波斯纳,李丽林等译:《领导力》(第4版),电子工业出版社2009年版。

4．[美]赫伯特·西蒙:《管理行为——管理组织决策过程的研究》,北京经济学院出版社1988年版。

5．[美]查尔斯·E.林德布罗姆:《决策过程》,上海译文出版社1988年版。

思考题

1．阐述对领导决策与共建愿景的理解。

2．概括本土化领导行为理论的主要内容和基本特征。

3．论述对"领导用人就是影响人"的理解。

4．结合所学知识撰写一篇关于领导用人艺术方面的案例。

第三章 领导情境理论研究及应用

【内容提要】

本章阐述西方领导情境理论的主要进展和"领导就是服务"的中国领导情境理论,以及领导情境理论的应用。第一节主要在介绍西方领导情境理论主要观点的基础上,阐明领导情境理论的深层涵义和领导替代理论在中国领导情境的价值。第二节主要阐述服务型领导理论的兴起及其在中国的发展,特别分析领导提供服务的内涵、形式及服务型政府和服务型党组织如何实现。第三节主要论述领导权变的问题,包括软权力的主要特征和应用策略、领导授权的原则和艺术以及领导方式转变问题。

在领导行为理论阶段,已有学者认识到并不存在最有效的领导风格,也不存在一成不变的领导风格,领导风格的有效性与追随者的能力、成熟度等特征有着密切的关系,领导者应该根据追随者的特征来采取相应的领导风格以提升领导活动的绩效。这就意味着领导科学的研究进入第三阶段——领导情境理论(Situational Leadership Theory)。

第一节 领导情境理论的深层涵义

本节主要阐述国内外领导情境理论的演进脉络、基本观点和最新进展,结合领导情境理论在领导科学理论发展进程中的演变,对领导情境理论的内涵进行界定。

一、西方领导情境理论的最新进展

领导情境理论认为,领导活动的有效性不仅取决于领导者行为对追随者的影响，更取决于领导者、追随者与领导情境之间的匹配程度。领导情境理论的发展也经历了从注重领导者与追随者匹配的"因人而变"的领导情境理论到注重领导者与领导情境匹配的"因需而变"的领导情境理论、到注重领导者、追随者与领导情境之间相互匹配的"因境而变"的领导情境理论的发展阶段。

（一）领导生命周期理论

20世纪60年代，保罗·赫塞和肯尼思·H.布兰查德（Paul Hershey & Kenneth Blanchard）系统发展了领导生命周期理论，这一理论的核心观点是：领导行为的有效性取决于下属的成熟度，有效的领导要通过判断下属的成熟度进而选择相应的领导行为，而下属的成熟度会经由一个不成熟到成熟类似生命周期的过程。由于领导生命周期理论重点考虑到下属成熟度对领导行为有效性的影响，这就超越了领导行为理论的研究，进入领导情境理论发展阶段，所以，领导生命周期理论也被称为领导情境理论。到20世纪90年代末，保罗·赫塞又与其他人一起对领导情境理论再一次进行修正完善。这一领导情境理论的重点强调领导者的行为和风格要与追随者的特征相匹配，下属是影响领导活动有效性的主要变量，因此，可以称为"因人而变"的领导情境理论。

该理论分为两个部分：领导风格和下属的成熟度。"领导风格是指一个人试图影响他人的行为模式"[①]，包括"任务行为"和"支持行为"。"任务行为"是指领导者向下级阐明任务和责任以帮助追随者完成工作目标，"支持行为"是指领导者与追随者双向沟通交流的程度以表示情感性支持。该理论的第二部分是下属的成熟度。领导者必须把被领导者看成"追随者"，没有追随者就没有领导者，也就没有领导活动。该理论把追随者的成熟度特征按照心理成熟度和工作成熟度两个维度不同程度的类型组合分为四类，其中，心理成熟度主要指下属在工作过程中表现出来的工作意愿和积极性，工作成熟度主要指下属在工作过程中表现出来的工作能力和素质。领导者针对不同类型的追随者，要相应地采用四种不同的领导方式。

---

① [美]彼得·G.诺斯豪斯，吴爱明等译：《领导学：理论与实践》（第5版），中国人民大学出版社2012年版，第61页。

因此，赫塞的领导情境理论较为通俗易懂，即追随者按照能力和努力的程度可以分为四类，领导者相应地采用四种不同的方式去领导，才会更加有效。简言之，领导者要努力改变自己的领导方式和风格来适应追随者，"因为下属在发展过程中是不断变化的，所以领导必须采用灵活的领导行为"①。进入21世纪以后，赫塞领导情境理论的影响越来越大，越来越多的领导者都已认识到既可以改变自己的风格去适应追随者，也可以改变领导情境去适应追随者，有时主动设计和改变情境往往更容易达到领导者的目的。

（二）"路径—目标"情境理论

"因人而变"的领导情境理论重点强调领导者与追随者之间的匹配，没有把领导情境作为一个单独变量来衡量领导者、追随者与领导情境三者之间的匹配关系，而是把领导情境这一变量纳入追随者变量，分析领导者与追随者之间的权变关系。实际上，领导情境作为影响领导有效性的三大因素之一，把其简化到追随者变量之中加以分析难免会忽略领导情境在领导活动中的重要作用。因此，需要进一步考察领导情境在领导有效性中的重要作用。

于是，就有了多伦多大学罗伯特·豪斯（Robert House）的"路径—目标"领导情境理论。该理论之所以被称为"路径—目标"情境理论，是因为这一理论认为领导者应该通过为下属指明并帮助其建立实现目标的路径来实现领导活动的目标，"目标"和"路径"两个词是其中的核心概念。该理论认为，领导者的作用是增强追随者的动力，使他们能够实现个人目标，进而实现组织目标。

豪斯认为，领导者的领导方式主要是由领导情境因素决定的，领导情境因素包括以下两方面：一是追随者特征，如追随者的工作能力、才干和受教育的程度，对参与管理、承担责任的态度和能力，对自主性的要求，行为偏好等。一般来说，领导者很难接受追随者的已有特征，但可以设法改变领导情境因素来适应追随者的特征，发挥追随者的特长。二是情境特征，如工作本身的性质、正式组织结构、非正式组织、其他工作环境和文化环境等。

豪斯理论的独到之处在于，当工作的目标、达到目标的途径、方法以及

---

① [美]彼得·G.诺斯豪斯，吴爱明等译：《领导学：理论与实践》（第5版），中国人民大学出版社2012年版，第63页。

对效果的判定都不太明确时,领导者采用指令型的领导艺术时,追随者较为满意;反之,领导者采用协商型或参与型的领导艺术追随者比较满意。因此,该理论把领导情境特征作为影响领导有效性的一个重要变量加以考察分析,并得出颇具启发性和应用性的结论。

(三)菲德勒的领导权变理论

"因需而变"的情境理论本质上仍然只是强调领导者要根据追随者特征和领导情境特征的变化,采取相应的应对策略以提高领导有效性,其关注的是领导者自身的变化和调整。但问题的关键是,领导者不仅要改变自身适应领导情境的变化,更要学会通过改变领导情境来影响追随者。因此,领导情境理论的根本是领导者要学会用情境来影响追随者、激励追随者。

经过多年对军队等社会组织的调查试验,美国华盛顿大学著名领导学教授弗雷德·菲德勒(Fred Fiedler)意识到不能孤立地研究领导者与追随者之间的关系,还应该把与领导活动相关的其他因素和领导情境考虑进来。为此,菲德勒在领导情境理论基础上,进一步提出了以"因境而变"为核心的"领导权变理论"。

菲德勒认为,影响领导有效性的因素主要包括:第一,上下级关系,也就是领导者与追随者之间的关系;第二,任务难易程度,领导者给追随者交代的工作任务的难易程度,结构化程度如何,有无常规可循;第三,领导者权力大小,领导者影响力的大小。菲德勒理论的重点在于"双向匹配",领导活动的有效性既不是单纯靠领导者的行为和风格,也不是靠追随者的能力和素质,而是在领导者的行为风格、领导情况诸因素的适应和"匹配"。

菲德勒的领导权变理论受到了人们广泛的关注、研究和争论。有人认为,领导权变理论固然有许多优点,但是,它好像一个"黑箱",只是指出了哪些输入因素(情境变量、人格因素)导致何种输出结果(领导绩效),却没有能说明这些输入因素在"黑箱"中发生了什么变化才导致如此输出的结果;再者,输入因素越来越多,究竟哪些因素是最重要的,领导权变理论没有对此做出解释。然而,所谓"黑箱"恰恰已经形象地说明了"情境领导"的作用特点。输入与输出之间是怎样发生作用的?领导者与追随者之间是如何发生作用的?找不到直接一对一的因果关系,因为,用情境领导的观点来看,根本用不着找到这种线性的对应关系。

二、领导情境理论的深层涵义

（一）领导情境理论的深层涵义

领导情境理论的最大贡献在于，把人们从徒劳无益地寻求明显的最佳领导风格、最佳领导行为、最佳领导艺术、最佳领导哲学中解脱出来，引导人们转而寻找和创造合适的条件、合适的环境。领导情境理论强调领导者的领导方式要因需、因人、因时、因境而变，根据下属的成熟度、根据工作任务的结构化程度、根据工作环境的特征等情境因素相应地采取指令型、指导型、参与型、授权型、支持型等领导方式。问题的关键是，很少有人去关注这些不同的领导方式所体现的共同本质是什么？结合领导情境理论就会发现，这些领导方式实质上就是领导者为追随者提供一种合适的领导情境，进而通过这种领导情境去影响追随者、去激励追随者有意愿、有能力去实现组织目标，实现领导活动的目的。

领导情境理论一诞生就赋予了领导科学发展以全新的意义，无论是对领导科学的发展还是对领导实践都具有深层涵义。领导特质理论关注具有超凡魅力的领导者，本质上是以领导者为中心甚至认为领导者就是领导活动的全部，领导者决定领导活动的绩效，是"英雄造时势"；领导行为理论认为领导活动的有效性不仅取决于领导者，还取决于追随者，因此领导者要根据追随者的特征采取合适的领导风格、领导方式和领导行为，虽然已经意识到追随者的作用，但根本上仍然是以领导者为中心的。领导情境理论强调的是情境因素，即领导者和追随者之外的环境因素对领导活动绩效的影响，这样，领导科学的研究就进入从领导者为中心向情境因素为中心的"范式"转变，更加注重情境因素、注重追随者的作用，并非"英雄造时势"，而是"时势造英雄"。

领导情境理论关注情境因素对领导活动绩效的影响，认为领导者可以通过营造情境、变化情境来影响追随者，从而提升领导绩效，这是非常有道理的。但西方领导情境理论因为发端于特定的社会制度、文化背景，经过几百年的现代化进程，各种制度已经相对成型、相对稳定，所以，理解和把握西方情境理论要认识到中国和西方实际上处于不同的社会情境之下，比如处在不同的社会发展阶段，面对不同的任务和目标等，这种社会情境的不同在于西方情境理论在研究领导科学的过程中往往把宏观情境因素，特别是文化因素、制度因素等忽略不计，更主要地是从组织角度出发，探讨微观情境因素对领导活动的影响以及如何通过改变情境来提升领导活动的绩效。因此，在很大程度上可以说，领导情境理论的一个基本观点是领导者要学会营造合适的领导情境。同时又受到情境的制约和限制，二者是辩证统一，相辅相成的。

（二）领导情境理论的本质内涵

领导情境理论的本质内涵是领导者在领导活动中要主动发挥领导情境的作用去影响追随者，从而提升领导活动的绩效，实现领导活动的目的。一般来说，情境因素包括制度、文化和工作氛围，其中，制度和文化主要指宏观层面的，比如国家、地区或者组织层面，氛围更多是指微观层面，比如一个部门、一个团队的内部情况。

从宏观层面来说，领导情境包括制度和文化两方面内容，二者相辅相成，相互补充，共同发生作用。制度包括法律法规、规章条例、规定文件等，制度也有层级之分，既有国家层面的，也有地方层面和组织层面的，从性质上来说带有强制性，是一种"硬"的情境。文化包括传统文化、道德风俗、习俗习惯等，既有国家的文化，也有地域的文化和组织的文化，从性质上来说是一种"软"的情境。

从微观层面来说，领导情境主要指的是氛围，是一个部门、一个团队的工作气氛，是小的情境，是微情境，是领导活动发生作用的直接情境，也会对追随者产生直接的影响。从性质上来看，这个环境更多是"软"的、"柔"的情境。对领导者个人来说，要注重营造一个微环境。要结合团队的特殊性，营造一个适合于团队成员的微环境，营造一个能够调动积极性的工作氛围。

三、领导替代理论与服务型领导的兴起

1978年，当克尔和杰米尔（Kerr & Jermier）首次提出"领导替代"这一概念时，只是被当作领导情境和领导权变的一个特殊因素考虑。本书作者在《新领导观》一书中指出，领导替代是领导活动的本质特征之一，正视和应对领导替代的现象和趋势，将有利于领导者转变领导观，提升领导力。[1]

---

[1] 刘峰：《新领导观》，北京大学出版社2005年版，第3-6页。

(一)替代领导者的四大因素

1. 追随者对领导者的替代

追随者对领导者的替代是最重要的替代。在现代社会,追随者受教育程度普遍提高,工作能力和个人素质也相应地普遍提高,他们对领导者的依赖程度正逐步降低,并可能在许多方面替代传统的领导者,替代传统的领导作用。

过去,决策是领导者的专利,领导者是决策者,追随者是执行者。而现在的情境却是追随者不仅能够参与重大的领导决策,部分地替代领导者的决策职责,而且,他们完全能够替代领导者直接去做许多具体的业务决策,进而替代领导者的某些决策职责。

过去,激励是领导者当仁不让的工作,领导者就是激励者,追随者是被激励者。但随着现在领导情境的变化,追随者越来越愿意并且能够自我激励,甚至在很大程度上替代了领导者的激励作用。

过去,协调利益关系、协调人际关系要花费领导者很多的时间和精力,而现在部门与部门之间、员工和员工之间大部分的协调工作,他们自己越来越有能力做好。越来越多的追随者主动地去适应环境,去调整自己与领导者的关系,甚至去影响自己的领导者。

2. 工作自身对领导者的替代

当下属接受的任务和从事的工作是自己所喜欢的所专长的,并能够通过工作的完成来满足自己的需求,那么,对领导的替代就不可避免了。比如,员工认为所从事的工作能够发挥自己的专长,实现自己的人生价值,那么,他就很可能不用扬鞭自奋蹄,严格要求自己,管理好自己,领导好自己,此时,就不需要领导者对他进行过多的激励和管理。

3. 组织文化对领导者的替代

一个组织如果有着明确的愿景和目标,有着健全的规章制度,有着很强的凝聚力,有着积极的文化氛围,那么,这些因素都会导致对领导者和领导作用的替代。组织文化对领导者的替代是润物细无声的,表现在它无形的影响力和凝聚力方面。过去是领导者激励、控制、影响和凝聚追随者,而现在更常见的是组织文化激励、控制、影响和凝聚追随者。

4. 市场经济对领导者的替代

计划经济时代政府是万能的,一切事情都由政府决定,都由政府组织实施。在市场经济体制越来越完善的今天，越来越多的事情逐渐交给企业、社会决定如何去办，政府的很多职能被市场所替代。在市场经济条件下，治理和决策的主体往往是多元的，领导的主体实际上也是多元的。换言之，过去的"被领导者"现在有了更多的决策权和自主权，他们事实上变成了主动的"追随者"和自我领导者。

（二）"领导替代"与服务型领导

不论是什么替代因素发挥作用，最后都会归结为追随者对领导者的替代。用发展的眼光看，在未来，追随者在领导活动中将扮演更积极更主动的角色，他们的作用和影响会越来越大，越来越重要。

1. 传统领导的式微

根据前面的分析论述，发现：一是追随者挑战了领导者的"优势"。随着追随者的知识增多，能力增强，素质增高，他们对领导者不像过去那么依赖，所以事实上削弱了领导者的部分"优势"。二是领导者自己取消了自己的"优势"。不少领导者满足于已有的认识，满足于原有的能力，止步于原有的"优势"，没有适时地创造出新的"优势"。三是领导情境取消了领导者的"优势"。比如市场经济体制取消了一些领导者原来的"优势"。领导者必须正视领导替代这个现实，并及时地运用"服务型领导"的领导观和领导方式应对新问题，开拓新局面。

2. 服务型领导应运而生

追随者替代了领导者的部分职能和部分作用，并不意味着领导者就可有可无了。可以这样认为，追随者替代的作用本来就应该是追随者自己发挥的作用。领导者的职能和作用被部分地替代以后，一方面要聚精会神地行使好余下来的领导职能，另一方面还要适应变化了的情境，去行使新的领导职能，发挥新的领导作用。比如说，一些具体的业务型、事务型的决策职能过去是由领导者承担的，在它们被替代以后，领导者就应一方面集中精力去做重大的、战略性的决策，另一方面积极主动地为追随者的具体决策活动营造环境、提供服务、提供支持，帮助他们提高具体的事务决策和业务决策的质量。换句话说，领导替代催生了新的领导观，这就是服务型领导。

3. 领导情境理论的本质

根本而言，领导活动的有效性虽然受领导者、追随者和领导情境等多种因素的影响，但领导方式本质上是领导者和追随者之间的互动关系。因此，领导者要提升领导活动的有效性就必须根据追随者的特征和需求采取相应的领导方式。从追随者的角度来说，领导者的领导方式实际上就是在满足不同类型追随者对各自偏好领导方式需求的基础上，影响追随者去实现领导活动目标所用的一种手段、一种情境。

"采取一种最恰当的领导风格来满足下属积极性的需要，所以选择的行为要能弥补工作环境中的缺失部分。领导者通过给下属提供信息或在工作环境中对下属进行奖赏来促进下属达成目标，领导者还为下属提供一些在实现目标时所需要的条件。"① 因此，有效的领导方式旨在满足追随者的不同需求，领导者满足追随者需求的过程实际上就是为他们提供服务的过程。有的追随者需要命令，领导者就为他提供命令；有的追随者需要指导，领导者就为他提供指导；有的追随者需要分享权力，领导者就邀他参与决策……就实质而言，无论是命令、指导，还是帮助和参与决策，这些领导方式共同指向的都是服务，追随者所需要的服务就应是领导者所提供的服务。从这个意义上来说，领导情境的本质就是领导提供服务。

（三）领导活动的三个阶段

根据领导者与追随者在领导活动重心的变化，可以把领导活动分为几个阶段："在第一阶段，下属是被动的——他们不需要进行独立思考，对领导者惟命是从。处于第二阶段的下属能更积极地完成自己的工作。第三阶段是代管阶段②，代表着观念上的巨大变化——责任和权力从领导者转移到下属身上。服务型领导是超越代管领导的更高阶段，在这一阶段，领导者放弃操作权，选择服务于员工。随着这一延续性的发展，领导力的重心由领导者自身转向下属。"③ 从领导活动的发展历程来看，从领导者与被领导者在领导活动中重心的演变脉络来看，可以发现领导活动在不同的发展时期遵循着不同的法则。

---

① ［美］彼得·G.诺斯豪斯，吴爱明等译：《领导学：理论与实践》（第5版），中国人民大学出版社2012年版，第84页。
② 即代管领导（Stewardship），其理念是：领导者应该可信可靠，而不是试图操纵他人，决定他人的意愿和目标，或者仅仅照顾他人。
③ ［美］理查德·达夫特，杨斌等译：《领导学》（第5版），电子工业出版社2012年版，第146页。

第一阶段领导活动遵循黑铁法则。在以专制领导为特征的第一阶段，领导者普遍遵循着"黑铁法则"，指"领导者让被领导者干什么，被领导者就必须去干什么"。这里只有领导者"铁"的意志。

第二阶段领导活动遵循黄金法则。在以科学领导为特征的第二阶段，领导活动普遍遵循"黄金法则"，指"领导者希望被领导者怎样对待自己，自己就怎样去对待被领导者"。黄金法则显然比黑铁法则柔软多了，领导者在领导活动中更多地考虑到被领导者的愿望和要求。但是，必须注意到，黄金法则和黑铁法则一样都是以领导者为中心，都是主要从领导者的角度来考虑问题的。

第三阶段领导活动遵循白金法则。在以服务领导为特征的第三阶段，领导活动普遍遵循"白金法则"，指"追随者想让领导者干什么，领导者就应该去干什么"，"追随者想让领导者怎样去干，领导者就应该怎样去干"。可以清晰地看出，"黑铁法则"是完全由领导者说了算，"黄金法则"是部分考虑追随者的意愿，"白金法则"是以追随者为中心的，它使领导工作发生了质的飞跃。此时追随者的意见占了主导地位。

从"黑铁法则"到"黄金法则"到"白金法则"，可以发现，真正高明的领导者正在把权力金字塔颠倒过来，不是自己干而是去激励追随者干，不是强制性地让追随者干，而是通过营造环境提供服务让追随者自己既能干也愿意干。简言之，领导工作就是要创造条件和环境，以便让追随者去创造价值、去建功立业。

第二节　领导就是服务

领导情境理论给我们最大的启发就是，领导者既不能仅仅依靠自己包打天下，也不能只用决策和用人这两大领导行为取代全部领导活动。领导者要善于为追随者和群众营造合适的领导情境，营造情境就是要提供服务。领导的本质就是服务，领导者的角色就是服务者。

一、服务型领导理论的最新进展

服务型领导（Servant Leadership）的概念最早由罗伯特·格林里夫

（Robert Greenleaf）于1970年在《服务型领导》一书中首次提出。但在相当长的时间里没有引起关注，直到20世纪90年代，服务型领导才逐渐得到更多的关注、研究和应用。服务型领导虽然是近几十年才明确提出的概念，但是在各种文化背景下，领导者要成为被领导者的服务者这种思想却是早已有之，而领导在自觉不自觉地实践着服务型领导也是屡见不鲜。目前国外对服务型领导的研究，根据其研究侧重点的差异，可以分为三种研究视角：服务型领导特质视角、服务型领导构成维度的视角和领导—成员关系的视角。

（一）西方服务型领导理论的演进

1. 特质理论视角的服务型领导

这种研究视角旨在回答服务型领导应该具备何种特质这一问题。2006年，沃德尔（Waddel）认为内向的人比外向的人更容易倾听，也表现得更谦卑。借助迈尔斯—布里格斯人格类型特征表（Myers-Briggs Type Indicator, MBTI）来分析帕特森服务型领导模型的心理特质，认为内向的人在领导关爱、谦卑和信任三个维度上比外向的人更加有利，并且在被员工认为是服务型领导的人当中，偏向内向的人比偏向外向的人更多。

2007年，斯彭斯（Spence）研究了情绪智力特质在服务型领导中的作用。他认为，领导对员工的关爱形成了领导对员工和组织的承诺，而领导的承诺受到愿景和领导者自身希望水平的影响。在有承诺的前提下进行授权，授权的程度和质量受到领导—员工之间信任水平和领导者自身情绪智力水平的影响。情绪智力与希望、愿景与信任的共同作用都强化了领导的承诺和授权，最终形成了领导对员工的服务。

2. 服务型领导的构成维度

服务型领导的构成维度主要考察构成服务型领导的基本要素或特征。格林里夫指出服务型领导的构成包括：主动性（Initiative）、倾听和理解（Listening and Understanding）、想象力（Imagination）、妥协能力（Compromise）、接纳和移情（Acceptance and Empathy）、直觉（Intuition）、预见未来（Foresight）、明智和理解（Awareness）、说服他人（Persuasion）、概念化能力（Conceptualization）、复原和服务（Healing and Service）以及建立共同体（Building Community）的能力。

2000年，拉塞尔（Russell）认为"服务型领导者是展现了愿景、角色示范、先锋性、欣赏他人授权等功能性特征的人"①，后来，又增加了信誉、信任和服务三个特征。他把服务型领导的特征分为两大类：一类是功能性特征，包括愿景、诚实、正直、信任、服务、角色示范、开创性、欣赏他人和授权等；另一类是伴随性特征，分别是沟通、信誉、胜任力、代管、洞察力、影响力、说服、倾听、激励、教导和委派。②

佩奇和王（Don Page & Paul T.P. Wong）对服务型领导构成维度的研究形成了特征维度、关系维度、任务维度和过程维度四个方面。第一，人格特征维度，指领导者具有服务意识、正直的品格以及服务他人的承诺，包括正直（Integrity）、谦卑（Humility）、服务（Servanthood）。第二，人际关系维度，领导者通过向他人提供帮助和服务获得他人的信任，从而与追随者之间建立良好的人际关系以形成领导力，包括关照他人（Caring for Others）、向他人授权（Empowerment of Others）、发展他人（Developing Others）。第三，任务维度，指领导者的工作职责，如制定未来远景规划、做出重要决策等，包括远景（Visioning）、目标设置（Goal-Setting）、领导（Leading）。第四，过程维度，指组织的程序，如团队建设、树立榜样等，包括榜样（Modeling）、团队建设（Team Building）及分享决策权（Sharing Decision-Making）。

丹尼斯和温斯顿（Dennis & Winston）在佩奇和王的研究基础上，认为服务型领导构成维度包括三大因子：第一个因子是授权（Empowerment）。包括积极寻找利用个人差异的方式从而为团队作出贡献；重视团队中的每一个人；当别人犯错误时原谅他们，并帮助他们从错误中吸取教训；设置清晰和可以实现的目标；提出他人都能接受、对解决问题有帮助的措施；通过充分利用每个人的优势以获得满意度；就如何提高工作过程的效率向他人做出榜样和表率；愿意自身的想法和思想受到挑战；不要求他人做不愿意做的事情；乐意与他人分享自己的权力和权威。第二个因子是服务（Service）。包括向他人提供服务，不要求赞誉或回报；从他所服务的下

---

① Russell R F. *Exploring the Values and Attributes of Servant Leaders*. Virginia Beach: Regent University, 2000:6.
② Russell R F, Stone A G. *A Review of Servant Leadership Attributes: Developing A Practical Model.* Leadership & Organization Development Journal, 2002, 23(3):145-157.

属身上学习，在服务他人时乐意于做出个人牺牲；寻找向他人提供服务而不是被服务；认同领导更多是一种责任而不是一个职位。第三个因子是愿景（Vision）。包括为高驱动力所激励，即被超过个人利益和物质上成功的价值观所驱使需要有更高目标的信念；能够清晰地阐述组织未来目标和方向；明白自己需要组织变成什么，组织需要为社会做些什么；通过自身的激情和自信来激励他人，以求实现目标；专注于工作并且训练有素；通过借鉴来进行领导。

巴布图和惠勒（Barbuto & Wheeler）采用"领导者—员工"配对样本，通过探索性和验证性因素分析，得到公仆型领导的五因素结构，分别是利他主义、情绪抚慰、智慧、说服引导、社会责任感，这个结构同时得到了领导者样本和员工样本的数据支持。[1]

我国有学者根据西方关于服务型领导的实证研究，系统总结了国外服务型领导的12个维度：（1）道德之爱——领导者真正关心下属，对下属个人关心的事情也非常敏感。（2）创造社区价值——领导者真诚、有意识地帮助工作单位所在的社区。（3）概念化技能——领导者拥有处理工作的知识以便有效地支持和帮助下属。（4）授权——领导者鼓励和促进下属发现和解决工作中的问题，并且由下属决定完成工作的方法和时间。（5）关心下属的成长和成功——领导者通过支持下属和良师般的示范效应，真诚地关心下属的职业成长和发展。（6）以人为本——领导者通过言行举止让下属明白自己会优先满足下属的工作需求，甚至会中断自己的工作以便更好地帮助下属克服工作中的困难。（7）举止道德——领导者公开、公平和诚实地与他人互动并且言行一致。（8）智慧或者未来共同的目标——领导者有能力预测未来，并将未来共同的目标告知下属。（9）说服下属——领导者以"晓之以理，动之以情，析之以据"的劝说方式，而不是胁迫别人服从，也不用职务上的权威在组织内推动决策，他们劝服别人认同计划或工作，让人心服口服，而不是勉强为之，从而在群体中有效地建立共识。（10）形成良好关系——领导者努力用行动来认识、理解和支持下属，以期建立长期良好的互动关系。（11）信任——领导

---

[1] Barbuto J E, Wheeler D W. *Scale Development of Construct Clarification of Servant Leadership* Group & Organization Management, 2006(3): 300-326.

者充分信赖下属的道德和能力。(12)谦逊——领导者行为低调,没有刻意寻求公众注意,并尊重员工和感谢他们对组织的贡献。①

3. 领导—成员视角的服务型领导

这种研究视角强调服务型领导的目的在于通过服务追随者培养和提升追随者。帕特森(Patterson)认为"服务型领导是指那些通过关注他们的追随者而领导组织的人,因此,追随者是最首要的关注对象,其次才是对组织的关心"②。并建构了一个由领导关爱、谦卑、利他精神、愿景、信任、授权和服务七个方面组成的服务型领导理论模型,展现了服务型领导的内在作用过程。领导从关爱员工开始,通过尊重员工和在必要的时候接受谏言(谦卑),带着利他性的精神,为员工和组织的未来构思愿景,在信任员工的基础上授权,最终达到服务员工的目的。

2003年,温斯顿(Winston)对领导—成员视角的服务型领导模型进行了拓展,他认为领导对员工的服务唤起了员工对领导的爱心,然后影响到员工为实现组织目标而形成对领导的承诺,同时提高了员工的自我效能感,承诺的加深和自我效能感的提高促进了员工内在动机的提高,进而影响到员工的利他性态度,最后形成了员工对领导的服务。员工对领导的服务又影响到领导对员工的关爱,从而形成在领导—员工之间循环的服务模型。最后在领导—成员关系的不断发展中形成螺旋式上升的模型。③

劳布(James Alan Laub)认为,服务型领导是"一种将被领导者的利益置于领导者自身利益之上的领导认知和实践行为;服务型领导者重视人,发展人,建立共同体,展现真诚,为那些跟随者提供领导的机会,为组织成员、整个组织和组织的服务对象的共同利益而分享权力和地位"④。重点研究了服务型领导和组织健康的关系,得出了不同领导风格(专制型领导、家长型领

---

① 韩勇,陶建平:《我国公共部门服务型领导研究——以广西为例》,载《领导科学》2012年第5期,第4-6页。
② Patterson K A. *Servant Leadership: A Theoretical Model*. Virginia Beach: Regent University, 2003:5.
③ Winston B E. *Extending Patterson's Servant Leadership Model: Explaining How Leaders and Followers* Interact in *A Circular Model*. Servant Leadership Research Roundtable, Regent University,2003.
④ Laub J A. *Assessing the Servant Organization: Development of the Servant Organizational Leadership Assessment(OLA)Instrument.* Boca Raton: Florida Atlantic University,1999:6.

导和服务型领导）与组织健康之间的关系。（见图3-1）

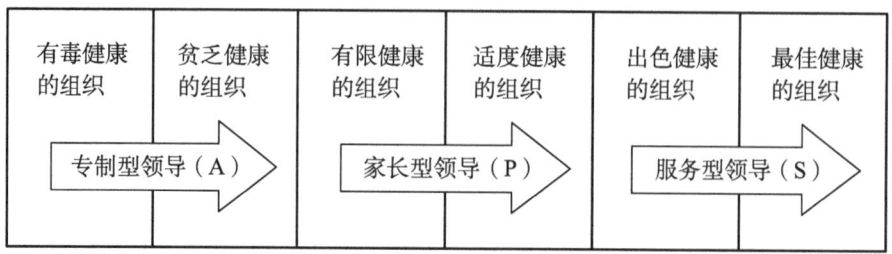

图3-1　领导风格与组织健康间的关系

另外，有研究探讨了影响服务型领导的因素包括领导者的价值观、人格和能力。还有研究通过实证分析考察了服务型领导对组织成员的影响，结果表明服务型领导对提升下属绩效、增强对领导和组织的信任、组织承诺等方面有显著的作用。而且，有研究表明，服务型领导能增强组织的服务氛围，其中领导者风格是组织服务氛围的一个重要影响因素。服务型领导者重视员工的利益，同他们分享信息、鼓励员工参与决策、帮助员工发展的行为，会向员工传达领导者高度重视服务质量、支持服务工作的信号，使员工能够感受到浓厚的服务氛围，并在这种氛围中努力做好服务工作。

（二）服务型领导理论的本土化

中国服务型领导理论研究的进展主要沿着两条路径演进，一条路径是在介绍国外服务型领导理论的基础上，结合中国文化背景进行实证分析和验证；另一条路径是根植于本土文化进行服务型领导理论的创新研究。

1. 服务型领导理论的引进和验证

中山大学汪纯孝教授设计并检验了我国第一份企业公仆型领导量表，得出了服务型领导的11个维度：尊重员工、关心员工、帮助员工发展、构思愿景、平易近人、甘于奉献、清正廉洁、开拓进取、指导员工工作、承担社会责任和授权。[①]这些维度和国外的维度研究成果大体一致。

中国人民大学孙健敏教授运用2006年巴布图和惠勒开发的公仆型领导量

---

① 汪纯孝，凌茜，张秀娟：《我国企业公仆型领导量表的设计与检验》，载《南开管理评论》2009年第3期，第94-103页。

表，采用员工—管理者配对样本数据和一组管理者样本数据对服务型领导的含义和结构进行了分析，通过采用探索性因素分析得出服务型领导具有利他主义、情绪抚慰、智慧、说服引导和社会责任感5个维度。①

也有研究采用探索性因素分析和验证性因素分析对西方服务型领导问卷进行修订，结果表明，在中国文化背景下，服务型领导由遵守道德规范、为社区创造价值、授权、概念技能、把下属放在首位、情绪抚慰6个维度构成。并采用逐步回归分析探讨了服务型领导对员工工作满意度和情感承诺的影响效果，结果表明服务型领导具有良好的领导效能。②

另外，也有研究对服务型领导的效果进行了实证分析。清华大学吴维库教授在问卷调查的基础上，通过统计分析和假设检验，证明了服务型领导与员工的情感承诺、功利性承诺、工作满意度正相关。③四川大学邓正华博士比较研究了服务型领导与家长式领导对员工态度和行为的影响，结果发现服务型领导与家长式领导对员工的工作满意度、组织公民行为都有显著的正向影响，对工作场所偏离行为都有显著的负向影响。但是，服务型领导比家长式领导更能提高员工的工作满意度和组织公民行为，更能减少员工的工作场所偏离行为，即服务型领导的效能优于家长式领导。④

2. 服务型领导理论的本土化研究

2008年，中央党校刘雪影博士基于西方服务型领导的理论，提出服务型领导的三个核心内容。一是对领导者价值观的再造，服务型领导与传统领导者的价值观不同；二是对领导者职能的再定位，相对于传统管理的计划、组织、领导、控制的职能，服务型领导将管理者的职能划分为以下四个方面：建立远景、创建团队、授权和沟通、激励和服务；三是对组织管理形态的变革，传统管理形态是金字塔式，服务型领导的管理形态是倒金字塔式或者网

---

① 孙健敏，王碧英：《公仆型领导：概念的界定与量表的修订》，载《商业经济与管理》2010年第5期，第24-30页。
② 王碧英：《公仆型领导：量表的修订与作用效果》，载《理论探讨》2010年第2期，第153-156页。
③ 吴维库，姚迪：《服务型领导与员工满意度的关系研究》，载《管理学报》2009年第3期，第338-341页。
④ 邓志华，陈维政，黄丽，胡冬梅：《服务型领导与家长式领导对员工态度和行为影响的比较研究》，载《经济与管理研究》2012年第7期，第101-110页。

络型。①

2012年，有研究以广西壮族自治区为例，通过调查分析总结了我国公共部门服务型领导的构成维度，主要包括九个方面：②

第一，倾听心声。服务型领导能够主动、真诚地倾听下属的心声，触及下属的心灵，了解下属的想法和需求，理解团队的共同意愿，并帮助下属清晰地表达他们的意愿。服务型领导能够虚心向他人请教，善于促进他人参与决策，增进他人的信心和自我效能感，并通过倾听来肯定他人，能够不带成见地倾听他人意见并伴以经常性的定期反思。

第二，谦逊做人。服务型领导不会陶醉于过去或现在的成功，他们能自我省察，并且可以使自己高屋建瓴，从一个统一的角度来看待问题和形势，并通过其谦逊的处事原则来帮助人们理解有关道德和价值观的问题。

第三，领导能力强。服务型领导拥有较强的大局观和宏观调控能力，拥有丰富的想象力，并能够从抽象化的角度来透视问题，其思考能超越日常的现实生活和短期目标。

第四，关爱群众。服务型领导关注的重点不是个人的荣辱得失，而是肯定团队内其他成员付出的劳动，并欣赏、接纳每个人，认识到员工的独特性，使组织和社会中的弱势群体获得应有的关注（或者至少没有因此受到更大损失）。

第五，以人为本。服务型领导把服务他人置于自己的利益之上，能优先满足他人的生存和可持续发展的需要，能够为坚持原则而放弃名利地位。

第六，道德垂范。儒家文化是中华文化的主流与基石，它强调个人的道德修养，力主"修身齐家治国平天下"。服务型领导必须德行高尚，并成为下属的榜样。

第七，人际和谐。服务型领导能够与他人建立稳固的个人关系，并能与他人协调合作，尊重不同的观点与意见。

第八，敬业负责。服务型领导高度敬业负责，对工作有高度的责任心，要求严格。

第九，遵纪守法。服务型领导严格遵守国家的法律、法规、政策和党的

---

① 刘雪影：《服务型领导的理论与实践》，中央党校2008届博士论文。
② 韩勇，陶建平：《我国公共部门服务型领导研究——以广西为例》，载《领导科学》2012年第5期，第4-6页。

纪律。

此外，有研究根据国情，结合服务型领导理论，给出培养服务型领导的建议：第一，倡导服务型领导的价值观；第二，招聘具有服务型领导特质的员工；第三，培养服务型领导技能；第四，考核、奖励服务型领导行为；第五，宣传、学习优秀服务型领导。① 另外，也有研究指出服务型领导要进行四项修炼：做好员工需求调研、为员工搭建成长平台、正确激励员工和为员工提供应有的关怀。②

二、为什么说"领导就是服务"

1985年5月19日，邓小平在《把教育工作认真抓起来》的讲话中提出"领导就是服务"的论断。这一论断揭示了领导活动的本质，也是中国特色社会主义领导理论的重大创新。一方面，其与西方领导学"服务型领导"的理论前沿和领导活动相契合；另一方面，其与毛泽东提出的共产党人要"全心全意为人民服务"的观点一脉相承。

（一）服务与服从的辩证关系

"领导就是服务"，并非意味着领导者为追随者提供的"服务"仅仅是衣食住行等后勤方面的服务，而是要为追随者创造良好的外部环境和条件，旨在通过创造有利的领导情境激励追随者积极、主动的成长，并在自身的成长过程中实现领导目标。因此，在这个意义上，"领导就是服务"的内涵就是为追随者提供所需的引导激励，提供所需的一种有利情境。

领导服务的重点是领导者要为领导活动、为追随者提供规范准则、提供制度框架、提供辅导指导、提供环境条件。正确地理解"领导就是服务"，有助于定位领导职能、转变领导方式、改进领导方法、提高领导艺术。

领导者的主要工作不是时时出主意，处处用干部，更不是事无巨细地包办代替追随者去干一切事情。卓越的领导艺术可以说是"举重若轻"。"举重若轻"就是超脱的、简约的，就是营造良好的领导情境，让追随者、让群众去当主角。"领导就是服务"的论断不仅指明了领导工作的本质所在，而且指

---

① 凌茜：《公仆型领导的塑造与培养》，载《中国人力资源开发》2007年第6期，第42-44转65页。
② 高宇新：《服务型领导的四项修炼》，载《企业改革与管理》2010年第5期，第58-59页。

明了做好领导工作的途径和方式。

"领导就是服务",领导者应该积极主动地向追随者提供到位的服务、优质的服务,这一点是不言而喻的。但问题也往往出在这里,如果领导者的服务太"积极",太"主动",那就会导致领导者想提供什么服务就提供什么服务,想什么时候提供服务就什么时候提供服务,想什么地点提供服务就什么地点提供服务,想向谁提供服务就向谁提供服务。这肯定是违背领导工作规律的。这种"服务"的实质是以领导者为中心,以热心的服务者自居,随心所欲地向追随者提供服务,这种强行的服务一定是变了味的服务,一定不是追随者欢迎的服务。

"领导就是服务",一定要以追随者为中心、以人民群众为中心。传统的领导活动中领导者处于中心,发号施令、指挥控制,实行的是专制型的领导方式。现代领导活动中领导者是"公仆",就应该而且只能"退"到"边缘"去,以便追随者"进"到"中心"来。"公仆"只有"退"到领导活动的"边缘"才可能真正成为公仆,才可能真正为处在"中心"的广大群众提供辅导,提供帮助,提供条件,提供环境,提供规则,提供一切广大群众所真正需要的服务。

现代领导活动也是一个交换、互动的过程。领导者为追随者提供服务,追随者向领导者提供认同和服从。领导者提供的服务越到位,追随者对领导者的认同越主动,服从越自觉。服务是有明确目的的。要找准服务与服从的结合点。领导者的服务要有针对性,有选择性,要通过服务来影响追随者,激励追随者,引导追随者,促进追随者与领导者同心同德,去实现共同的奋斗目标。

抽象地讲"领导就是服务"是没有意义的,孤立地提供服务也是徒劳无益的。要把领导服务同领导意图和决策目标结合起来,一致起来。换言之,领导者提供服务是为了促使追随者对领导者的认同和服从,促使追随者更主动更有效地实现领导决策的目标。"服务"与"服从"是一致的。本质上它们是现代领导活动中积极互动且相辅相成的两个方面。

(二)领导服务的作用

1. 领导服务就是提供领导情境

领导服务就是提供环境和条件、提供平台和舞台、提供规则和规范、提供辅导和支持,追随者需要什么服务领导者就提供什么服务,无论是环境和条件还是平台和舞台这些服务究其实质都属于领导情境,都是能够影响和提升追随者工作意愿和工作能力的情境。比如,领导者为追随者提供的辅导和支持能够提升追随者的业务能力和技术水平,领导者为追随者提供的平台和舞台能够为追随者更好地施展自己的才华等。

此外,领导者根据工作任务的差异和追随者成熟度的特征等领导情境的不同和变化,相应灵活地提供追随者需要的服务,旨在弥补追随者完成领导活动目标的"短板"和不足,使追随者能够有效地实现领导活动的意图。因此,领导服务的实质就是提供一种合适的、特定的领导情境,而且,这种情境能够有效地帮助追随者去完成组织目标。

以领导服务为主要表现形式的领导情境具有间接性的特点,领导者通过设计和营造各种领导情境来影响下属,从而间接地达到领导者的目的。因此,情境领导的作用往往是潜移默化的,是不易被观察、被测量的,它体现为人的内心的一种体验和感受,体现为一种微妙的心理和情感。而且,领导情境的作用形式是多样的、复合的,而不是单一的、规范的。比如,可以通过工作氛围、工作任务等情境去影响下属,也可以通过领导制度、组织文化等情境去影响下属,多种情境因素的叠加作用会使得领导的效果更加明显。

2. 领导服务旨在应对"领导替代"

随着社会的进步和发展,追随者的能力和素质的显著提高,他们知道自己能干什么及怎样干好,甚至知道如何自我激励。换句话说,追随者"替代"了传统领导者的部分职责和作用,在很多方面不需要领导者的"领"和"导"。这一事实值得引起领导者的充分重视和深入思考。

如果领导者布置给追随者的任务是常规的、结构化的、缺乏挑战性的;或者组织内部的规范是清晰的,制度是严密的,组织文化的内聚力是特别强的,这些因素也会部分地"替代"或者"抵消"领导者的作用。

当领导者的职能和作用越来越多地被追随者所"替代"和"抵消",领导者就必须转变领导方式,寻求新的领导职能。这时向追随者提供服务,提供别人"替代"不了的服务,应是领导者的主要职责,也是富有成效的主要领导方式。

3. "服务"旨在提高领导效能

在领导活动发展史上有许多种提高领导效能的着眼点和着力点。在20世纪初期流行的做法是着眼于领导者的识别和选拔，着重于领导者应具备哪些不同于追随者的素质和特质。这是领导特质论的主要观点。它的致命缺陷是忽视了领导活动中追随者所起的重要作用。

到了20世纪前期流行的是领导行为论的观点。它认为领导效能的提高不是依赖于领导者的特质，而是依赖于领导者的行为和方法。比如，对蓝领用指令型的领导行为较为有效，对白领用协商型的领导行为较为有效。但它同样忽视了追随者和其他因素对领导活动所作的积极贡献。

领导情境理论出现于20世纪中后期。它认为领导效能的提高依赖于领导者、追随者和领导情境等多种因素的匹配和综合作用。有效的领导方式和领导方法一定是适应于特定的领导情境的。换言之，改变领导情境，可以大大地提高领导效能。

"领导就是服务"的观点与领导情境论的观点是不谋而合的。领导者提供服务，就是提供适合领导目标、适合追随者需求的情境和环境，事半功倍地提高领导工作的效能。领导者提供服务就是提供广义的领导情境和领导环境，就是整合各种利益关系和人际关系，使得领导者和追随者各得其所，又互为依靠，共同发挥最佳效能。

4."服务"旨在打开领导艺术的空间

领导者提供优质服务是一种间接的领导，是一种高层次的以人为本的领导，是一种人性化和艺术化的领导。人的个性是多样化的，人的需求也是多样化的，因此，领导者提供服务也应个性化、多样化，这就为领导艺术的提升打开了广阔的空间。领导者向追随者提供服务，不仅需要正确的领导观、需要相应的服务能力，而且需要服务的艺术。换句话说，领导的艺术就是提供服务的艺术。

三、领导服务的内容和制度

领导者应当为追随者提供他们需要的各种服务，通过提供服务营造有利的环境和氛围，影响和激励追随者去完成工作任务，实现领导目标。"领导就是服务"的观点重在强调领导者的角色和职责是为追随者提供服务，而且，领导情境理论告诉我们，仅仅强调领导者为追随者提供服务还不够，还要把"领导服务"上升到制度化的高度，从"领导服务"上升到"制度服务"。

（一）领导服务的具体内容

领导服务的具体内容包括六个方面：第一，提供环境和条件；第二，提供平台和舞台；第三，提供规则和规范；第四，提供评价和激励；第五，提供辅导和指导；第六，提供信息和支持。

1. 提供环境和条件

领导者为追随者提供环境和条件是指领导者要关注追随者周围的诸因素，既包括追随者所处的大的社会环境，也包括追随者日常所处的生活和工作环境。对一个单位、一个部门的领导者而言，更多的应该关注追随者日常的生活和工作环境。

提供环境和条件首先是指领导干部要为群众营造良好的环境和条件，包括优美的生态环境、安全的社会环境、周到的服务环境、优美的工作环境、舒适的工作条件等。

追随者所处的日常环境并不仅仅是指客观的生活和工作条件，而且更主要是指社会环境，也就是日常生活工作中与追随者存在工作关系的一些部门和一些人。领导者提供环境和条件还要通过制度设计协调好与追随者有工作关系的这些部门和人，为追随者提供其完成工作所需要的各种辅助服务。

2. 提供平台和舞台

领导者为追随者提供平台是指领导者要为追随者提供公平的发展机会，给追随者提供岗位、提供职位。领导者为追随者提供舞台是指领导者要为追随者提供表现的机会，使他们能够大显身手。

把领导者为追随者提供平台和舞台结合在一起，"提供平台和舞台"就具有了特殊的涵义，需要领导者处理好提供平台和舞台的关系。领导者要先为追随者提供平台，然后再为追随者搭建舞台。这里有两重意思：第一，领导者为追随者提供公平的发展机会后，不能对追随者的表现不管不问，而是要关注追随者在平台上的表现如何，这个时候，"平台"就成为"舞台"；第二，追随者在"舞台"上表现好的话，领导者就需要为追随者进一步提供更好的发展机会，即更高的"平台"，然后继续关注追随者在新的平台上的表现，同样，这个时候，"平台"也成了"舞台"。所以，提供平台和舞台，一方面需要领导者为追随者提供递进的发展机会，另一方面需要领导者时刻关注追随者在平台上的表现，把平台当舞台。

3. 提供规则和规范

领导者为追随者提供环境和条件以后，又为追随者提供了平台和舞台，这两者都是领导者为追随者提供的外部服务。可只有这些还不够。领导者还需要提供第三类服务：为追随者提供规则和规范。规则实质是一种制度，它规定了一定的行为带来的相应后果，即如果这么做就能获得什么利益，如果不这么做会导致什么惩罚。规范是约定俗成的规定和标准，便于追随者操作和模仿。

4. 提供评价和激励

领导者在提供规则和规范之后，还要根据规则和规范对追随者的表现及时进行评价，对于好的表现及时予以激励。评价标准和激励行为一定要依据既定的标准进行，否则，会导致评价标准的混乱或者评价标准成摆设，这样的结果必然导致追随者缺乏工作的积极性和动力。

5. 提供辅导和指导

领导者对追随者的行为进行评价后，对追随者的好的表现要给予激励；另一方面，对追随者欠佳的表现也不能只是批评、责备，而是要为追随者提供针对性的辅导和指导，帮助其改进方法，提高工作绩效。

6. 提供信息和支持

领导者为追随者提供了上述五大类服务之外，还要为追随者提供更多的信息和支持，帮助他们打开空间，谋求更大的发展。

（二）领导服务的制度化

1. 领导服务的大趋势

"领导就是服务"强调的是领导者在领导活动中要扮演服务提供者的角色，通过为群众提供服务获得群众对领导工作的认同，从而提升领导活动的绩效。可以看出，"领导就是服务"这一趋势突出的是领导者个体对群众提供的服务，在实践中就可能出现提供服务不均衡的情况，例如，有的提供的服务少，有的提供的服务多，有的提供的服务群众认可，有的提供的服务群众不认可。

因此，为应对"领导就是服务"的个体化、个性化和差异化，我们党和政府着力推进"领导就是服务"的制度化，从对领导者个体的强调和重视扩展到党的全部组织、政府及其各个部门都要践行"领导就是服务"的理念，先后提出服务型政府建设和服务型政党建设的要求。

2. 领导服务制度化的重要性

领导服务的制度化实际有两层意思：第一，领导服务的内容要制度化，即领导服务的主体、对象、标准、时间、地点、条件、时限、结果等相关要素要制度化，要有详尽而明确的规定。第二，领导服务自身也要制度化。结合"领导就是服务"的论断来思考，就能明白即使领导者确立了服务的理念，但如果没有一个好的制度，给领导者充分施展为人民服务的本领的制度空间，在很大程度上也是无法为人民群众提供他们所需要的服务的。

服务制度决定政府为群众提供服务的行为表现和提供服务的绩效，决定了群众是否满意政府提供的服务。制度建设的根本在于构建一种激励约束机制，这种机制能为相关行为主体提供一种理性预期，使得理性行为者能根据成本收益分析的结果决定自己的行为方式，从而保证政府有意愿而且有能力为群众提供其所需要的服务。

（三）服务型政府建设

1. 服务型政府重在职能转变

在中国情境下，服务型政府建设具有深厚而丰富的内涵。服务型政府的公共服务，最基本的有三个方面：一是社会性服务，如基础教育、公共医疗卫生、社会保障、劳动就业。二是经济性服务，如宏观经济调控和管理、市场监管、提供经济信息、基础公共设施建设、创造良好的市场环境。三是制度性、政策性和法律性的公共服务。如建立健全现代产权制度、农村土地制度、金融制度、有利于公平竞争的法律制度等。如果说社会性服务和经济性服务是典型的公共服务职能内涵的话，主要体现一种管理制度改进的话。那么制度性公共服务就超越了一般意义上公共服务的内涵，涉及政府与市场关系、政府与公民关系、公平与效率关系等带有制度性变革的政治意蕴，是更深层次的政府职能转变和政府职能结构的调整。

因此，建设服务型政府，既是思想观念、价值取向的深层转变，又是政府活动方式及相关体制、制度的变革和创新；既是政府本身的自我革命，又要求公众积极参与，全社会认同，这一切的实现都要以凸显公共服务职能为切入点，公共服务职能的强化也是服务型政府建设的重点内容。

2. 服务型政府重在制度建设

从政府的公共服务职能来说，服务型政府是以人民群众的需求为出发点、以人民群众的满意为落脚点提供各种公共服务的政府。服务型政府建设的关键是相应的制度安排，没有相应的服务制度安排作保证，"服务"就只是一句"空话"。要实现服务型政府的价值理念转变就必须用制度来保障，通过制度重塑来实现价值重铸。服务型政府制度建设的重点是三项基本制度：服务承诺制度、公众参与制度和责任追究制度，其中，服务承诺是前提，公众参与是关键，责任追究是保障。

首先，建立健全服务承诺制度。服务承诺制度，即用社会承诺的形式把政府公共服务的内容、标准、方式、监督和责任等公布于众，使公众知晓何时、何地及如何能得到政府提供的服务。政府对公众的服务承诺实质是政府与公众契约关系的制度化表现，公众对政府负有纳税以及遵从公共权力以使其合法化的义务，政府则对公众负有提供其所需公共服务的义务。许多政府部门往往缺少明确的服务标准、服务范围、服务内容、服务程序，使得政府公共服务往往成为"服务迷宫"，给公众造成诸多不便和困难。建立健全政务公开制度不仅是政府履行公共服务的基本要求，也是政府有效履行公共服务职能的重要保障。

其次，建立健全公众参与制度。只有以人为本，以公众需求为导向才能符合公共服务的本质要求，即公共服务的实质所在。政府工作必须紧紧依靠人民群众，做到谋求发展思路向人民群众问计，查找发展中的问题听取人民群众的意见，改进发展措施向人民群众请教，落实发展任务依靠人民群众努力，衡量发展成效由人民群众评判。因此，政府必须广泛进行公众需求的调研，扩大政府工作的公众参与。做到政府提供什么样的服务，怎样提供服务，何时提供服务，应当广泛征求公众的意见，以公众意愿作为第一价值取向，因此，政府要建立健全公众参与制度，制定公众参与决策的规则和程序，疏通民意充分表达的渠道。

再次，建立健全责任追究制度。责任追究制度体现了政府对人民负责的施政理念，通过强化责任主体、责任内容和责任结果的制度建设，强化和培养责任意识、伦理意识和诚信意识，进一步改善提供公共服务的态度，提升公共服务的质量，从而提高政府对公民需求的回应性，最终促进服务型政府的建设。

3. 服务型政府重在"简政放权"

服务型政府建设的核心是政府职能转变，政府职能转变的根本目的是提高两个效率：第一个效率是政府的效率；第二个效率是企业的效率。社会发展的逻辑告诉我们，分工带来效率，分工导致专业化程度的提升，从而带来效率的提高。因此，要提升效率，一方面要推进政府职能和企业职能的分离，让政府的归政府，让企业的归企业；另一方面要推进政府内部职能的分工，决策和执行分开、决策和监管分开。

因此，政府职能转变实际上主要包括两个方面的内容：其一，外部涉及政府与市场关系的定位，政府与社会关系的定位，政府职能转变的根本是政府要简政放权，向市场放权、向社会放权，让企业职能回归市场；其二，内部涉及政府行政职能的重塑，通过对同类职能的归并实现政府职能间的分工和协同。政府职能转变的实质是通过政府的"少为"，让市场"多为"，发挥市场和企业的积极性；政府的"少为"是为了更好的"有为"，集中精力抓决策和监管，重在创造公平竞争的制度环境。

所以，服务型政府建设一方面要转变职能，把政府不应该管、也不必要管、更管不好的事情"卸载"，把相应的职能和权力下放给地方政府、外放给市场和社会，确立企业和公众的主体地位；另一方面政府重点做好自己应该做好、必须做好的事情，强化和优化监管，更新监管理念，转变监管方式，营造一个公平、正义的市场环境和社会环境，明确政府的角色定位。

第三节 领导情境重在权变

无论是"领导就是服务"的情境理论，还是服务型政府的提出和实践，其一方面昭示着领导观念和管理理念从"控制"到"服务"的转变，另一方面也意味着领导方式和管理方式要从以强制性权力为基础的单向的命令为主到以非强制性权力的双向协商和沟通为主。领导观的转变必然要通过领导方式的转变来落到实处。

领导情境理论告诉我们，提高领导有效性要注重发挥领导情境的作用，把握好领导者、追随者和领导情境诸多要素之间的匹配。用领导情境来替代领导者的作用，往往领导工作更有成效。但领导艺术没有固定的模式，没有唯一的答案，具体问题需要具体分析。在某种程度上，领导情境理论的运用，就是领导权变艺术，就是领导如何用权的艺术，就是领导如何用好软权力，如何授权的艺术。

一、从对菲德勒理论的解读开始

（一）对菲德勒理论的解读

领导情境理论的集大成者当属菲德勒提出的领导权变理论，这一理论对领导科学的突出贡献在于，它提出：一个领导者的风格和艺术不太容易改变，即指令型的风格不易变成协商型的，反之，协商型的风格也不易变成指令型的，要使领导风格、领导方法、领导艺术与关系、任务、权力这三个因素相匹配，比较可行的做法就是改变领导情境。"当领导者的风格与情境不相符时，就应该努力对工作做出调整或把领导者调离到另外一个情境中。权变理论需要领导者和情境相匹配，但不要求领导者适合每一种情境。"①

菲德勒发现，在关系、任务、权力三个因素都有利或都不利的情境下，采用指令型的领导风格效果好；对于处在中间状态的情境则以协商型的领导风格效果为好。就上下级关系而言，上下关系好，领导者应该选择指令型风格；上下关系差时，领导者应该选择协商型风格，要注意先圆后方，善于先沟通后命令。就任务性质而言，任务明确时，领导者应该选择指令型风格；任务复杂时，领导者应该选择协商型风格。领导者要根据任务的结构化与程序化程度选择自己的领导风格。

比如，可以把上下级关系由差变成好，可以把任务由易变成难，也可以通过目标分解和过程分段等结构化方式使任务由难变为易，而领导者权力的大小也是可以变化的。总之，改变领导情境的目的是为了适应、匹配领导者多年来已经习惯了的领导风格和领导艺术，是为了提高工作效率和领导效果。实际上，这是一种十分高明的情境领导艺术，是通过设计和改变情境来达到领导目的和提高领导效果的艺术。

菲德勒所讲的"协商型艺术"，即以关心人为主的艺术，注重人际关系，注重追随者的需求和情感，使追随者有机会参与决策和管理。而指令型方法正好相反，它以任务为中心，强调规章制度的作用，强调控制和命令的作用。

---

① [美]彼得·G.诺斯豪斯，吴爱明等译：《领导学：理论与实践》（第5版），中国人民大学出版社2012年版，第77页。

根据菲德勒的观点，不能简单武断地认为协商型风格对而指令型风格错，一个风格和方法的对错取决于它与相关情境是否配合和适应。

如果把菲德勒的权变理论进行深度解读就会发现，无论是协商型艺术还是指令型方法，无论是改变任务难易程度还是上下级关系，归根结蒂到领导者身上都落脚于领导权力，要通过领导权力的变化来实现。换句话说，一切领导活动都是通过领导权力的运行来实现的。"行政管理的生命线就是权力。权力的获得、保持、增长、削弱和丧失是实践工作者和研究者所不能忽视的。忽视了这点，其后果几乎可以肯定就会是丧失现实性和导致失败。"[1]因此，领导活动的生命线也是权力，而且，领导权力相比行政权力具有更为广泛的内涵。如果说行政权力主要与组织、机构、职位相关的话，那么，领导权力更多地与领导者自身相关。领导活动的效果如何在很大程度上取决于领导者权力能否有效运用，领导情境理论的应用价值就在于帮助领导者如何用权。

（二）领导权力的内涵和来源

领导者用权首先要了解领导权力的内涵和来源，知道领导权力的生成、构成以及最初来源。

1. 领导权力的内涵

马克斯·韦伯将权力定义为"一个人或一些人在某一社会活动中，甚至是在不顾其他参与这种行动的人进行抵抗的情况下实现自己意志的可能性"。托马斯·霍布斯（Thomas Hobbes）认为权力是"获得未来任何明显利益的当前手段"。伯特兰·罗素（Bertrand Russell）认为权力是"预期效果的产生"。丹尼斯·朗认为，"权力是某些人对他人产生预期效果的能力"。

罗伯特·A.达尔从政治分析的角度，在对政治的概念进行界定的基础上，提出关于权力和影响力的概念。他认为，政治首先是一种关系，是影响力及其相近因素的使用者以及对象之间的关系。权力概念是政治分析的中心，但达尔认为权力、影响力、权威等概念却太模糊，而且人们没有一致意见。他把这些术语统称为"影响力术语"，这个术语范围比较广，既可指比较弱的人之间及人对其他物的影响，也可指较强的权力、武力、权威。影响力就是"若a期望结果x，a的要求或是意愿而无直接要求b造成x，并且由于a的这些表

---

[1] [美]R.J.斯蒂尔曼，李方等译：《公共行政学》，中国社会科学出版社1989年版，第211页。

现使b试图去造成x，那么a就对b施加了影响力"，即b的行为是在a的影响下做出的。①

以上几种对权力的解释虽然着眼点不同，但都从不同角度揭示了"权力"的内涵，即权力其实是一种力量，借助这种力量可以或可能产生某种特定的预期局面和结果。传统领导观认为职权是领导权力的关键因素，甚至是唯一因素，有职权就能领导，有职权就有影响力。现代领导观则有不同观点，著名的管理学家巴纳德认为"权力授予论"是不正确的，奉行此观念的领导者的影响力可能不存在或大打折扣。巴纳德提出领导权力应当理解为"权力接受论"，认为当下级理解领导依靠职权所下达的命令，相信该命令符合组织和个人目标，且可以办得到的情况下，才能为下级接受，领导才能发挥影响力。

从"权力授予论"到"权力接受论"的转变意味着权力内涵的广泛性和实效性越来越得到广泛的认可，权力的实质是影响力，是一种改变他人态度、行为或结果的力量，既包括影响别人去干什么，也包括影响别人不去干什么。

2. 领导权力的来源

富兰琪和雷文（French & Raven，1959）将权力的类型和来源分成以下五大类：合法权力（legitimate power）、强制权力（coercive power）、奖赏权力（reward power）、专家权力（expert power）和参照权力（referent power）。

合法权力。是指从组织的正式职位中获得的权威。例如，一旦某人成为主管，大多数员工就会明白他们有责任在工作中遵守他的指令，尊重他的劳动。个人拥有正式的领导职位，就会获得特定权利、责任和特权。追随者尊重正式领导者的合法权力，接受他们设定目标、制定决策和指导行动。

奖赏权力。是指是否给予他人奖赏的决定权。例如，受委派的领导者可以决定正式的奖赏，如加薪或晋升。此外，组织中由最高层领导者往下分配大量资源。领导者控制着资源及其分配。级别较低的职员为了完成自己的任务，在财务和物质上依赖他们的领导者。具有奖赏权力的领导者就可以运用报酬来影响下属的行为。

强制权力。与奖赏权力相对的是强制权力。它指的是惩罚或建议惩罚的

---

① [美]罗伯特·A.达尔：《现代政治分析》（第6版），中国人民大学出版社2012年版。

权力。如果主管有权解雇、批评员工,让员工降级或撤销员工的加薪时,他就具有了强制权力。例如,如果一位工作人员表现得没有预期的那么好,主管就有强制权力去批评他、训斥他,在他的表现档案中加一个负面评价记录,取消他加薪的机会。强制权力是合法权力和奖赏权力的负面表现。

专家权力。当领导者具有与下属从事工作相关的专业知识或技能时,他从中获得的权力称为专家权力。当领导者是一名真正的专家时,下属会由于他出众的知识而接受其建议。处于主管级别的领导者通常对生产过程有一定经验,而这些经验能带给他们晋升的机会。然而在最高管理层,领导者可能缺乏专家权力,因为下属比他们了解更多技术方面的细节内容。具备专业知识的人可以利用自己的知识去影响或限制上级所做的决策。

参照权力。这种权力来自领导者的个人品质,它们可以使追随者对领导者产生认可、尊敬和钦佩,进而想要效仿领导者。当员工出于对主管对待他们的方式而尊重主管时,这种影响力就是基于参照权力产生的。参照权力取决于领导者的个人品质,而不是正式头衔或职位,在魅力型领导中尤其明显。

此外,在组织中,除了这五种权力,权力和影响力还有其他来源。[①]

一是依赖。当一个人可以控制他人想要或需要的某个东西时,他就拥有了权力。如同在其他地方一样,一个人在组织中拥有权力是因为其他人在信息、资源、合作等方面依赖此人。人们对某人的依赖越强,这个人的权力就越大。

二是对资源的控制。组织中的依赖性与个人所控制的资源相关。资源包括诸如工作、报酬、经济支持、专业、知识、物质和时间等。当资源具有的三个特性——重要性、稀缺性和不可替代性都很高时,人们的依赖性就越强,因此领导者和组织就有更多的控制权和权力。重要性是资源自身的价值和作用。稀缺性是获得资源的难易程度。不可替代性意味着不存在能够替代的东西。

三是对信息的控制。对信息的控制,包括获得信息的渠道和对如何分配信息、向谁分配信息的控制权,是领导者权力的重要来源。从某种程度上讲,个人在组织中的职位决定了他获取信息的途径,领导者通常获得更多的信息。

---

① [美]理查德·L.达夫特,杨斌等译:《领导学》(第5版),电子工业出版社2012年版,第312—313页。

（三）马克思主义的权力观

权力观是人们关于国家和社会权力的根本观点和看法。马克思主义权力观主要包括权力来源于人民，权力用之于人民，权力受人民监督。

历史上对于权力的来源问题有着不同的解释。在封建专制社会，统治者宣称自己的权力来自"上帝""神灵""天命"等，即"君权神授"，并把国家权力作为世袭的私有财产，以剥削广大劳动人民。随着生产力的发展和人民觉悟的提高，资产阶级启蒙思想家则认为主权在民，宣称公众是公共权力的来源，但其认为人民的权利是天赋的，仍是一种唯心主义的权力观。马克思主义经典作家坚持从彻底的历史唯物主义立场出发，批判地继承资产阶级主权在民学说，认为人民群众是历史的创造者和社会活动的主体，是真正的权力所有者，是一切权力的最终源泉。

权力来源于谁，就必然对谁负责、为谁服务。权力来源于人民，必然要服务于人民。马克思在总结巴黎公社经验时指出，经过普选产生的公职人员"应当为组织在公社里的人民服务"。列宁强调，要让每一个共产党人都记住，"他们代表着全体农民、全体劳动者和被剥削群众，即反对全民的敌人的全体人民的需要和利益"。从马克思主义经典作家的论述中可以看出，权力服务于人民是马克思主义政党行使权力的根本目的。[①]

中国共产党坚持和发扬了马克思主义权力观和关于权力监督的思想，始终坚持权力来自人民和权力受人民监督的观念。人民是权力的主体，人民群众对权力的监督是从根源和基础上进行的监督和制约。为防止权力被滥用，必须对权力进行监督，必须把权力关进制度的笼子里。人民群众是监督公共权力、防止领导干部滥用权力的重要力量。

二、领导者如何用权

按照现代领导学的理论，领导力即广义的影响力，包括强制性影响力和非强制性影响力两个方面。硬权力所产生的影响力是强制性影响力，这种影响力与职位相联系，它包括惩罚权、奖赏权、合法权；软权力产生的影响力是非强制性影响力，这种影响力与职位无关，主要取决于个人的个性风格、作风道

---

① 《光明日报》2012年10月12日。

德、业务专长、资历阅历、魅力魄力及能力等因素，包括人格权（高尚的品德和良好的作风）、专长权（丰富的学识，卓越的技术，超凡的能力）等。

强制性影响力是职位对职位的影响力，是上级对下级的影响力，是法定权力的影响力；非强制性影响力是人对人的影响力，是上下左右之间都可以产生的影响力，是职位和权力以外的人的因素产生的影响力。传统的领导者主要依赖硬权力，没有硬权力就没有领导力；现代的领导者要尽量少用或者不用硬权力，而是主要借助软权力来实现领导目的。

(一) 软权力的特征及运用策略

著名领导学专家尤克尔（Yukl, 1992）认为影响力最终可以导致三种不同的结果：产生承诺、产生服从和产生抵抗。毫无疑问，这三种结果中第一种结果最佳，"人们心甘情愿地接受一项任务，并且为高效完成任务全力以赴"[①]。就两种影响力而言，强制性影响力更容易带来服从或抵抗，而非强制性影响力更容易带来服从和承诺。因此，领导者根据领导情境进行权变的时候要重在运用非强制性影响力，即软权力。

1. 软权力的主要特征

一是软权力的双向性。硬权力的作用是单向的，是领导者对追随者施加作用力，追随者只能是接受影响力，只能是被动地服从。而非强制性的影响力即软权力则是双向的，是领导者与追随者之间的相互作用，领导者既是施力者，向追随者施加影响力；同时，领导者又是受力者，主动地接受追随者的影响力。

领导者的软权力是双向的：领导者只有积极影响自己的追随者，才可能成为真正的领导者；追随者只有积极追随自己的领导者，才可能成为潜在的领导者。领导者与追随者是相互影响的，二者的界限正在变得越来越模糊。过去，领导者与追随者在大多数情况下都是单向影响的，二者界限分明。现在，领导者与追随者界限的模糊化，正是领导活动的真正进步。

二是软权力的叠加性。领导者的软权力是多方面的，仅就自身的非强制性影响力而言，包括个性的、品德的、专长的、艺术的、绩效的、资历的、

---

① [美]伊莱恩·碧柯编，徐中、占卫华、刘雪茹译：《美国培训与法治协会领导力开发手册》，电子工业出版社2012年版，第69页。

情感的和关系的等多个方面内容。这些方面的影响力可以单独发挥作用，也可以叠加起来发生作用。软权力一旦叠加起来，就可以产生"1+1>2"的放大效应。

领导者在某一个方面有鲜明的个性、突出的优势，于是，就产生了个性的软权力；领导者廉洁奉公、品德高尚、全心全意为人民服务，于是，就产生了品德的软权力；领导者业务能力强、知识面广、有一定的技术专长，是本部门的行家里手，于是，就产生了专长的软权力；领导者领导水平高，善于用人，在沟通协调和激励凝聚方面具有高超的领导艺术，于是，就产生了领导艺术和管理专长的软权力。领导者要善于发现和利用自身软权力的来源，这里的关键是领导者要根据自身情况，选择其中一个或几个影响力，然后，把它们叠加起来以放大。

三是软权力的非连续性。领导者的软权力不但与他的追随者密切联系在一起，而且，与他所面对的领导环境密切相关，与他所面对的领导事件密切相关。过去，人们有一种普遍的误解，就是认为一个领导者的软权力，即影响力是连续的、永久不变的，一旦拥有便永远不会失去。事实上，一个领导者的软权力是与领导环境、领导事件直接相关的。领导者的软权力是随着领导事件的发生而发生，随着领导环境的变化而变化，随着领导者行为的变化而变化的。

因此，领导者要开发并保持自己的软权力，就必须集中于一个又一个领导事件，就必须在每一个领导事件中有所作为，就必须在每一个领导事件中赢得追随者。领导者必须务实，必须不断地办实事，才能有软权力；领导者必须创新，必须不断地开创新局面，才能保持和增强自身的软权力。软权力的非连续性是发人深思的，它告诉我们：领导者的软权力和硬权力一样是有限的，领导者只是在某一事件发生时才会发挥作用，软权力才会产生。

四是软权力的非对称性。所谓"非对称性"，就是指领导者的软权力与追随者的软权力在方向、方式、大小等许多方面都是不同的。领导者在施加自己的软权力时，是一对一或一对多，即有时候是对一个追随者施加影响，有时候是同时对多个追随者施加软权力；而追随者对自己的领导者施加影响力时，则是一对一或多对一，即有时候一个人对单个的领导者施加影响，有时候是联合其他追随者一起对单个领导者施加影响。

领导者在对追随者施加软权力时,可以借助于自己的硬权力,借助于体制和规范,因此,其软权力的强度很大;而追随者在对领导者施加影响时却没有什么可凭借的。一般说来,为了扩大对领导者的影响力,追随者总是通过增加追随者的人数来达到目的。领导者与追随者之间的软权力是不对称的,这就告诉我们,领导者在领导活动中不应只是被动地接受追随者的影响力,而应该主动利用自己的优势,去积极影响追随者,将追随者分散的力量形成合力,从而实现领导者与追随者的共同目标。

2. 软权力的运用策略

领导者在综合运用包含硬权力和软权力在内的影响力时,必须注意把握以下原则和策略:

一是先用软权力,后用硬权力。领导者有自身各种各样的影响力,如果想增强整体影响力,就必须把权力影响力与非权力影响力结合起来形成合力。领导者应该注意两种权力搭配使用。面对不同部门、不同工作、不同对象、不同时期、不同人物,这两种影响力的比例应该动态权变。

二是多用软权力,少用硬权力。在现代领导活动中,硬权力的作用在逐步减弱,软权力的作用在逐步增强。因此,领导者要尽量少用硬权力,多用软权力。当一件事既可以用硬权力解决,又能用软权力解决时,领导者应当先用软权力。

三是软硬都要用,重用软权力。过去,我们讲刚柔相济,以"刚"为主,"刚"是和硬权力连在一起的;现在,强调"柔",则是跟软权力连在一起的,以软权力为主,以影响力为主。领导者用权的原则,应该是因人而异、因事而异、因环境而异。"灵活权变,因时而动","领导者需要根据不同的情况选择不同的影响力策略。一个策略应该基于合适的权力基础和组织文化背景,只有这样,其应用效果才会更好"[1]。

四是扩大软权力,赢得硬权力。领导者在用好软权力时,对自己的硬权力还可以达到从量上增加的效果,即所谓"扩大软权力,赢得硬权力",软权力与硬权力是可以相互转化的。

---

[1] [美]伊莱恩·碧柯编,徐中、占卫华、刘雪茹译:《美国培训与法治协会领导力开发手册》,电子工业出版社2012年版,第77页。

（二）领导者要学会授权

领导者在运用硬权力时，必须学会授权。一个成功的领导者，并不需要事事亲为，而是可通过适当授权，让下级充分发挥积极性、主动性和创造性，从而实现自己的目标。所谓授权，就是领导者将自己职权范围内的一定权力给予直接下属，并加以协调、控制、激励、检查、督促、评价，使被授权的组织或个人在已明确的职权范围内，充分发挥各自的积极性、主动性和创造性。

1. 领导授权的目的

一是有利于领导者解放自己。授权使领导者得以从繁重的具体事务中超脱出来，解放自己，集中精力做好更加重要的事情，提高自身的工作能力和工作效率，提升自身的领导能力和领导艺术。

二是有利于强化对工作的检查、督导。领导者把一些专业性较强的工作授权追随者去做，随后进行检查、督导，如此一来，领导者既可以发挥专业技术人员的积极性、主动性和创造性，又可以集中精力做好服务保障、协调多种资源、汇聚多方力量提供更加充分的支持，从而有利于领导者及时、准确、全面掌握工作进度、确保工作质量。

三是有利于激励、锻炼和培养追随者。授权是上级对下级的一种信任，也是对追随者的激励、锻炼和培养。领导者应当充分相信追随者的能力，放手让他们在授权范围内处理相关各项问题。当然，领导者在授权前，决不可草率从事，一定要深思熟虑，合理安排，切忌由于考虑不周，又不得不收回权力。领导者平时如果不注意为追随者提供锻炼机会、培养追随者的工作能力，一旦有突发任务，让追随者贸然顶上，往往容易造成工作失误，这也必然对追随者的自信心造成重大打击，这是授权中必须非常谨慎处理的问题之一。

四是有利于用人所长、发挥团队优势和提高整体绩效。领导者一定要根据领导幅度来决定是否授权以及授权的大小，领导幅度太宽，自己管不过来，就可以多授权给追随者；领导幅度有限，就应少授权给追随者。授权不是一个定数，而是一个变数。

2. 领导授权的步骤

领导授权的步骤是：第一，把权力授给做事之人；第二，把权力授给有能之人；第三，把权力授给担责之人；第四，把权力授给信任之人。具体而言：

一是因事授权，一事一授权，把权力授给做事情的人。领导者要把权力授给那些愿意做事的人，要把权力授给那些有能力做事的人。尤其强调授权给那些工作在第一线的人，因为，他们富有实践经验，他们又身处各种问题的现场，能够第一时间及时应对各种突发事件。

二是视能授权，因人而授权，把权力授给有能力的人。由于组织活动多样性和专业化的特点，领导者不可能事事精通，因此，只有授权予具有管理能力的专才，才能完成组织目标。常言道："养兵千日，用兵一时。"授权的事前准备也是同样的道理，领导者必须在平时将一些小项目大胆交给追随者去独立完成，时时刻刻严格注意培养他们独当一面的能力，使之有能力、有经验来承担未来可能面临的突发性任务。

三是因责授权，先授其责再授其权，把权力授给担责任的人。比果，一个追随者既会干又愿意干，具有高度的责任感，不用扬鞭自奋蹄，此时，领导者授权给他就是非常适宜的了。适当地授权，既有利于领导者的简约化领导，又有利于追随者的自主化领导，这是领导活动创新的主要途径。

四是因德授权，把权力授给可靠的人，把权力授给你信任的人。领导者授予一个人的权力大小，取决于他对特定对象的信任程度。授权是将领导者应当独享的权力，授予追随者行使的活动。在某种程度上，授权对象的可靠是非常重要的。

一般来说，以上授权的四个步骤不能轻易颠倒。因为，领导者信任的人不一定勇于承担责任，勇于承担责任的人不一定有能力，遵循领导授权的步骤进行授权实际是能确保在最大范围内选人用人，授权对象不断缩小的过程，不断聚焦的过程。相反，如果颠倒次序，领导授权时就无法打开选择的空间和授权的空间，只能授权给身边少数几个所信任的人，但这些人中间有的可能没有能力，有的可能不处在一线，如此授权就无法实现授权应该达到的效果。

领导用权重在权变，领导授权也要权变，比如，制定决策的时候多授权，授权给下级、专家和群众去出主意，执行决策的时候少授权，一切按既定规则办；危机时期少授权，领导者要大胆决断，敢于担当，平时多授权，既解放自己又锻炼下级的能力和自主性；工作任务复杂时多授权，重在发挥下级的积极性、主动性，去创造性地完成工作任务，工作任务简单时少授权，可以按常规办事。

三、转变领导方式

需要注意的是,领导权变并非领导权术。领导权变要处理好"变"和"不变"的关系。权变的目的性和原则性十分明确,一方面,不管如何权变,领导原则不能变,领导方向不能变,领导目的不能变,领导目标不能变;另一方面,不管如何权变,领导权变的目的都只能是为了提高领导工作的绩效,为了实现领导价值。

(一)领导用权与领导方式

领导情境理论在领导实践活动中的具体应用就是领导权变,领导权变是回答领导者在把握追随者和领导情境的特征基础上如何用权、如何授权的。领导权变的实质是一切从实际出发,"实际"就是工作任务究竟是什么、追随者的能力和积极性状况、工作环境怎么样,领导权变意味着根据实际情况的变化而变化。领导情境重在权变,领导权变重在用权,用权重在转变领导方式。

领导权变重点在变。权变艺术不局限于某一种模式、某一种理论,而是强调领导艺术的灵活性、变通性和创造性。所以,领导权变意味着领导者既可以变领导者自己,也可以变追随者,更可以变领导活动的情境和要素。怎样有利于提高领导有效性就怎样变,怎样能提高领导价值就怎样变。发展阶段变了,环境变了,任务变了,领导者的观念要及时改变,领导方式和策略要随之改变。

(二)转变领导方式

以中国古代思想家老子为例,可把领导分为四种境界:第一种是"恨之侮之";第二种是"敬之畏之";第三种是"亲之誉之";第四种是"不知有之"。具体来说:

一是"恨之侮之"的统治。统治者通过强迫命令等简单粗暴的方式来实施高压统治。被统治者虽然当面服从,但背地里却侮骂统治者,对统治者恨之入骨。这种极为强势的统治造成了上下级的对立,其效果是最差的。

二是"敬之畏之"的管制。管制者所用的暴力手段和强制手段稍微少一些,但仍然是依赖行政命令和规章制度实施管制。被管制者对管制者敬而远之,敢怒而不敢言,保持一种畏惧感。这种刚性的管制方式使得管制者很有威严，但事实上管制的绩效不佳。

三是"亲之誉之"的领导。领导者多用软权力，善于德治，主动亲民，善于沟通协调，与追随者的关系融洽，心理距离和感情距离很近。追随者感到自己的领导者可亲可近，当面背后都赞誉自己的领导者。亲而誉之的领导虽然是柔性的，但整个领导活动仍然是以领导者为中心展开的。

四是"不知有之"的领导。不知有之的领导是一种典型的情境领导。在领导活动中追随者越来越主动。领导者提供服务、提供支持、提供环境、提供条件，追随者感觉不到被领导、被影响，然而不知有之的领导作用却施加到了自己身上。情境领导的作用就像一个"场"的作用，它是间接的，然而却是富有成效的。

从"亲而誉之"到"不知有之"既是领导艺术的提升，也是领导方式的转变。在推进国家治理体系和治理能力现代化的背景下，治理主体由单一的政府转向多元，注重政府、社会和市场之间多主体的共同治理、协同治理。为适应从管理转向治理这个大的情境的转变，领导者也要相应地转变领导方式，营造有利于治理的领导情境，从刚性转向柔性，从控制转向协商，从单向转向互动，从孤立走向融合，从人治转向法治。

附录

一、案例和思考

[引言]领导者要学会用情境，用情境的实质就是为下级和群众提供他们需要的各种服务，提供好服务重在构建服务制度，重在服务型政府建设，这里选取"服务型政府与'吴江奇迹'"的案例供读者阅读和总结。

[案例] *服务型政府和"吴江奇迹"*[①]

吴江强调发挥临近沪浙的区位优势，"借上海资源实力，取浙江机制活力，扬政府服务优势"，形成吴江特色的发展模式。统计显示，从党的十六大

---

① 案例改写自《服务型政府：吴江奇迹的时代支点》，《中国信息报》2007年10月18日。

到十七大，是吴江经济发展最快的五年，是各项社会事业建设最好的五年，是民生质量最好的五年。吴江民营经济迅猛崛起，已成为集百家力、聚百家财，具有蓬勃生命力和巨大发展潜力的富民经济，被誉为全省民营经济发展"领头羊"，成为江苏乃至全国民营经济发展的一个成功典范。

服务和扶持

吴江政府是一个强势的政府，但这个强势政府是一个强势服务的政府，不是一个强势管理的政府，强调的是服务。

吴江政府服务特色的体现之一是扶持。从计划经济走向市场经济，人们思想观念的转变，认识水平的提高，需要有一个过程。政府有义务为民营企业发展的重新焕发活力创造条件，扶持它的发展，支持民间创业，支持民营企业做大做强做优。目前中国民营经济的力量非常弱小，从政府来讲，更应该加大扶持的力度。

吴江政府"扶持"的主要做法是吴江特色的"一站式服务"。首先是实现"全天候服务"。认柜台不认人，要办一件事情，是这个部门办的，就在这个部门的窗口办。第二，实现"一单式服务"。办一件事情，如果是涉及多个部门联合的，由一个牵头部门，发一张单子下去，每个章在一张单子盖下去，免得跑一个部门送一份材料。第三，实现"限时办结制"。办一件事要多少时间，每一个部门都明确公示，公开承诺。每个月对每一个部门窗口的服务都有考核。第四，实现"服务提速制"。光限时办结不行，还应该提前办结。提前到什么程度？全国最快！行政服务中心成立以后，每年都有一次服务提速研究会。还要横向比较，全国只要有一个城市，时间更短，证明就还有潜力可挖，一定按照全国一流的标准来办。

服务和引导

吴江政府服务特色的体现之二是引导。政府服务仅有扶持还是不够的，政府服务的第二大环节是"引导"。由于我们中间实行的计划经济，有相当一批创业者的文化水平、知识水平、市场经济理念和观念，还有许多欠缺，这就需要政府不断地引导企业向健康、可持续发展的路上走。

"引导"的主要做法首先是宣传政策。告诉企业国家鼓励发展什么，限制什么。企业不研究国家的政策、导向，路会越走越窄，这就要政府来引导。其次，引导鼓励企业做大做强做优。企业没有一定的规模，走出去竞争就会很累。都说船小好掉头，但是小船进不了大海，一定要培育支持规模企业。第三，引导要有奖励措施。比如，民营企业首次纳税超过1亿元的，政府奖励法人代表一辆宝马轿车。一年缴得起1个亿的税，买宝马汽车不是问题，但是，政府就要据此引导，企业做大了光荣，就是对社会多做贡献。第四，要引导"做大"更要引导"做强"。什么算强呢？自己生产的产品，有没有自己的品牌，有没有自己的专利技术，有没有自己的营销网络。引导企业创名牌，从市级，到省级、到国家级，一步步往上走。获得中国名牌产品，中国驰名商标，政府一次奖励100万元。三年之前，吴江国字头的品牌一个都没有，国家免检产品一个都没有。经过三年努力，拿了4个中国驰名商标、8个中国名牌产品、17个国家免检产品。政府还鼓励企业自主创新，对企业专利申报的费用，政府给予一定的补贴；对企业重大科技成果，省级以上的，给予100万~200万元的奖励。只有在自主创新上下工夫，中国民族经济的竞争力才能体现出来，而一个国家的竞争力最终正是体现在企业的竞争力上。最后，引导企业上市。通过上市，逼民营企业不断健全内部结构。企业不是靠一个人两个人，是靠一个团队，一个制度在管理。变成了公众企业之后，企业就必须为社会负责，为公众负责。政府要让这些形成规模的企业变成有责任感的企业，因为只有有责任感的企业，才有可能成为百年企业。

服务和监管

吴江政府服务特色的体现之三是监管，监管也是一种服务，寓监管于服务之中。监管是什么？一句话，就是监督企业依法经营。企业要想长久做下去，就一定要规范，一定要守法。不为一点蝇头小利，以身试法，偷、漏税，生产假冒产品，以次充好。尤其是企业达到一定规模之后，一定要解决这个问题，因为企业一个小小的失误，如生产了一个假冒产品，被查出来以后，几年几十年的心血就白费了，企业一夜之间可能全部会垮下来。

"监管"的主要做法是文明执法。任何一个新的法规出来，职能部门都要告知，做好宣传、培训。对于大多数违规违法者，能不能做到首犯不罚，以教育为重点。因为处罚的目的是为了规范，如果不处罚也能使违规者认识到这个问题，也能使他规范，政府和企业之间矛盾的解决和社会的和谐可能就会更好一些。如果一定要惩罚他，一线的执法人员，只能执行最低处罚标准。为什么订这条呢？就是为了防止执法人员滥用职权。如果要加重处罚则要向上一级报告，集体研究。

对于严重违法的，坚决打击，毫不手软。比如说违反环境保护法，有一个"五铁"精神，治理环境，政府要有铁的决心，铁的纪律，铁的手腕，铁石心肠，铁面无私。污染环境，损害了公众的利益，对待这一类的错误，绝不姑息，要给企业血的教训，"首犯不罚"在这时行不通。对那些严重危害公众利益、人命关天的事情，绝不手软，坚决打击。如果政府下手不重，公众利益就要付出沉重代价。

二、重点推荐阅读材料

1.《道德经》。

2.《邓小平文选》(全三卷)，人民出版社2004年版。

3.[美]罗伯特·A.达尔：《现代政治分析》(第6版)，中国人民大学出版社2012年版。

4.[美]理查德·达夫特，杨斌等译：《领导学》(第5版)，电子工业出版社2012年版。

5.[美]彼得·G.诺斯豪斯，吴爱明等译：《领导学：理论与实践》(第5版)，中国人民大学出版社2012年版。

思考题

1.结合案例一，总结江苏吴江建设服务型政府的经验。

2.分析领导行为理论与领导情境理论观点的联系与区别。

3.阐述"领导服务"情境理论的基本观点。

第四章 领导变革理论研究及其应用

【内容提要】

本章主要梳理领导变革理论的最新进展及主要观点，重点阐述本土化的"双新"变革理论及其要点。第一节主要介绍领导变革理论的缘起、发展和中国改革开放的全面深化；第二节在比较领导情境理论和领导变革理论异同的基础上，阐述本土化的"双新"领导变革理论及其主要内容，领导变革重在创新，领导创新重在"新民"和"新世界"；第三节主要讨论领导变革的大趋势，包括价值领导和共享领导、简约领导和平民领导、柔隐领导和制度领导、科学领导和艺术领导等内容。

领导变革理论（Transformational Leadership Theory）关注变什么以及为什么变这些更具根本性的问题，它更关注领导活动的合目的性与否。转型时期的改革实践催生变革领导者的涌现和领导变革理论的完善，而变革领导者和领导变革理论反过来又进一步指导和推动改革的深入和实践。领导与变革是互动的，是共生的，有变革才有领导，有领导才能推动变革。

第一节 领导变革的理论与实践

20世纪70年代末期，伴随新公共管理运动的兴起，领导理论的研究也进入领导变革理论的新阶段。目前学界对这一理论的认识还停留在争论和梳理阶段，还没有把它真正与改革开放的时代大潮流结合起来进行认识，更没有把它上升到领导活动的本质和领导价值的高度来认识。

一、领导变革理论的缘起

领导变革理论的缘起既有客观世界剧烈变动的背景,也有领导理论自身发展演化的内在逻辑。

(一)从改革实践到变革理论

从现实背景来看,20世纪70、80年代以来,发端于英国撒切尔政府时期的政府改革逐渐演变成一场波及世界大部分国家和地区、影响深远的"新公共管理"运动,迄今方兴未艾。1978年,邓小平在中国推动了波澜壮阔的改革开放,从而开创了具有世界意义的中国经济发展奇迹。

无论中国还是西方都意识到改革特别是政府改革对国家发展的重要推动作用,正如诺斯所言,"国家的存在对于经济增长来说是必不可少的,但国家又是人为的经济衰退的根源"[①]。改革的实质是对现有利益格局的调整和对既得利益的挑战,改革从不会自动发生,更不会自动取得成效,改革的发起和推动首先取决于领导者的魄力和胆识,取决于领导者的决断力和影响力,取决于领导者综合判断形势的洞察力和权衡利弊妥协说服的影响力。改革越是艰难,越需要变革的领导,改革在催生领导变革理论的同时,也会反过来亟需领导变革理论的指导。

(二)从权变理论到变革理论

领导行为具有权变性。不同的领导者面对不同的领导情境会采用不同的领导艺术,甚至不同的领导者面对相同的领导情境也会采用不同的领导艺术。换言之,领导艺术没有唯一正确答案。领导艺术是非规范化、非程序化、非模式化的,很难找到一个公式去解释所有复杂的领导现象,也很难定量地预测领导活动的结果。

在领导环境比较稳定的情况下,权变领导是可以适应的,也是有效的。但是,一旦领导环境发生明显变化的时候,领导者如果只在领导风格、组织结构、追随者这三个方面权宜之变,就显得消极了。与之形成鲜明对比的是,领导变革理论则是主动的、积极的变革,"在被迫变革之前就进行变革",是更加深层次的变革,他不仅对领导者个人能力提出要求,而且要求领导者具

[①] [美]道格拉斯·诺斯,厉以平译:《经济史上的结构和变革》,商务印书馆1992年版,第21页。

有超人魅力；不仅关注对追随者个人能力的提升，而且更加关注追随者个人价值、思想境界的提升；不仅要求组织变革，而且进一步要求推动社会的发展和进步。简言之，变革领导更加富有创造性，领导的目的和方向也更加明确。变革领导重在领导观念的变革和领导方式的变革，领导权变是被动的，领导变革是主动的；领导权变是浅表的、局部的，领导变革是深层的、全面的。

（三）从交易理论到变革理论

"领导交易理论"认为，领导者与追随者在领导活动中的关系，实质是一种社会交易的行为过程。在这一社会交往过程中，人们都会衡量自己行为获得的回报是否大于付出的代价。领导者为追随者提供服务，追随者向领导者提供认同和服从。所以，领导者提供的服务越到位，追随者对领导者的认同就越主动，服从起来也就越自觉。领导者的服务要有针对性，要有选择性，要通过服务来影响、激励、引导和促进追随者，与领导者同心同德地实现共同奋斗目标。

1978年，政治社会学家詹姆斯·麦格雷格·伯恩斯（James MacGregor Burns）试图将领导者与追随者的角色相互联系起来，提出了两种类型的领导：第一种类型是交易型领导。交易是这种领导模式的主要部分，关注领导者与追随者之间的交易关系。第二种类型是变革型领导。变革型领导是指个人与他人共事，并在领导者与追随者之间创造出一种能提高双方动力和品德水准的过程。这种领导者对追随者的需求与动向十分敏感，他们会尽力帮助追随者发挥其最大潜力。在这一过程中，"领导者与追随者彼此提升，使动机和士气达到更高层次"，体现出一种更强烈、更高水平的道德价值观。

（四）从管理理论到变革理论

传统的管理理论是与工业化相适应的，它关注管理活动各个层面、各个环节和各个领域都存在的"普遍规律"，认为这些活动都应遵循"普遍的原则"，运用"普遍的方法"，特别看重数据分析、作业研究、线性规划、专家评估、目标管理、科学管理等。它偏好定量化和工程化，而讨厌非规则的、人为的以及"非科学"的因素。此外，传统的管理追求秩序，偏好保守，讨厌变化和不确定性。

现在的发展趋势则是由重视物质财富转向更加重视知识、能力和人才，由生产导向转向以人为本导向，因此，普遍主义的管理理论已经明显不能适应时代的要求。代之而起的，必然是与信息化时代相适应的、特殊主义的领导变革理论。领导变革理论更加重视变化、推动变化，更加善于从变化中寻求机会，它强调特殊主义的领导，强调人性化的领导，强调个性化的领导，强调艺术化的领导。

二、领导变革理论的最新进展

关于领导变革理论的研究进展主要基于两种研究路径展开，一种研究关注"是什么"，即变革型领导的特征、维度、价值等内容；一种研究关注"怎么样"，即变革型领导如何实现、怎么实施，包括变革的战略、步骤等内容。

（一）什么是变革领导

1. 变革型领导的特征

从伯恩斯对交易型领导和变革型领导两种领导活动的区分中可以概括出变革型领导的主要特征有三点：一是超越了交换的利益诉求，通过对员工的开发、有效的激励来鼓励员工为群体的目标发展愿景而超越自我的利益，实现预期的价值目标。二是关注较为长期的目标，强调以发展的眼光看问题，鼓励员工发挥创新能力，并改变整个组织系统，为实现预期目标创造良好的氛围。三是引导员工不仅为了他人的发展，也为了自身的发展而承担更多的责任。而且，伯恩斯特别提及了变革型领导的道德特征。他认为，变革型领导最终会因为对道德的追求，使得人类的行为层次以及领导者和追随者的道德期望都得到提升，所以这对双方都有变革和提升的效果。[①]

2. 变革型领导的维度

伯纳德·M.巴斯（Bass，1995）认为变革型领导有四个维度：一是理想化影响（idealized influence），这是一种能使他人产生信任、崇拜和跟随的一些行为，这些领导者一般被公认具有较高的伦理道德标准和很强的个人魅力，深受下属的爱戴和信任，大家认同和支持他所倡导的愿景，并对其成就一番事业寄予厚望。二是智力的激发（intellectual stimulation），鼓励下属创新、挑战自我，包括向下属传授新观念，启发下属发表新观点和鼓励下属使用新手段、新方法解决工作中遇到的问题。通过智力激发领导者可以使下属在意识、信念以及价值观的形成上产生激发作用并使之发生变化。三是个性化关

---

① [美]詹姆斯·麦格雷戈·伯恩斯，常健等译：《领导学》，中国人民大学出版社2013年版。

怀（individualized consideration），通过耐心细致地倾听关心每一个下属的个性化需要、能力和愿望，并根据每一个下属的不同情况和需要区别性地培养和指导每一个下属，以帮助员工应对和迎接成长过程中的挑战。四是心理的激励（inspirational motivation），领导者向下属表达对他们的高期望值，激励他们加入团队，并成为团队中共享梦想的一分子，领导者往往运用团队精神和情感诉求凝聚下属以实现团队目标，从而使获得的工作绩效远高于员工为自我利益奋斗时所产生的绩效。[1]巴斯的这一研究结果得到学者的普遍认可。

3. 变革型领导的绩效

近年来，许多关于变革型领导的实证研究关注变革型领导对领导活动绩效相关因素的影响。贾奇等（Judge，2004）采用元分析技术对1995—2003年间有关变革型领导、交易型领导及放任型领导的87个研究样本进行了分析。结果表明，变革型领导与下属的工作满意度、对领导的满意度以及工作动机等变量之间均存在显著正相关关系。[2]沃德等（Rowold，2007）的案例研究发现变革型领导对部门利润存在直接且显著的正向影响。[3]

这些研究结果一致表明，变革型领导对下属的工作满意度、组织承诺、创新性、工作绩效等变量均存在一定的正相关作用，而这种作用的发挥有时需要通过一定的中介变量来实现，并受到某些调节因素的影响。

4. 变革型领导的培训

巴斯（Bass，1990）认为变革型领导行为可以通过系统的培训而得到改善，并提出了变革型领导培训的两种主要方法。一种是先收集变革型领导风格的自我评定及下属评定资料并交给个人顾问，顾问根据评定资料之间的差异，与领导者讨论原因，最后顾问与领导者共同制定改进的具体行动计划；另一种是领导者参加变革型领导行为的研讨会，观看不同领导风格的视频，并制订具体行动方案。

巴林（Barling，1996）等采用前测—后测控制组设计进行了一项现场实

---

[1] Bernard M. Bass. *Theory of Transformational Leadership Redux.* Leadership Quarterly, 1995, 6(4):463-478.

[2] Judge T A., Piccolo R F. *Transformational and Transactional Leadership: A Meta-Analytic Test of Their Relative Validity.* Journal of Applied Psychology, 2004, 89(4):755-768.

[3] Rowold J, Heinitz K. *Transformational and Charismatic Leadership: Assessing the Convergent, Divergent and Criterion Validity of the MLQ and the CKS.* The Leadership Quarterly, 2007, (18):121-133.

验，管理者先接受为期一天的群体培训，对如何实施变革型领导行为进行讨论和角色扮演；群体培训后的第二天每个管理者都单独与主试会面，获得自己领导风格的反馈。方差分析的结果表明：与控制组管理者的下属相比，接受培训的管理者的下属认为管理者应具有更高水平的智力激发、魅力和个性化关怀；培训项目对下属的组织承诺亦具有显著的正向影响。另外，与控制组的管理者相比，参加培训的管理者其财务绩效亦更高。[1]

（二）如何实现变革领导

变革型领导理论重在提供一种变革的行动框架和理论指引，但迄今为止，关于变革型领导的研究成果并没有给读者提供一幅清晰的图景。这种情况下，关于变革型领导如何实施变革的研究应运而生。

1. 变革型领导的变革战略

本尼斯和纳努斯（Bennis & Nanus，1985）通过访谈总结了领导者在变革过程中所采用的四个普遍战略：一是变革型领导者对未来要有明确的愿景规划，描述的是一个有吸引力的、真实可信的未来，而且，愿景必须源自组织的需求并由成员提出。二是变革型领导者在组织中扮演社交建筑师的角色，这意味着领导者要向下属传达组织价值和规范转变的方向。三是变革型领导者在组织中建立信任，让下属清楚地知道自己的立场，并得到下属的支持。四是变革型领导者会积极地自我肯定，以便创造性地调配自己的能力，从而全力以赴地完成自己的任务以及组织的愿景目标，能把工作和自己融合在一起。[2]

2. 卢因的变革过程模型[3]

美国社会心理学家勒温（Kurt Lewin，1990）把领导变革的过程划分为解冻（unfreezing）、改变（changing）、再冻结（refreezing）三个阶段。

第一阶段是解冻，指激发组织成员改变陈旧的观念、传统和习惯，促使组织成员认识到原来的价值观、态度和行为不能达到希望的结果，切身感受

---

[1] Barling J, Weber T, Kelloway E K. *Effects of Transformational Leadership Training on Attitudinal and Financial Outcomes: A Field Experiment*. Journal of Applied Psychology, 1996, 81(6): 827–832.

[2] 转引自[美]彼得·G.诺斯豪斯，吴爱明等译：《领导学：理论与实践》（第五版），中国人民大学出版社2012年版，第122-123页。

[3] Kurt Lewin: *Transforming Manager for Organizational Change*. Training and Development Journal, 1990, (7), pp.87–90.

到变革的迫切性。这一阶段是减少维持组织现有行为水平的力量、打破组织原有平衡状态的阶段。

第二阶段是改变，是指明确组织的方向，实施变革，促使组织成员形成新的价值观、态度和行为的过程。在这一阶段，领导者通过组织成员对变革的认同和内化，促进组织加速变革。

第三阶段是再冻结，是指利用必要而有效的策略和方法使新的价值观、态度和行为方式固定下来，并使之持久化，把组织稳定在一个新的平衡状态。

卢因的组织变革过程模型是一个"解冻—改变—再冻结—再解冻—再改变—再冻结"不断的循环过程，卢因的贡献在于他描述了组织变革的三个阶段，也对变革的阻力和动力进行了一些必要的分析，但是他并没有提出具体的策略和措施。

3. 科特的变革领导步骤

约翰·科特（John P. Kotter）认为领导与管理的根本区别在于领导关注变革。1996年，他在《领导变革》一书中总结了领导变革的八个步骤：产生紧迫感；建立强有力的领导联盟；构建愿景规划；沟通这种愿景规划；授权他人实施这种愿景规划；计划并夺取短期胜利；巩固已有成果，深化变革；使新的工作办法制度化。在这八个步骤当中，他认为，最核心的问题就是改变人们的行为。他进一步认为，组织变革当中最核心的问题不是战略，不是系统，也不是文化。尽管这些因素都非常重要，最关键的问题还是行为——如何改变人们工作的内容和方式。①

2002年，科特在《变革之心》一书中进一步研究了人们在实施这八个步骤时所遇到的主要问题，以及他们是如何成功地处理这些问题的。他指出，大规模变革的核心在于如何改变组织中人们的行为，因此，"目睹—感受—变革"的模式远比"分析—思考—变革"的模式更为有力。成功的组织变革总是以一种能够影响人们感受（而不仅仅是思维）的方式来观察问题并寻找解决方案。

2009年，科特在新出版的《紧迫感：在危机中变革》一书中又进一步提出员工的紧迫感是领导变革和持续变革的催化剂，真正的紧迫感应该是谨慎、迅速、眼光向外，集中精力于主要事务，防止身心疲惫、一蹶不振。因此，

---

① [美]约翰·科特，常桦等译：《领导变革》，中国物资出版社2010年版。

既要在成功中预见危机——居安思危，又要在危机中找到机遇——居危思危。面对危机，唯一正确的态度，不是逃避，而是积极应对，抓住危机为我们所带来的变革机遇，将预防和处理"危机"作为领导的日常事务，即实行"危机化领导"，真正做到"未雨绸缪""防患于未然"。①

4. 坎特的变革领导模型②

罗莎贝丝·莫斯·坎特（Rosabeth Moss Kanter）认为：变革大师就是那些在恰当时间和恰当地点出现的恰当的人。恰当的指那些希望组织超越现状并能够将这种希望注入组织愿景的人，恰当的地点是指形成一个支持创新、鼓励合作、有利于团队行动从而将愿景变成现实的整体环境，而恰当的时间则是在组织历史长河中这样的一个瞬间，在大量积累的创新的基础上重新塑造组织，使之拥有更高的效率和更加成功的未来。

之所以将成功的变革领导者比喻为变革大师，是因为坎特将变革看作建筑一座大厦，而任何建筑师都不是在现有的地面上开始建设一座大厦，如果基础条件无法承受建筑的重量，再完美的大厦也会最终坍塌。同样，变革不是割断历史的臆造，也不是歪曲历史去削足适履。显然，坎特将变革领导的研究立足于一个比较广阔的视野中，不仅是研究变革开始到结束的过程，而且把研究延伸到变革前的基础和条件以及变革所在的环境。同时，坎特十分重视变革中合作的力量。她全面分析了危机中人们信心的丧失和修复过程，呼吁领导者拆掉"篱笆墙"，架起"沟通桥"，协同更多的人去创造未来。

5. 沙因的文化变革领导模型

沙因（Edgar H. Schein）认为领导的一个重要职能就是创造、管理和必要时对组织文化的变革，并构建了一个文化变革的心理动力模型，提出了"生存焦虑"和"学习焦虑"两个概念，认为成功的变革要遵循两个基本原则③：一是生存焦虑要大于学习焦虑；二是努力减少学习焦虑而不是增加生存焦虑。为了成功领导变革，领导者必须具备两种特别的品质：首先，当组织在处理由于要抛弃以前成功的程序而产生的焦虑时，领导者必须要有一种情感上的

---

① [美]约翰·科特，王恩冕译：《紧迫感：在危机中变革》，中信出版社2009年版。
② Rosabeth Moss Kanter: *Change Masters and the Intricate Architecture Of Corporate Culture Change*. Management Review,1983,(10),18-28.
③ [美]埃德加·H.沙因：《企业文化生存指南》，机械工业出版社2004年版。

力量来支持组织。说得更精确些,这种情感上的力量,就是为组织创造一种心理上的安全感的能力。其次,他们需要真正了解文化的动态性和自己组织的文化特征。与科特的研究相比,沙因虽然也将重心放在变革的过程上,但是已经开始向变革的更深层次挖掘,至少他告诉我们,需要变革的不仅仅是组织,领导者也要考虑自己与组织文化的匹配。

(三)中国变革型领导研究的进展

与英国的撒切尔、美国的里根同时,中国的改革开放推动了领导科学研究的兴起以及变革型领导的研究。前些年中国关于变革型领导的研究基本处在对西方变革型领导理论的介绍和评价方面。比如,2005年,李超平和时勘采用归纳法研究249名管理人员来探析变革型领导的结构维度,并对所得的量表进行了大样本的验证,结果表明,变革型领导是一个四维结构,包括愿景激励、领导魅力、德行垂范和个性化关怀。[①]

虽然有研究结果表明,领导魅力与愿景激励的内涵与巴斯的基本内涵一致,但李超平等所指的个性化关怀与巴斯(Bass)的个性化关怀相比则内涵更广,巴斯的个性化关怀主要强调对员工的工作和个人发展的关注,后者不仅强调对员工的工作和个人发展的关注,而且还强调对其家庭和生活的关注。并且,在他们看来,变革型领导在中国还包括一个独特的维度:德行垂范,即领导者以美好的道德品质来垂范,影响下属为组织目标而奋斗。

另外,李超平等还对变革型领导的绩效进行实证分析,结果表明变革型领导对组织成员的行为具有显著的正向影响。相关实证研究也表明,心理授权在变革型领导行为及其有效性方面起着中介行为的作用,在心理授权中又以工作意义和自我效能两个维度起着主要的作用。而且,信任和组织公平在变革型领导和下属工作绩效中也有重要作用。

(四)领导变革理论述要

迄今为止,中国的领导科学研究者比较关注领导变革理论以下四个方面的内容:

---

① 李超平、时勘:《变革型领导的结构与测量》,载《心理学报》2005年第6期,第803-811页。

1. 价值领导，共享领导

一是崇尚创新。领导变革理论最大的特征就是崇尚创新，追求变革。面对激烈的竞争，组织要在变革中生存和发展，就必须营造氛围，培育创新意识，倡导创新精神，完善创新机制，让一切有利于创新的思想进一步活跃起来，让一切领域的创新潜能进一步发挥出来。

二是以人为本。领导变革理论提供了关于领导力更为重要而深刻的一个领域，即不仅仅是提供物质酬劳，还要对追随者精神需求与成长需求给予更多关注。变革型领导力特别强调要满足追随者的精神需求、强调对价值观和道德观的认同需求。变革型领导力涉及领导者对提高追随者个人的道德责任标准的尝试，包括鼓励追随者树立集体利益和社会整体利益高于自身利益的观念。变革型领导力是一个"道德提升过程"，这也就将变革型领导力与其他学说区分开来，因为，它突出强调和提高了领导力的道德尺度。

三是共享领导。领导变革理论非常强调领导者要善于塑造自身魅力，善于展现自身魅力，善于通过自身魅力赢得追随者、赢得变革的推动力。变革型领导者还善于进行积极的自我肯定，善于勤奋学习、加强修炼、发展自我。变革型领导者应该深刻地了解自身优势和弱项，善于突出自身优势，克服和避免弱项。变革型领导者善于把本职工作和自我修养融合在一起，通过树立和展示美好形象，凝聚和影响组织成员，使他们形成共识、产生自信、满怀希望，进而在富有魅力的领导者引领下，共创美好未来。领导变革理论将领导视为领导者与追随者互动的过程。因为，这一过程将追随者和领导者的需求融为一体，领导不仅仅是领导者的责任，更源自领导者与追随者的相互作用，领导者与追随者一起共享领导力。在一定程度上，由于追随者在变革过程中的杰出贡献，他们在领导过程中的位置显得更为突出。

四是追求价值。领导变革理论重点强调领导者所推动的领导活动必须是有价值追求的，也就是基于价值的领导。换言之，变革型领导者追求的是根本性的目的，而不仅仅是某些具体的指标和目标。

2. 魅力领导，赢得认同

现代领导科学认为，领导魅力是由领导者和追随者通过以下四种行为而形成的一种社会影响力：

一是共建愿景。首先，领导魅力来自领导者提出的愿景。领导者通过建立明确的目标和美好的愿景,激励士气,激发活力,提高组织生存能力和竞争力。

二是赋予使命。愿景是给领导者和团队指引前进的方向,赋予并诠释了团队身份的意义,而且,使追随者产生身份使命感、归属感和成就感。组织的愿景通常都具有强烈的神圣感,因而,为组织成员营造了一个精神家园。魅力型领导往往强调工作过程本身的使命感和神圣感,而不看重外在物质的和金钱的奖励,并且,以此来加强领导者和追随者精神上的联系。

三是赢得认同。通过建立和形成愿景,领导者改变了追随者的自我观念,并努力将组织成员的自我认同与组织认同联系起来。追随者和领导者有相同的信仰和相同的思想,对领导者观点往往能够毫无疑义的接受,进而逐渐形成认同和服从。

四是自觉追随。正是由于共同愿景和相互认同,组织成员转化为追随者。追随者信服组织的价值观,自觉追随,全身心投入到为完成组织使命所需从事的工作中。

3. 关注个体,重视差异

领导变革理论的另一亮点在于这一领导理论关注个人,坚持"以人为本"。追随者的情况总是千差万别,有的追随者需要的是授权,有的追随者则需要具体而明确的指示。领导者往往与追随者建立起直接联系,进行个性化领导。领导者引导追随者把学习看做是人生的需要,把工作当做自己智慧和能力的体现。领导者就像教练和顾问,帮助追随者全面发展。在完成目标的整个过程中,领导者对追随者表现出很高的期望值,并且全力帮助他们树立自信心和提升自我效能。

领导者更加注重个性化的领导方式。随着社会的进步,人的个性逐步得到更加充分的发展,人与人之间的差异也变得更加明显。因此,整齐划一的领导方式,应让位于更加个性化的领导方式,让位于更加尊重个人的、以人为本的领导方式。应更加有意识地充分尊重每个人的独特价值。领导者通过创造和利用差异,使组织中每一个人的潜能得以充分发挥,使每一个人的能动性和创造力大大增强从而提高组织的整体绩效。

4. 心智激励,追求卓越

如果说领导权变追求的是领导活动的绩效,以胜任为目标,那么,领导变革理论追求的则是领导活动的价值，以卓越为目标。卓越领导者以共同愿景为基础，引导和激励组织成员，超越自我，超越个人利益，追求更加长远的目标。

领导者激励追随者创新，鼓励追随者跳出固有的框子来思考问题，并参与难题的解决。领导者通过不断地激励和挑战等方法，促使追随者愿意改变自我、提升目标和迅速行动。领导者最关心的焦点是心智激励，因为，追随者是有潜能、有力量，也是有智慧的，他们有能力克服前进道路上的一切困难。因此，领导者会促使追随者制订行动计划、挑战行动目标、承诺行动日期等，最终促使他们提升潜能，使他们表现出更高水平。

变革型的卓越领导者具有超强意志力，同时，也激发追随者超强的意志力。领导者总是不怕任何挫折和困难，为了追求超优的目标和绩效，会尽自己最大的努力，超常地发挥自己的水平，表现出永不动摇的决心和毅力。坚毅、果敢、及时和持续地行动，积聚能量，寻求突破，直到最后的胜利。

变革型的卓越领导者具有很强的感染力和领导力，他们善于与追随者情感共振，并互相欣赏、互相推动。变革型的卓越领导者充满激情。激情是领导者胸怀、觉悟、境界、事业心、责任感、使命感的外在表现。成功领导者对事业始终充满激情，推动变革，永不懈怠、永远奋进。

此外，变革型的卓越领导者通常对追随者寄予高期望值，激励追随者加入团队并成为团队中的一分子。在实践中，领导者运用团队精神和情感诉求凝聚追随者，努力实现团队目标，从而使所获得的成果远多于追随者为自我利益奋斗时所产生的成果。

三、全面深化改革开放的中国实践

1978年，党的十一届三中全会作出了实行改革开放的历史性抉择，开启了我国历史发展的新时期。1992年，党的十四大确立了"建立社会主义市场经济体制"的改革目标。1993年，党的十四届三中全会通过《中共中央关于建立社会主义市场经济体制若干问题的决定》。2003年，党的十六届三中全会通过《关于完善社会主义市场经济体制若干问题的决定》。改革开放以来，中国综合国力持续增强，人民生活大幅改善。

2013年，以习近平为总书记的党中央开启了新一轮的全面深化改革。党的十八届三中全会通过《中共中央关于全面深化改革若干重大问题的决定》，深刻剖析了我国改革发展稳定面临的重大理论和实践问题，汇集了一系列全面深化改革的新思想、新论断、新举措，形成了改革理论和政策的重大突破，阐明了全面深化改革的重大意义和未来方向，提出了全面深化改革的战略指导思想、目标任务和改革方法等。

第二节　领导重在创新

领导变革理论是在领导情境理论的基础上发展而来的，它融合并超越领导特质、领导行为和领导情境理论的观点，但又与领导情境理论存在根本性的区别。本节主要论述领导变革理论重在领导实践的创新和领导理论的创新这两个相互联系的方面，而领导创新的内容又在"新人"和"新世界"这两个相互联系的方面。

一、中国"双新"领导变革理论

领导变革重在创新，一方面是领导科学理论发展内在逻辑的理论创新，另一方面是领导变革实践在特定时空条件下的创新及在此基础上形成的理论。把握领导重在创新的内涵首先要了解领导科学理论创新的内在逻辑，这就是领导变革理论对领导情境理论的创新和超越。

（一）领导变革理论与领导情境理论的区别

领导特质、领导行为、领导情境和领导变革是领导科学发展前后相继的四个基本理论，领导科学的学科发展史实际上就是四个理论的依次发展、逐渐演进和不断超越的历史。今天，领导科学的发展已逐步由领导情境理论盛行转到领导变革理论主导时期，但在理论层面上，对领导变革理论与领导情境理论的认识和理解仍然较为模糊，使用时常常将它们混为一谈，因此，有必要厘清二者的异同。领导情境理论强调"权变"，领导变革理论重在"变革"，两种理论的外在表现都是"变化"，但这两种"变化"存在根本性的区别，主要体现在以下八个方面。

1."变化"的应对态度不同

领导情境理论与领导变革理论对"变化"的态度不同，前者强调对变化的被动应变，实质是对过去变化的反应和适应；后者注重对变化的主动创造，实际是积极引领未来的变化。

领导情境理论认为领导活动的绩效并不仅仅取决于领导者的能力和素质或者追随者的能力和素质，而是取决于"双向匹配"：一方面是领导者能力、素质和追随者能力、素质之间的匹配，另一方面是领导者能力、素质、权力和行为与所处环境、工作任务之间的匹配。因此，领导者可以通过调整领导者与追随者之间的关系、改变工作任务结构化程度、重塑领导活动的环境等变化领导情境的方法提升领导活动的绩效，领导者要用变化来应对变化，注重"顺势而为"。所以，领导情境理论对变化的态度相对被动，强调应变。

领导变革理论认为领导活动的根本目的就是变革，一方面，领导者存在的根本目的就是要通过持续的变革实现领导活动的价值；另一方面，领导者的被动权变只能部分改善领导活动的绩效，要全面提升领导活动的绩效，领导者就要主动、积极地发动变革、推动变革、实现变革。因此，领导者要积极主动地去引领变革，注重"制造变化"。领导需要变革，变革更需要领导。所以，领导变革理论对变化的态度更加主动，强调求变。

2. "变化"的根本目的不同

领导情境理论与领导变革理论中"变化"的根本目的不同，前者认为领导权变的目的是实现领导目标，把工作做好，重在谋"事"；后者认为领导变革的目的是实现领导价值，提升人的价值，重在谋"人"。

领导情境理论认为领导者要根据领导情境的变化而变化以提升领导活动的绩效。本质上而言，领导活动的绩效往往与领导工作要实现的目标相关，要以领导活动要做的事情为基础和衡量标准，更加强调工作任务、工作业绩和工作效率等具体目标的实现。因此，领导情境理论注重领导活动目标的达成与否、注重领导活动事情的完成情况，工作任务和工作目标很大程度上是领导者单方面决定的，因此，领导情境理论归根结底是一种"任务导向""目标导向"的领导理论。

领导变革理论认为领导者要主动变革以实现领导活动的价值。领导活动的价值强调以人为本，最根本的是要以追随者为本，旨在通过变革实现领导者和追随者的价值，增进领导者和追随者的自我实现，更加注重领导者和追随者双方道德水准的提升。领导变革最终是要造就"新人"和创造"新世界"，而且，这种愿景是领导者和追随者双方共享的，因此，领导变革理论超越了传统"任务导向"的领导理论，注重以人为本，实质是"成员导向""目的导向"的领导理论。

3."变化"的基本路径不同

领导情境理论与领导变革理论"变化"的主要路径不同，前者主要通过变化领导情境的方法来适应领导者的领导风格和领导行为，重在变方法、变战术、变策略；后者主要通过变革领导活动的目的最终实现领导价值，重在变目的、变战略。

领导情境理论重在通过变化领导情境的方法以适应领导者的领导风格和领导方法。领导情境实质是领导活动所处的环境、是组织活动所处的环境，包括追随者的特征、领导者与追随者的关系、工作任务结构化程度等因素。举例来说，如果领导者和追随者之间关系较好，领导者可以多采用命令式的领导方法；相反，如果领导者和追随者之间关系较差，领导者可以通过改善与追随者之间关系的领导方法以形成自己的领导风格，从而提升领导活动绩效。当二者之间的关系由差变好时，领导者就可以继续使用命令式的领导方法。因此，领导情境理论根本上是通过改变领导情境的方法提升领导力，变化的主要路径是改变领导情境。

领导变革理论强调通过变革领导活动的目的，从而提升领导活动的效果。领导情境理论旨在通过变化领导情境实现领导目标，关注的是"干什么""怎么干""干多少"这些战术和策略方面的具体问题，而领导目的涉及"为什么干"这一关系组织发展方向的根本问题。因此，领导变革理论实质是通过变化领导活动的目的实现领导价值，变革的主要路径是变革领导目的。

4."变化"的能动主体不同

领导情境理论与领导变革理论强调的能动主体不同，前者重在强调领导者的被动应变，其能动主体仍然是领导者；而后者重在强调领导者和追随者双方道德水准和能力水平的共同提高，其能动主体不仅包括领导者，还包括追随者，同时强调领导者和追随者之间的互动关系。

领导情境理论重在从领导情境的视角研究领导者如何影响追随者，强调领导者在改变领导情境中的主导作用和主动作用。领导者可以改变自己的领导风格和领导行为，也可以改变追随者的工作意愿和工作能力，更可以改变包括工作任务、职位权力等在内的领导情境因素,至于选择变什么因素、变到什么程度,归根结底取决于领导者自身的考虑和选择。领导情境理论实质还是领导者对追随者的"单向领导",因此,领导情境理论中能动主体主要是领导者。

领导变革理论旨在通过变革实现领导者和追随者双方的共同进步,因此,对于领导者和追随者这对领导活动主体的基本关系,领导变革理论认为双方本质上是互动的关系,是相互影响、相互作用的关系。领导者要成功领导变革,不仅要发挥自己的能动作用,更要考虑如何发挥追随者在领导活动中的能动作用。追随者要积极追随领导者、认同领导者、拥护领导者,甚至影响领导者,最终实现由领导者对追随者的"单向领导"向领导者与追随者"共享领导"的转变和提升。因此,领导变革理论中能动主体是领导者和追随者双方。

5. "变化"的研究焦点不同

领导情境理论与领导变革理论的研究焦点不同,前者的研究焦点是领导力,重在领导方法、领导艺术;后者的研究角度回归到领导者,重在领导魅力、领导魄力。

领导情境理论研究焦点是领导力,探讨领导者采取何种领导方法能更有效地影响追随者,从而提升领导力。无论是菲德勒的"领导权变理论",还是保罗·赫塞和肯尼斯·布兰查德"因人而变"的领导情境理论,还是豪斯提出的"因需而变"的"路径—目标"领导情境理论,他们都是通过对影响领导活动有效性情境因素的深入分析,讨论如何通过变化领导情境,从而提高领导活动的有效性。换言之,领导力提升是领导情境理论研究的出发点和归宿所在。

领导变革理论研究焦点是领导者,研究处于变革时期的领导者应该具备何种能力和素质才能积极主动地引领变革。1996年,约翰·科特在《领导变革》一书中给出了领导变革的八个步骤:增强紧迫感,建立指挥团队,确立变革愿景,有效沟通愿景,授权行动,创造短期成效,不要放松,巩固改革成果。从领导变革的八个步骤可以看出领导变革的研究焦点是领导者,领导者在领导变革中发挥主导作用,无论是增强紧迫感,还是有效沟通愿景等每一个步骤都离不开领导者的魅力和魄力。因此,领导变革重在研究领导者,研究领导者的领导魅力和领导魄力。

6. "变化"的性质类型不同

领导情境理论与领导变革理论的性质类型不同,前者是渐进变化,是小变化、局部的变化、外围的变化;后者是激进变化,是大变化、整体变化、深层的变化。

领导情境理论认为领导者要提升领导力重在"权变",要"因境而变",根据领导情境的变化而变化;要"因人而变",根据追随者的准备就绪程度而变;要"因需而变",根据追随者的能力和意愿而变。至于领导者如何权变,遵循的原则是哪个容易变就变哪个,哪个变的效果最好就变哪个。领导情境理论暗含的理念是没有最优只有次优,因此,领导情境理论的变化是一种渐进变化,是局部的变化。

领导变革理论认为领导者要想成功领导组织就必须不断创新,追求变革。变革意味着要变领导活动的目的、要变组织愿景、要变领导者自身能力和素质、要变追随者态度和能力,以实现领导价值为目的,以"卓越领导"为目标,以"造就新人"为旨归,这些变革都是关系组织发展的根本性变革,是关系组织发展的整体变革,是关系组织发展的深层变革。领导变革理论潜在的理念是只有最优没有次优,因此,领导变革理论的变化是一种激进变化,是整体的变化。

7. "变化"的适用条件不同

领导情境理论与领导变革理论适用的条件不同,前者主要适用于组织环境处于相对稳定时期,后者主要适用于组织环境处于转轨、危机和变革时期。

领导情境理论重在变化领导情境实现领导目标和组织职能。变化领导情境是在既定组织目标和组织职能的基础上进行的,变化领导情境的根本目的是实现既定的组织目标和组织职能。既定的组织目标和组织职能总是与组织所处的环境联系在一起的,组织所处的环境变化了,组织目标和组织职能也要随之变化;相反,组织所处的环境相对稳定,组织目标和组织职能变化的幅度一般不可能有根本性的转变。因此,领导情境理论主要适用于处于相对稳定时期的组织环境。

领导变革理论重在变革领导目的。变革领导目的意味着要变革组织目的、组织目标和组织职能等组织本身的因素,之所以要变革领导目的归根结底是因为组织所处的外部环境变了或者是因为组织存在的目的变了。组织所处环境的剧烈改变或者组织自身目的的根本变化首先要求组织职能的转变，要求领导者领导组织变革。因此，领导变革旨在适应组织所处环境的剧烈转轨和组织自身变革的特殊时期。

8."变化"的普适程度不同

领导情境理论与领导变革理论的普适程度不同，前者的文化差异性更为明显，强调领导风格和方法因国家和地区的不同而变化、因文化背景的差异而变化；后者的普适程度更高，强调变革规律的共同性、共通性。

领导情境理论的"权变"思想不仅意味着要根据追随者特征、工作任务结构化程度等领导情境因素的不同而变化，更重要的是要根据领导活动所处国家、地区文化背景的差异而变化，要根据领导活动所处组织文化、部门文化的不同而变化。在专制的组织文化中，与之相适应的领导风格是命令式；在民主的组织氛围中，与之相适应的领导风格是民主型的。因此，领导情境理论中"权变"的文化差异性更为明显，强调文化差异对领导权变的影响。

领导变革理论的"变革"理论产生于全球化和信息化的变革背景，面对剧烈的变革背景，每一个组织面对的不确定因素都在增强。这种情况下，每一个组织都必须主动面对变革的大趋势，积极迎接变革的挑战，以主动变革应对环境变化的挑战和带来的危机，在挑战中发现机会，在危机中转危为机。这种挑战和变革不分国家和地区，不分组织和部门，也不分种族和性别，每一位领导者、每个追随者都要用变革的态度和思维去面对共同的、变化的外部环境。因此，领导变革理论的普适性更高，不同文化背景下的领导变革都必须遵循类似的变革路径和变革步骤。

（二）对领导变革理论的超越和创新

虽然国外的领导变革理论有很强的解释能力和应用价值，同时它也有明显的局限性。因此，要在吸取其精华的基础上，自觉地对其进行超越和发展，并力求形成中国化的领导变革理论。

1. 领导变革理论的适用条件

领导变革的适用条件主要有：其一，当组织处于创业阶段、困难时期或危机情境等特殊时期，运用领导变革理论指导领导实践往往更为有效；其二，变革型领导者需要有较强的感染力和领导力，能够有效进行社会沟通，说服、动员广大追随者，凝结共识，形成愿景；其三，领导者必须精力充沛，头脑清晰，具有远见卓识和较强的道德意识；其四，领导者必须拥有较高的威信和魅力，同时追随者能够热情回应、深刻认同和积极追随。

2．领导变革理论的超越

中国的领导变革理论要以崇高价值为目标，突出变革的方向感和使命感。领导变革只是领导活动的背景和手段而不是其本质和目的，领导变革一定要有明确的价值导向。"形而上"的领导观始终引导"形而下"的领导活动。

中国的领导变革理论要以"造就新人"为旨归。领导变革首先需要造就新民，而新民区别于"旧民"的首要特征，就在于其是否意识到自身的价值和尊严，行动更加自觉主动。任何一个组织成员首先要提升自我领导的能力，再提升领导他人的能力，甚至在一定程度上能够积极、主动地影响和推动自己的领导者，最终实现共享领导，共同进步。

中国的领导变革理论要以"止于至善"为追求来创造一个"新世界"。领导变革的宏大背景是人类社会的不断发展，从而领导追求的价值目标也是更善更美的新世界，是老百姓幸福生活的提高，是"止于至善"的新世界。

中国的领导变革理论要以"中国话语"和中国文化为根基，形成中国气派和中国风格。领导科学阐述的理论观点，必须注重与中国传统文化和东方智慧紧密结合，必须注重与当代中国革命和建设的伟大实践紧密结合，必须注重与改革开放的伟大实践紧密结合。

（三）中国领导变革的"双新"理论

1．"双新"理论的基本内涵

"新民"和"新世界"是"双新"领导变革理论的基本框架。具体而言，"新民"的意思是使民新，"新世界"的意思是使世界新。将这两个词置于领导变革理论的语境下，"新民"是指培育新人；"新世界"是指通过改造旧世界营造一个与过去完全不同的新境界。

"双新"领导变革理论基于这样的假设：人是追求自我实现的，人的一生就是尽可能挖掘自身潜能、最大化自身价值的一生。所以，领导者提出关于"新世界"的愿景能吸引人，通过自身努力奋斗创造一个从未有过的"新世界"，当然是自我价值实现的最高境界。而"新民"则意味着自身能力、精神和觉悟的改变和提升，能够告别过去的自我、迎接全新的自我完成自我实现。"新民"的关键在于用先进的思想改造群众，这个先进的思想集中通过对"新世界"的描绘加以体现。

"新世界"的愿景之所以能够"新民",归根结底是因为"新世界"的愿景能动天下之心,能与人们的理想和希望相结合。领导者通过提出"新世界"的愿景,再用愿景来"新民",使"新世界"的愿景成为每一个"新民"的共同愿景。

2."双新"理论的基本特征

一是更加强调领导者的主动变化和自新。"双新"领导变革理论主张通过"新民"建设"新世界",那么,谁来"新民"呢?谁来领导"新民"建设"新世界"呢?答案只有一个:领导者先有"自新"再来"新民",再来领导"新民"建设"新世界"。无论是"新民"还是"新世界"在本质上而言都是一种剧烈的变化。在这个意义上,"双新"领导变革理论更加强调领导者的主动变化和创新。

二是更加强调追随者在变革中的作用。"双新"领导变革理论认为"新民"是建设"新世界"的主要力量,实际上是更加强调追随者在变革中的重要作用。

三是更加强调理想信念和精神力量在变革中的作用。"双新"领导变革理论认为"新世界"的愿景能够产生巨大的精神力量号召群众和改造群众,因此,这一理论更加强调精神力量在变革中的重要作用。

四是更加强调对变革的领导和推动。对变革的领导包括对变革的预测和发现,对变革的理解和适应以及对变革的引导和推动。首先领导者要有敏锐的眼光去发现变革,去预测变革。这些变革既有规律性与趋势性的大变革,也有很多随机的偶然的具体事件的变革。要区分哪些是有利于实现组织目标的变革,哪些是不利于实现组织目标的变革,以便于组织趋利避害,从容应对。

其次要正确理解变革和从容应对变革。领导者应以积极的心态应对变革,理解变革。有了变革才会有发展的机遇,才会激励组织成员的激情和潜能,才会引起对领导者和领导力的需求。

最后是对变革的引导和推动。领导者只是发现变革和适应变革还是远远不够的,重要的是引导变革朝着有利于领导意图、有利于组织目标的方向上去发展,并且在关键的时候推动变革加快发展。

二、领导重在新民

"双新"领导变革理论主张通过"新民"创造"新世界",因此,领导者在创造"新世界",在进行变革的过程中重在"新民",即造就新人,就是培养人、提升人、发展人。领导者要做到"新民",首先要"自新",其次是"新民",最后达到领导者与追随者的"互新"。

（一）领导者的"自新"

领导特质理论研究如何识别人和选拔人,领导行为理论研究如何激励人和使用人,领导情境理论研究如何适应人和影响人,而领导变革理论研究如何培养人和造就人。领导者成功的秘诀在于"先我后他",即领导者先激励自我后激励他人,先领导自我后领导他人。这就意味着在领导活动过程中,特别是在领导变革过程中,领导者的"自新"成为一个至关重要的要素。

1. 自新的领导者

自新领导者通常具备以下四个方面的特质：

一是拥有愿景并追求卓越。自新的领导者高度自信,对所追求的目标有着强烈、持久和坚定的信念。一个自新的领导者的热情和自信是有感染力的,这些热情和自信就能够有力地促使追随者为达到共同目标而更加努力工作,从而提高成功的概率。自新的领导者用富有说服力的愿景理想促使追随者服从、跟从。自新的领导者非常注重自己的表达方式,把自己看作追随者的楷模。卓越的沟通能力使他们与追随者交流思想时,能够以丰富的内容、生动的语言、深刻的观点、严谨的逻辑说服追随者,赢得追随者的认同。

二是全神贯注并全力以赴。大多数令追随者认同的自新的领导者,往往都是那些在领导活动实践中,为了追随者的根本利益、长远目标和愿景理想,而勇于担当,敢冒风险,不在乎个人得失和地位的领导者。而且,追随者往往更有可能把那些在危机中崛起的领导者视为魅力型领导。自新的领导者总是展示他们专注认真的一面,对自己的信念和行动充满激情,善于表达自己的思想,擅长运用各种语言和非语言的表达技巧,渴望达到目标以至于忘我地工作,有着超越常人的旺盛精力。

三是形象积极并富有魅力。自新的领导者在自己的行为中做出榜样让追随者去模仿,即"率先垂范"和"身先士卒"。这种角色示范促使敬佩和认同自新的领导者的人们模仿和接受领导者的信仰、理想和价值观。通过这种个人认同，自新的领导者往往能够深刻而有力地影响追随者，使追随者对其有高度的认同并产生无穷的动力。

四是顺应民意并引领潮流。"没有追随者就没有领导者"，领导者必须是对追随者的领导，一个自新的领导者要有心甘情愿的追随者。如果不能取得追随者的支持和拥护，那么自新的领导者也就必然不复存在。此外，自新的领导者对潮流趋势的深刻洞悉对领导地位的形成和领导工作的完成，具有重要的意义。

2. 领导新思维

自新的领导者需要具备以下四个方面的思维特点：

一是超前思维。所谓"超前思维"，指领导者通过科学分析决策对象的现实状态，并且依据客观规律，创造性地预测其未来发展趋向和态势。因此，超前思维是杰出领导者们必备的一种能力。例如，抗日战争初期，面对日寇的疯狂进攻，一时"亡国论"与"速胜论"风靡全国，毛泽东及时撰写和发表《论持久战》，鲜明提出了抗日战争"持久战"的观点，科学预言了抗日战争的基本走向和最终结局。

自新的领导者之所以具有超前思维能力，是因为他们目光远大、胸襟广阔、思维缜密、知识渊博、经验丰富，高度重视调查研究，善于吸纳多方意见，始终坚持"实事求是"的思想路线，善于"去伪存真"，善于"由表及里"，善于在充分了解事物的过去和现状的基础上，经过深入思考、细致研究、反复论证，最终形成科学的决策。这种思维具有明确的目标性和方向性，有清晰的层次性和恰到好处的提前量，这种思维上的高瞻远瞩，正是现代领导必须具备的素质。

二是积极思维。面对同样的客观现状，人们采取不同的思维方式，往往就会得到不同的结果。积极的思维是个体对待自身、他人或事物的正向、稳定的心理倾向，是一种良性的、建设性的心理准备状态。积极思维通常表现为勇于探索、充满希望，自信以及善于突破习惯性思维。用积极思维对待工作，往往能创造良好的工作业绩。拥有积极思维不能保证成功，但是，它可以至少保证成功的方向。

三是专注思维。所谓"专注"，就是始终把注意力集中到一个领导活动的目标上来，不被其他任何因素所吸引，所分散。"专注"还是一种"坚持"。也就是说自新的领导者一旦把自己的心思和注意力集中到所热爱的事业上去，就应该坚持不懈，持之以恒，长期努力，不被其他所诱惑、所动摇，持之以恒，直到圆满完成目标计划。"坚持"是一种心态，浅尝辄止不对，半途而废更加错误；只有废寝忘食，奋斗不息，才是一种正确的态度。"坚持"往往需要毅力，需要意志。专注思维是重要的领导思维，也是自新领导者的一个特质。

四是平衡思维。自新领导者对于思维平衡的价值需要特别予以重视。比如左脑思维与右脑思维的平衡，快思维与慢思维的平衡，科技思维与人文思维的平衡等。

3. 新锐领导力

领导和推动变革既需要新锐领导者，也需要新锐领导力。新锐领导力需要从以下四个方面去把握：

一是领导魅力加魄力的组合。如果领导者期待能够拥有新锐领导力，那么，就必须既拥有"用人用己"的魅力，同时，面对客观环境的变化，又能够更加果敢地采取对策，即拥有体现领导者决断力的胆识和魄力。

二是领导精力和能力的集中。领导者作为领导情境中的主要方面，它需要面对、观察和思考组织的外部环境，提出目标并带领追随者去实现，领导者精力和能力的集中是必要的。

三是领导力与执行力的统一。新锐领导力既包括洞察力、决断力、影响力和凝聚力等方面，又包含追随者由对相关决策的理解力、行动力所组成的执行力。领导变革需要行动力，也需要执行力，换言之，领导变革需要领导力和执行力的统一。

四是硬权力与软权力的结合。对于领导者来说，职位权力是必需的，但只有职位权力和做好工作的愿望是远远不够的。按照约翰·科特的观点，加强领导首先需要的是一种能力，即能够充分利用一切影响力来弥补工作中固有的权力空隙，同时，又能够运用这种影响力，尽职尽责地敦促上司、带领部下、调动同事以及组织内外人员的积极性，来实现组织的目标。所以，作为一名领导者，不能仅依靠制度性的权力，更重要的是依靠影响性的权力，坚持以影响性权力为主，制度性权力为辅，把领导实践的科学性和艺术性有机结合起来。只有两种权力同时并进，才能在领导中如鱼得水，保证领导目标的圆满实现。

（二）领导者的"新民"

以一代伟人毛泽东为例。青年时期，毛泽东继承中国"苟日新，又日新"的文化传统，借鉴梁启超的"新民说"，主张从"变化民质"的角度来寻求社会改革的途径。1918年4月，毛泽东等人建立了新民学会，希望"革新学术，砥砺品行，改良人心风俗"。在毛泽东看来，"新民"的特征即追求自由平等、追求爱国利群。

"五四"新文化运动之后，毛泽东开始接受共产主义，并在新民学会的基础上创建了长沙共产主义小组。"新民"的概念，逐步转化为共产党人或者说共产主义"新人"的概念。1937年10月23日，毛泽东给陕北公学题词："要造就一大批人，这些人是革命的先锋队。这些人具有政治的远见。这些人充满着斗争精神与牺牲精神。这些人是胸怀坦白的、忠诚的、积极的与正直的。这些人不谋私利，唯一的为着民族与社会的解放。这些人不怕困难，在困难面前总是坚定的、勇敢向前的。这些人不是狂妄分子、也不是风头主义者，而是脚踏实地富于实际精神的人们。中国要有一大群这样的先锋分子，中国革命的任务就能够顺利地解决。"毛泽东明确勾画出自己所期望的中国新人格的形象，目的是造就一大批推进中华民族崛起的"新人"，使其成为中华民族进步的脊梁。

新中国成立后，毛泽东十分强调对社会主义新人的教育和培养工作。1957年，在《关于正确处理人民内部矛盾的问题》中指出："我们的教育方针，应该使受教育者在德育、智育、体育几方面都得到发展，成为有社会主义觉悟的有文化的劳动者。"[①] 同年10月，毛泽东在八届三中全会的讲话中又提出："我们各行各业的干部都要努力精通技术和业务，使自己成为内行，又红又专。"[②] 毛泽东在五十年代关于培育社会主义"新人"和制定党的教育方针有过许多重要论述，尽管表达方法上有所差异，但是其基本含义都是一致、一贯的，即主张德、智、体全面发展。

---

① 《建国以来重要文献选编》第10册，中央文献出版社1994年版，第85页。
② 《建国以来重要文献选编》第10册，中央文献出版社1994年版，第603页。

在中国革命和建设的各个时期，积极树立了各种"新人"的典型和大力倡导各种新精神，比如，张思德精神、白求恩精神、刘胡兰精神、雷锋精神和焦裕禄精神等，激励广大干部群众积极投身新民主主义革命和社会主义建设事业。

（三）领导如何"新民"

1. 从"亲人"到"主人"

从领导主、客体关系方面认识与研究"新民"问题，包括如下两层含义：其一，服务民众；其二，引领民众。因此，领导者对追随者的定位就需要转换，即领导者首先要"亲民"，把民众当作亲人，再进一步把民众当作"主人"，而把自己当作"仆人"。我们说"领导就是服务"，这既是"新民"的需要，也是领导者"自新"的需要。

随着人民群众能力素质的普遍提高，在这种情况下，如果领导者提供服务时处处以自己为中心，而不是俯下身段去真心实意地去了解群众需要什么服务，用领导者的主观判断替代群众的意愿，用领导者自己熟悉的方式而不用群众欢迎的方式去提供服务，就可能不仅导致群众埋怨领导者没有提供需要的服务，而且，领导者也得不到群众的认同和拥护。

把群众当"亲人"和把群众当"主人"是两种不同的领导观，也是两种不同的群众观。不同的群众观决定了工作中心的不同，把群众当"亲人"是以领导者为中心工作，把群众当"主人"是以群众为中心工作。把群众当"亲人"，领导者工作时就会把自己的感情、自己的意志、自己的方式自觉不自觉地强加给群众，用自己的需要代替群众的需要；把群众当"主人"，领导者工作时就会考虑群众的觉悟、群众的意愿、群众的能力，就会在提供服务时多问问群众需要什么、群众欢迎什么。所以，领导者需要转变工作的理念，更新领导工作的理念，转变领导角色，真正做到权为民所用、情为民所系、利为民所谋。

2. 从"领导者"到"领导群"

领导者要能够顺应时代大趋势，善于通过"新民"的过程，使得组织中的广大追随者逐步具有自我领导甚至领导他人的能力，进而汇聚起来，形成"领导群"。

变革型领导者要尊重追随者。领导者必须放下架子，去妥善处理领导者与追随者的关系，必须有人格平等和相互尊重的意识。领导者需要放低放软身段，自觉地、真诚地以平等的姿态对待追随者，认真地、热情地倾听追随者。

变革型领导者要满足追随者的精神需要。人类的活动是有目的和有意识的活动，这就是人类的需要以及建立在此基础之上的动机。根据马斯洛的"人类需求理论"，人类需要是分层次的。领导者必须懂得，高层次的精神需要比低层次的物质需要重要得多。

变革型领导者需要投入更多精力培养和造就领导骨干，让他们不断地成长，也逐步成为领导者，从而实现领导者群体的不断拓展，由领导者发展到"领导群"，由小的"领导群"发展到更大的"领导群"。

3. 从"领导群"到"群领导"

变革型领导者应该清醒地认识到，领导者与追随者共建、共享愿景和共享权力，是领导变革题中应有之义。当今社会治理越来越需要拥有不同风格、不同议程、不同关注点的众多不同社会组织的参与。如此一来，也就形成更加活跃的社会组织环境，传统的领导模式就越来越难以为继，一些原本在传统领导模式下没有正式权力地位、权威影响的"普通民众""草根阶层"，就获得许多机会开始充当"领导者"的社会角色、开始实施"领导者"的社会行为。他们的领导方式不是通过传统的职权控制，多是通过榜样、说服、鼓励或授权来进行。

在当今时代，领导者的数量已经发生了根本性的变化，从"领导者"到"领导群"，再从"领导群"到"群领导"，形成了一种社会大众"共享权力，共担责任"的新局面。在一个共享权力的社会背景下，领导者需要保证其提议具有政治上的可接受性、技术上的可操作性以及法律和道德上的可辩护性。

4. 培育"四有"新人

领导者在"自新"过程中所掌握的领导理论和领导方法，虽然无可争辩地是一种思想和意识层面的精神武器。但是，理论的力量最终体现在其指导下产生的对客观世界巨大的改造性力量中。换言之，广大民众只有掌握了理论，才会产生巨大的社会创造活力和改造客观世界的力量。

在中国革命和建设的过程中，中国共产党人在积极学习先进理论的同时，始终重视对追随者的培养和提升。在改革开放新的历史条件下，中国共产党人也对建设者提出了要按"四有"标准培养"新人"的要求，即按"有理想、有道德、有文化、有纪律"的要求，对年轻一代进行教育和培养。领导者作为"新民"典范，除了高度关注对追随者思想境界的提升外，还必须高度关注运用实践锻炼的方式使越来越多的民众成为"新民"。

三、领导创造新世界

与创造"新民"紧密联系的是创造"新世界"。领导者通过提出"新世界"的愿景召唤、凝聚和改造群众，通过"新民"领导群众创造"新世界"，同时，通过"新世界"的领导活动实践来"新民"，最终实现领导者和追随者之间的"互新"。因此，这一理论更鲜明地强调领导者和追随者之间的相互影响和共同提升，强调领导活动的实质是变革领导者和追随者的过程，是变革领导环境的过程。正如伯恩斯所指出的那样，变革型领导"提升了领导者和被领导者双方的人类行为及道德理想的层次，因此它对双方都会产生一种变革性的影响"①。

"新世界"的愿景需要领导者提出不同阶段的愿景时，要结合当时的主要矛盾，能增进或不妨碍大多数人的利益，这样，才能团结大多数人，也才能得到大多数人的支持，从而共同为愿景努力奋斗。"新世界"的愿景还需要领导者善于根据客观环境的变化把愿景具体化、生活化，易于为人们所理解和接受。

新中国成立初期，党中央面临如何建设新中国这一艰巨而伟大的任务，毛泽东郑重宣布："我们不但善于破坏一个旧世界，我们还将善于建设一个新世界。"在毛泽东的领导下，全党全军全国各族人民边战斗、边工作、边学习，在帝国主义封锁政策下和千疮百孔的战争废墟上，克服了各种困难，战胜了各种严峻挑战，经历了各种艰难考验，取得抗美援朝的伟大胜利，国民经济得到迅速恢复发展，各项事业蒸蒸日上，仅仅用了六、七年的时间便完成了恢复经济、三大改造、建立社会主义制度的艰巨任务，巩固了人民民主专政的新生政权，创造了一个"新世界"。

---

① [美]詹姆斯·麦格雷戈·伯恩斯，常健等译：《领导学》，中国人民大学出版社2013年版，第12-13页。

第三节　领导变革大趋势

领导变革离不开所处的社会环境和条件，时代在发展，领导观在转变，领导力的作用形式也在发生转变，而这种转变有一些共同的规律和特点。领导变革一定要认清和顺应领导活动的大趋势。

一、价值领导和共享领导

价值领导是指领导者与追随者之间的关系不是基于交易而是基于价值的，领导者通过与追随者一起共建愿景为领导活动注入价值，激发追随者对价值与愿景的认同，并一起创造价值，最终实现领导者和追随者双方的提升。价值领导关注的是行动的结果，换句话说，关注的是领导活动给组织群体和组织群体中每一个成员带来的价值。

价值领导有两层内涵，包括领导活动的根本目的和领导方式问题。就领导活动的根本目的来说，价值领导主张领导活动的根本目的是实现领导的价值，领导价值就是以人为本，关注人的尊严，人的发展、人的解放。就领导方式来说，价值领导意味着领导者要通过价值观实现对组织成员的领导，即在组织文化、规章制度和组织氛围中体现价值，组织中的每个人都能把价值内化为自己的理念和行为准则，从而把价值观落实在领导活动的各个环节。最终，无论是领导者还是追随者都能共同创造价值，认可价值，尊重价值，并以共同的价值准则作为行动标准，从而实现共享领导。

共享领导与个人领导是相对而言的，个人领导强调领导者个体在领导活动中的作用，共享领导强调领导者与追随者一起在领导活动中发挥作用。共享领导具有以下特征：一是领导权力的共享，意味着权力不是由领导者个人掌握，而是分布在每个人中间，领导者与追随者一起共同参与决策，共同享有决策权力。二是指领导者和追随者之间相互依赖，互相合作，在领导活动中相互作用激发彼此的心智，创造出1+1>2的价值。三是领导角色的动态性，就是说根据领导活动任务的不同，实现领导者和追随者角色的动态调整，也就是说在共享领导中，领导者和追随者之间的角色不是固定不变的，而是根据领导情境和领导任务的变化而变化，谁能在具体的领导活动中展现出领导力，谁就是领导者，领导者和追随者可以相互转化。

二、简约领导和平民领导

领导不是越复杂越好,而是越简单越好,领导管的事不是越多越好,而是恰当为好。要减少领导工作的量,就要提高领导工作的质。把握简约领导的变革大趋势,许多改革发展中的难题就有可能迎刃而解。

简约领导就是把很多市场、社会和地方能够干的事情还给市场,还给社会,还给下级。比如说做决策,通常认为决策是领导者的专利,领导者做决策,群众去执行,事实上领导变革的大趋势是好的领导要少做决策。优秀的领导者要创造条件,帮助下级决策,提供足够的条件,包括信息支持、物质条件、资源条件,让下级能够决策。

过去,主要是领导者激励下级,现在,很多时候是用制度来激励人。在激励过程中,领导者随意的东西减少了,简约化了。过去,协调是领导者出面协调,而现在彼此之间有矛盾,自己也可以化解、可以解决,有时候领导不出面反而协调的更好,协调不再是领导者的专利。领导者确定方向、制定政策,通过法律、法制的健全让大家都知道怎么干,怎么样干好,这样每一个人都能够得到充分发展。

领导力不仅存在于高层领导者身上,而是存在于每一个人身上,这就是平民领导。领导变革重在培养人、提升人,就是自己要管理好自己,领导好自己。平民领导是领导变革中最突出的一个大趋势,这种平民领导的趋势跟简约领导的趋势是连在一起的。简约领导是针对领导者而言的,而平民领导和自我领导是针对被领导者而言的。简约领导需要被领导者的自我领导作为前提,而自我领导又必须靠领导者的简约领导来保证。换言之,简约领导与平民领导是互为依存的。

传统的领导总是怀着对领导者的敬仰,是一种英雄领导。未来的平民化领导,需要对英雄式的领导进行祛魅。领导者就存在于群众之中,看不出来跟普通群众有多少差别,但是他们有更高的使命感和责任意识。这就意味着每个人都有可能成为领导者,平民化的领导大趋势和新领导力的分散化大趋势是一致的。同时,领导和合化的大趋势开始凸显。和合性意味着相互要认同、要包容,在此基础上合作协商,形成合力,实现共赢。

三、柔隐领导和制度领导

现代领导的大趋势实质上体现了领导方式由刚性领导转向柔性领导的变革。传统的领导是刚性的、强制性的，主要依靠约束控制，依靠行政命令来达到领导的目的。领导变革柔性化和隐性化的趋势，则主要依靠引导和疏导，依靠非权力的影响力来达到领导的目的；依靠制度和规范，依靠文化和情境来达到领导的目的。所谓柔性化就是更多使用软权力，下级对群众"亲而誉之"，用软性的力量达到效果。

柔性领导与沟通认同不可分离，可以说，没有认同就没有领导。认同包括对人的认同、对决策的认同、对价值的认同、对领导关系的认同、对共同愿景的认同等诸多方面。它包括三层涵义：一是领导者对被领导者的认同与被领导者对领导者的认同是紧密联系在一起的，是同时存在、同时变化、同时消失的，领导者要先认同被领导者，认同永远需要领导者的主动；二是对领导者的认同与对决策的认同、对价值的认同、对关系的认同、对愿景的认同；三是理性的认同与情感的认同、心理的认同，三者是相辅相成的。

外显的领导情境下，领导者处于领导情境的中心，而被领导者处于领导情境的边缘，领导者发号施令，被领导者只有俯首听命。隐性领导与显性领导不同，隐性领导需要领导者"退"到领导情境的边缘，而被领导者往往处在领导情境中心。领导者首先设计和改变领导情境，然后通过领导情境再去影响和改变被领导者。被领导者感觉不到领导者在领导自己，却实实在在地接受了领导者的影响。换言之，领导者借助于领导情境来施加自己的领导作用，被领导者没有明显感觉到但事实却存在着领导作用，这就是隐性领导。隐性领导是柔性领导的延续和深化，而柔性领导则是隐性领导的前提和表现。

隐性领导的趋势正如老子所说的"不知有之"。好的领导，越间接领导越好，越隐性越好。也是领导科学们下一步发展的方向，要在制度建设上多下工夫，在文化的建设上多下工夫，用文化去影响人，用制度去影响人。

四、科学领导和艺术领导

过去，领导活动是管理过程的一个组成部分，现在，领导活动越来越从管理过程中相对区分出来。随着领导实践活动的发展，特别是领导变革实践的发展，关于研究领导活动特点和规律的领导科学也逐渐形成并相对独立于管理科学。

领导科学化的趋势意味着领导活动是有规律的，领导活动是可以通过学习掌握的，领导活动是可重复、可验证、可模仿、可学习的。领导特质理论、领导行为理论、领导情境理论和领导变革理论这些主要的领导科学理论都体现了领导的科学化趋势，意味着领导活动有其内在的规律性和逻辑性。因此，领导变革必须掌握领导活动的规律，遵循领导活动的规律，顺应领导活动的规律。

领导活动的中心是人，是做人的工作，因此，领导活动没有必要完全定量化和科学化。与领导科学的大趋势并行的是领导行为的艺术化大趋势。而且，越是在变革时期，越是处于复杂情境中，就越需要领导艺术，越需要变化、灵活和创造性，越需要个性化、形象化、艺术化的能力。领导变革只有把科学领导和艺术领导相结合，才能更好地提升领导力。

附录

一、案例和思考

[引言]改革开放是邓小平推进中国发展的伟大变革，他在领导中国改革开放的过程中把握了改革中的"变"与"不变"之间的辩证关系，从而有效推动了中国的改革开放。以下相关案例可帮助读者加深对领导变革理论的理解和把握。

[案例] 邓小平与改革开放中的"变"与"不变"①

1984年10月3日，邓小平在会见港澳同胞国庆观礼团时，针对一些人关于中国的改革开放政策和"一国两制"政策会不会变的担心，明确表示："我们的政策不会变，谁也变不了。因为这些政策见效、对头，人民都拥护。既然是

---

① 案例节选自戚义明：《邓小平的思想方法：改革中的"变"与"不变"》，2013年2月19日，中国共产党新闻网，http://news.xinhuanet.com/politics/2013-02/19/c_124361134_3.htm 。

人民拥护，谁要变人民就会反对。"接着，邓小平还说了一段富有哲理的话：

"变也并不都是坏事，有的变是好事，问题是变什么。中国收回香港不就是一种变吗？所以不要笼统地说怕变。如果有什么要变，一定是变得更好，更有利于香港的繁荣和发展，而不会损害香港人的利益。这种变是值得大家欢迎的。……问题是变好还是变坏。不要拒绝变，拒绝变化就不能进步。这是个思想方法问题。"

这里，邓小平提出了一个看待问题的重要思想方法："不要拒绝变，拒绝变化就不能进步。"同时将"变"与"不变"的辩证法阐述得精辟透彻：大政策上的稳定，是一种"不变"，小政策上的调整是一种"变"；"变"是事物发展的常态，但是"变"中又有"不变"；"变"与"不变"取决于政策是否对头，人民是否拥护；关键看变好还是变坏，要向好的方向"求变"。看似简单平常的一段话，隽永深刻，令人回味。邓小平的这番话，也可以看作是他提倡的如何看待改革开放和现代化建设过程中出现的一些新情况新问题，以及如何看待改革本身的一个科学的思想方法。

我们为什么要进行改革、主动"求变"呢？邓小平认为，这主要是因为我们原来的经济体制僵化，经济管理效率低下。在1978年12月中央工作会议上的著名讲话中，他尖锐指出："如果现在再不实行改革，我们的现代化事业和社会主义事业就会被葬送。"不实行改革开放，中国只能是死路一条。邓小平自认为"算是比较活泼的人，不走死路的人"，因此他毅然决然倡导改革，认为尽管这是一件大胆的事，也是一件冒风险的事，但却是"一件很重要的必须做的事"。

在邓小平看来，影响实行改革的主要障碍，来自人们的旧思想旧习惯，简单地说就是"怕变""担心变"，核心问题是如何理解什么是社会主义、怎样建设社会主义。他一针见血地指出："多年来，存在一个对马克思主义、社会主义的理解问题。""马克思去世以后一百多年，究竟发生了什么变化，在变化的条件下，如何认识和发展马克思主义，没有搞清楚。"社会主义社会作为人类历史上的新社会、新事物，本应当如恩格斯所说，"不是一种一成不变的东西，而应当和任何其他社会制度一样，把它看成是经常变化和改革的社会"。然而在一些人的脑海中却形成了对马克思主义的教条式的理解，将社会主义当作某种固定程式，这样就在思想上僵化了。改革开放初期，邓小平之所以在提倡实事求是的同时强调解放思想，根本原因就在于，不破除对社会主义的教条式的理解，任何改革都无法进行，新的发展和进步也无从谈起。

将"主动求变"与巩固和发展社会主义结合起来思考，邓小平提出了社会主义改革的思想。他指出，社会主义基本制度确立以后，还要从根本上改变束缚生产力发展的经济体制，建立起充满生机和活力的社会主义经济体制；同时还要进行其他方面体制的改革。也就是说，我们的改革，是社会主义制度的自我完善和发展。改革的性质是社会主义的，目的是为了促进生产力和整个社会主义事业的发展。必须坚持和发展社会主义，这是"不变"的；而实行改革必然要对某些具体制度上的薄弱环节或存在的弊端加以变革。用邓小平的话说，改革是"革命性的变革"，"是中国的第二次革命"。但这种"革命"绝不是要动摇和改变社会主义的基本制度，恰恰相反，是通过革除具体制度中的妨碍生产力发展和社会进步的某些部分、某些环节与弊端，使社会主义制度更加完善，更加充分地发挥自身的优越性。那么为什么又把它叫做"革命性变革"，或者说是"中国的第二次革命"呢？因为革命的根本目的就是解放生产，我们进行这场改革也是为了进一步解放生产力，所以从解放生产力这个意义上也可以把它叫做"革命"。但它与一种社会制度取代另一种社会制度的那种本来意义上的革命是有本质区别的，这是从革命的转义上来说的。总之，这场改革必然生动地体现出"变"与"不变"的辩证法。

邓小平不愧为辩证法大师。在领导改革开放的过程中，他将"变"与"不变"的辩证法运用得炉火纯青。在经济方面，他主张对内改革、对外开放搞活经济，这是"变"，但强调坚持四项基本原则，这是"不变"的；倡导创办经济特区，这是"变"，但兴办经济特区是为了通过采取灵活政策增强经济发展活力，它的性质仍是社会主义的，这是"不变"的；主张允许个体、私营、外资经济的发展，这是"变"，但同时强调保持公有制经济始终占主体地位，这是"不变"的；主张允许一部分地区、一部分人先富起来，这是"变"，但强调最终目的是为了实现全体人民的共同富裕，这是"不变"的。在思想政治方面，他强调坚持马列主义、毛泽东思想的指导地位，这是"不变"的，但提出要根据新情况继续发展马克思主义，这是"变"；他强调改革开放和现代化建设要坚持党的领导，这是"不变"的，但提出要改善党的领导、改革党和国家的领导制度，这又是"变"，等等。

邓小平对"变"与"不变"的辩证法的运用，还鲜明地体现在他对待改革中出现的新情况、新事物的态度上。比如，改革开放初期，安徽芜湖一个体户雇工经营"傻子瓜子"，走上了致富道路。当时有些人就认为不得了了。邓小平则主张看一看，不要动。后来的实践证明，不动是对的，否则就不会有非公有制经济的迅速发展。邓小平眼光独到，高瞻远瞩。在他看来，雇工经营是改革中出现的新情况、新变化，如果它一出来，不经过实践效果的检验，就马上加以制止，那谁还敢搞敢试啊？人们就会认为你允许搞个体私营经济、允许一部分人先富起来的政策变了。因此，邓小平反复强调，在改革过程中，要鼓励大胆地闯，大胆地试，要敢于试验，不要怕冒风险，出了问题抓紧解决就是了。如果一味求稳，谨小慎微，拒绝变化，那么我们就不会走出一条新路，我们的事业发展就没有希望。

二、重点推荐阅读材料

1. 毛泽东：《毛泽东早期文稿》，湖南出版社1990年版。

2. 《邓小平文选》（全三卷），人民出版社2004年版。

3. ［美］塞缪尔·P.亨廷顿，王冠华等译：《变革社会中的政治秩序》，生活·读书·新知三联书店1989年版。

4. ［美］道格拉斯·诺思，厉以平译：《经济史上的结构和变革》，商务印书馆1992年版。

5. ［美］约翰·科特，常桦等译：《领导变革》，中国物资出版社2010年版。

思考题

1. 分析领导变革理论与领导情境理论的异同。
2. 阐述"双新"领导变革理论的基本内容。
3. 论述领导变革与新领导力之间的关系。
4. 结合相关变革实践，谈谈对应对变化和制造变化的理解？
5. 试述领导变革的大趋势以及如何顺应和引领。

下篇

第五章 领导决策决断艺术

【内容提要】

本章主要探讨领导决策理论、理念、原则和方法,并结合领导活动的实践,阐述领导决策决断的艺术。第一节主要论述领导决策的艺术,包括"决"和"策"的主要关系,领导决断的艺术和领导者的全脑思维;第二节主要分析执行决策的艺术,包括执行力和领导力的关系,决策执行中的传达,执行决策中的管理工作与领导行为;第三节主要讨论完善决策的艺术,包括评估决策的艺术,完善和修正决策的艺术以及决策目标优化的艺术。

决策决断是领导者的主要职责,是领导工作的核心和关键。决策正确与否直接影响着组织发展的绩效状况和组织成员的人心向背。领导决策不同于管理决策,它是基于价值的,是以人为本的。领导决策重在决断,它需要决策理论、原则、方法与领导艺术的结合,即领导决策决断艺术。

领导决策艺术是对领导科学四大基本理论的综合应用。具体来说,领导决策艺术重在决断,决断更需要领导者的"勇德"和"胆识"特质;领导决策艺术是领导"两为"理论中决策行为的进一步应用;领导决策艺术需要根据环境的变化和目标的调整来制定、实施和修正,这就考虑到决策的权变因素;而且,领导决策艺术还体现为决策不能仅仅是被动应变,更要主动求变,在变化中发现机遇,创造价值。

第一节 领导重在决策

领导工作重在决策,领导决策包括"策"和"决"两个环节,领导决策艺术首先是把握"决"和"策"关系的艺术;领导决策是"表",领导思维是

"里",领导决策艺术需要把握全脑思维的艺术。领导决策重在决断,领导决策也难在决断,因此,领导决策重在"决",就是选主意、断主意、合主意,即决断。"策"与"谋"是基础,"决"与"断"是关键。

一、"决"和"策"的基本关系

决策由"决"和"策"两个环节构成,"策"是出主意、出谋划策,"决"是断主意、合主意,领导决策的重点和难点就在如何"策"、如何"决"、如何处理好"策"和"决"的关系。因此,领导决策首先要把握好"决"和"策"的基本要求。

第一,策是言,言要慢;决是行,行要快。"策"是出主意,本质上来说是坐而论道,重在言,相对务虚。因为"策"相对务虚,所以策的时候应该慢一些,这样才能让方方面面的人都有机会表达并且说清楚自己对问题的看法及解决问题的意见和建议。提高决策的民主程度和科学程度。"决"的表现形式也是言,但更重要的是去做,去落实决策,即行动。"决"的时候要"快"就是说断主意的时候要抓住时机,当机立断,果断行动,提高效率,取得效果。

第二,策是可能性,决是可行性。"策"是出谋划策,重在可能性,不考虑可行性。"策"的时候领导者对一切想法和意见都要鼓励,都要考虑。"决"重在行动,要考虑方案的可行性,方方面面的因素都要考虑周全。所以,"决"的时候领导者对每一个备选方案都要去质疑、去论证,用可行性标准去衡量和评价这些备选方案,考虑是否可行,直到最后形成成熟的决策方案。

第三,策要放,决要收。"策"重在可能性,只要有一点可能性,哪怕是目前看起来不可能的方案都要考虑到,本质上是从一到多,从一个问题开始以多个角度提出多个方案,所以,"策"重在放,就是要打开选择的空间,打开思维的空间。通过让方方面面的专家和人员来出主意以尽可能增加选择的可能性。"策"的思维本质上应该是开放的,不能受限制,这是"策"的思维特点,对待"策"要容忍差异,包容差异,甚至鼓励差异。

"决"重在可行性,所以,"决"重在收,要从多个可能的方案中选择或综合成一个可行的方案,一个能够解决问题的方案,本质上是从多到一。因此，"决"的要求更严格，要聚焦到可行、可靠的方案、途径和对策上，聚焦到目的、目标的能否实现上。

第四，策要民主，决要集中。"策"就是民主，"决"就是集中，而且是先民主后集中，在民主的基础上进行集中。因为"策"强调打开选择和思维的空间，就必然要求参与出主意的人要尽可能地多，只有参与出谋划策的人多了，相关群体都能参与到决策过程中来，才能全面把握方方面面的认识和看法，从而有利于做好决策，所以，从根本上来说，"策"的过程就是民主提议的过程。

而"决"强调收，强调多中选一，这就需要集中决策的权力，集中决策的精力，聚焦决策的问题，整合决策的方案。当方方面面的人都提出了自己的方案，领导者究竟应该怎么办？究竟选择这一种方案还是那一种方案？这都需要领导者的集中决断，没有集中这一环节，只会导致"议而不决"，既无法解决问题，更会丧失发展的机遇。而且，"集中"不仅强调领导者决策权力的集中，还强调对决策方案的整合，很多时候，领导决断时并非多中选一，而是综合、整合、集中多个方案的优点形成一个新的方案，从而实现对原来多个方案的超越。

第五，策需要知识和信息，重视分析计算；决需要胆识和智慧，强调综合判断。"策"的时候主要依赖相关主体的知识背景和掌握的信息去分析和计算，因为"策"的主体的知识背景和掌握信息的不同，所以"策"的时候更多关注的是某一个方面或局部，这就导致其提出的方案往往带有局部性和片面性。"决"的时候主要依靠胆识和智慧，取决于领导者的综合和判断，而领导者的综合和判断往往是由领导者的胆识和智慧决定的。领导者要根据"策"提供的知识和信息，结合自己的胆识和智慧去综合、去概括、去判断，从而形成最后的决策方案。

第六，策在先，决在后。策是"出主意"，决是"选主意"，要先出主意后选主意，因此，"策"在先，"决"在后。先"策"后"决"实际就是领导决策的基本程序。在整个决策过程中尽管既要有"策"也要有"决"，但二者参与的时间和参与的阶段却是不同的。决策开始时主要是"外策"，就是调查研究，发现问题，出谋划策，拿出备选方案，然后在"策"的基础上，进一步加工整合，选择决断，最终形成方案来"决"。

二、领导决策难在决断

领导决策重在"决",即重在决断。实际上决断既是领导决策的重点,更是领导决策的难点。领导决断的艺术首先是少断的艺术,其次是慎断的艺术,最后是快断的艺术。

(一)领导决策要少断

领导决断艺术首先是少做决断的艺术。

从组织基层到高层,时时刻刻都会遇到大量的问题需要处理,这些问题有的是业务问题、质量问题、工作进度问题,有的是员工的思想问题、行为问题、协作问题,有的是沟通问题、激励问题、人际关系问题。许多领导者尤其是中基层的领导者习惯于事无巨细都自己拿主意,自己做决策,带来的结果不仅是领导者自己精疲力竭、穷于应付,而且也造成下级怨声载道、牢骚不断。更严重的是领导者遇到这种情况并不知道问题出在哪儿,更不知道如何应对、如何解决这类问题。其实,对大部分问题来说,一线的员工和管理人员最知道问题究竟出在哪儿,最知道应该何时解决、何地解决,最知道应该如何解决。事实上,在这些问题上,他们做决策最合适,也最有效。

如果不让一线人员做决策,而是先把遇到的问题和收集的信息反映给中层,中层经过综合加工再把问题和信息汇报给高层,然后领导者再在金字塔的顶端研究问题来决策,等决策后再层层下传,一直传达到决策的执行者。这样,经过自下而上的问题搜集过程和自下而上的决策传达过程必然会对问题的界定和决策的意图造成很大的失真,从而导致高层领导做决策所依赖的信息未必是基层发现的真实信息,而基层员工所执行的决策也未必是高层领导所做出的决策。

进一步而言,即使信息的传输没有多少失真,领导者的决策在执行时也极有可能遇到困难,不能及时解决实际问题。因为领导者并不在现场,并不知道问题发生的真正原因,并不了解相关的其他信息,所以,即使是聪明绝顶的领导者,也极有可能做出错误的决策。而且,即使高层的领导者做出了正确的决策,由于自上而下的信息传递需要一定的时间,产生"时滞"现象,时过境迁,正确的决策传到执行者那里已经变成不正确的决策了。

问题还不仅于此,如果本来应该由普通员工做的决策而非要剥夺他们决策的权力，让管理人员去做，就会使普通员工感到自己得不到信任，得不到尊重，得不到施展才华的机会，于是，普通员工的情绪就可能消极起来，执行决策时也就缺少了积极性和创造性。同样，本来应该由中层领导者做的决策非要剥夺他们决策的权力，让高层领导去做，中层领导者也会认为自己有职无权，执行决策时也就不那么尽心尽力了。

因此，如果领导者喜欢多做决策，可能不仅做不好不该由自己做的决策，而且剥夺了中基层领导者和普通员工做决策的机会和权力。领导者少做决策，让中基层领导者和普通员工多做决策，往往不仅可以提高决策的质量，而且可以提高决策执行者的积极性。

从某种意义上来说，领导者的决断艺术就是少做决策的艺术。这个艺术的重点是分清决策的层次，分清决策的性质，分清决策的轻重缓急，把大部分决策交给决策的执行者去做，而领导者只做最重要的决策，只做管理者和普通员工做不了的决策。此外，领导者还要帮助管理人员和普通员工做好决策。

（二）领导决策要慎断

领导者只是少做决策是不够的，关键是要慎做决策，做出正确的决策。领导者要做到慎做决策，应该注意以下几个重要问题：

一是慎重思考为什么要做决策。这个决策值得吗？这个决策应该吗？领导者在做任何决策之前都要认真回答以上问题。领导决策要从价值出发，要关注结果。有许多决策看起来很有必要，并且目标明确，措施得当，但仔细探究起来也许是不必要的，或者是不值得的。

领导者的决策不宜从具体的目标出发，不宜从自己的愿望和动机出发，而应该从价值出发，从目的出发。目的比目标重要，价值比手段重要。管理者和普通员工关注的是目标和手段，是这样做行不行，好不好，是具体的、可操作的"形而下"的决策。与此相反，领导者关注的是目标和手段背后的价值和目的，是这样做对不对、值不值，是抽象的"形而上"的决策。换句话说，是关于决策的决策。对决策本身进行决策是领导者决策艺术的主要特征。

二是慎重思考什么时候做决策。假定经过第一步的思考认定一个决策是应该的、值得的，现在就要接着思考这个决策什么时候做最合适。决策理论认为，制定决策的时机和实施决策的时机都对决策的效果有着直接的影响，离开正确的时机就没有正确的决策。所谓正确的决策时机，它一定与信息的收集相关，与所需要的资源相关，与所要求的条件相关，与决策实施者的准备程度相关。只有综合判断以上因素才能把握好正确的决策时机。

任何决策都离不开信息的收集和加工。信息不充分，加工又不够，决策者匆忙决策只能带来失败的结果。但决策也不能等到信息完全充分了再做，因为等信息准确了、全面了，很可能决策的最佳时机也错过了。领导者的决策艺术就体现在把握好所需要信息的度，既不能信息不够急忙决策，也不能信息过度滞后决策。

领导决策要务实，要讲究投入产出。眼前这个决策的投入需要哪些资源，所需要的资源何时能够配置到位，这些都是领导者决策时所要关心的。一般说来，只有所需资源大体具备才可制定决策和实施决策。制定和实施决策还需要相应的外部环境和条件。领导者要善于借助外部的有利条件、有利环境来制定决策并推动决策的实施，同时要避开不利的条件和环境，减少风险和副作用。领导者决策时要认真考虑这些外部环境和条件，趋利避害，把握好机遇。

把握好决策的时机还要特别注意决策实施者的准备情况。首先，实施者要有实施决策的能力；其次，实施者要有实施决策的意愿和热情；最后，实施者对决策要有一个正确的理解，要接受这个决策，拥护这个决策。换言之，实施者既要有能力干，又要愿意干，并且认为应该干，此时的领导决策是最理想状态。在选择决策时机时要慎重考虑的因素很多，除了上述提到的几点之外，还要考虑利益的格局和诸多关系的变化。决策关键是要善于预见，善于平衡，系统思考，灵活把握。

三是慎重思考由谁来做决策。领导者慎重决策与少做决策是相互关联的一个问题的两个方面。慎重思考由谁来做决策，可以大大减少领导者做决策的次数。领导者面临多个决策问题时，应经过思考判断，把应该由中基层领导者做的决策交给中基层领导者去做，把应该由普通员工做的决策交给普通员工去做，领导者只去聚精会神做职权之内应该去做的决策。

四是慎重思考用什么方式做决策。有的决策应由集体去做，有的决策则由个人去做为宜。有的决策要按一定的程序去做，有的决策依个人决断为宜。用什么方式做决策，也是领导者应该慎重思考的问题。

（三）领导决策要果断

有一则寓言故事：一头驴子饿了想要吃草，看看东边的草很多但不如西边的新鲜，看看近处的草好像是自己爱吃的那一种，却还想看看远处是否有更好的草，就这样来回反复的比较，最终因无从选择从而难以决断乃至饿死。领导科学把这种现象称之为"布利丹选择"。

"布利丹选择"有三大错误：一是过于追求完美，追求最优决策。二是决断标准混乱。这种现象的实质在于对需要选择的事物没有明确选择的标准，从而不清楚什么是最需要的、什么是次需要的，最后只能是不知如何选择、如何下手。三是决策速度过慢。优柔寡断，无所适从，从而丧失选择的最佳时机。

领导决断要避免"布利丹选择"就要在复杂多变的领导活动中及时决策，要有很好的决断力。在瞬息万变的复杂环境当中，如果领导者只是不停地思考、对比或追求面面俱到，那么就可能什么事都做不成。机会和机遇往往稍纵即逝，任何决策都需要冒一定的风险，都需要权衡利弊、有所取舍，避免因舍不得一些东西，而不能得到效益，创造价值。所以，领导者在打开了思维的空间、树立了正确的目的、目标之后，就应该审时度势地安排好需要解决的问题和实现目标的步骤，有条不紊地及时进行选择和决策。

缩短决策时间的关键要善于根据价值标准排优先序。所谓价值就是什么最有用，什么最重要，这种价值取向决定了排序标准，决定了把哪个标准放在第一位。例如，有时候我们把社会效益放在第一位，有时候把生态效益放在第一位，也有的时候把经济效益放在第一位，排序不是绝对的，要根据具体的时间、空间来进行判断。所以，领导决策时：

一要明确目的，价值导向。领导者做每一件事，都要考虑为什么，明白做这件事情要实现的真正目的是什么，更要明白做了这件事情会带来什么结果，包括正的结果和负的结果，会不会实现预先想要实现的目的以及能在多大程度上实现预定的价值。

二要抓住时机，快速决策。领导决策一方面取决于决策思路本身要正确，另一方面是要顺应社会发展的大趋势，顺应人心所向。决策、决定的时间要尽量短，执行决策的时间也要尽量短。一个组织要想发展、胜出就必须缩短决策的时间，以便能够抓住有利时机。

三要果断取舍，抓住重点。领导者在明确目的和价值之后，务必要抓最有价值、最重要的事情，这就是所谓的价值取向。敢于放弃，敢于行动，能够抓住重点是领导者的一个基本功。

四要敢于试错，勇于创新。领导者做出选择是为了赢得时机，从理论上说，这个决策很可能风险系数比较高，即很可能出错。但领导者一定要敢于冒险，敢于试错，再修正决策。"敢于试错，勇于创新"也是领导者追求卓越的一个突出特点。

领导者决断时还要靠胆略、气魄、意志和直觉。尽管在决策的前期阶段，信息收集、分析、推理、计算是至关重要的，或者说，决策基础阶段要靠详细的数据分析与计算，但在决策的关键阶段，勇气、智慧和胆略也是至关重要的。

三、领导决策与全脑思维

领导决策决断的过程实际上就是领导者用脑的过程。领导决策决断需要左脑思维加右脑思维，还需要善用外脑和电脑，所以，领导决策的艺术本质上需要"全脑"思维。

（一）左脑思维与右脑思维

1. 左脑思维的三大优势

左脑思维有三大优势。一是语言与逻辑的优势。体现在逻辑推理，思路清楚，条理性强，办事有规则。二是抽象思维的优势。即善于从复杂的现象中发现其中的条理性和规律性。三是定量计算的优势。科学实验发现人的左脑定量计算时特别精细，具有右脑无法比拟的优势。

2. 右脑思维的三大优势

诺贝尔医学生物学奖获得者、美国加利福尼亚大学罗杰·斯佩里教授认为右脑思维有三大优势。第一个优势是擅长形象思维，形象思维是和左脑的抽象思维相对应的。右脑的第二个优势是艺术思维，对色彩的敏感都是靠右脑来分辨的。右脑思维的第三个优势是直觉、感悟。直觉既是"偶然所得"，也是"长期积累"的必然结果。

3. 左脑思维加右脑思维

右脑是三大优势，左脑也是三大优势，但长期以来右脑的重要性一直没有得到充分重视。特别是右脑在决断力、领导力方面的优势。因此，研究领导决策决断如果不涉及右脑思维，就没有完全接触到决断的核心。领导者要提高自己的决断力，要不只关注数字、模型这些死的东西，还关注人，这就需要整体思维。

提高决断力首先要左脑加右脑，左脑擅长定量思维，投入多少产出多少，成本多少价值多少，一般能做到心中有数，所以左脑的定量是一个前提，非常重要。左脑还有一个理性思维比较深刻，它有利于提高决断力。决策同时又要应变、要快速，这个时候右脑大有用武之地，右脑能够快速地决策，而且右脑还有一个强项，能由此及彼。

右脑加工信息的能力特别强、特别快，但是右脑并不是完全靠得住的，毕竟直觉不是百分之百正确，这时候需要左脑配合，反复地检验、证明、计算。左脑加右脑有利于加强判断的准确性和快速性，所以全脑思维跟决断力强弱的联系是十分紧密的。领导决断既需要左脑的逻辑和理性思维，也需要右脑的感性和直觉思维，左脑和右脑要互补、结合起来。

领导决断必须加强最优决策的目标，要具备当机立断的胆略和魄力，在正确认识的基础上，要抓住机遇，不错过任何有利时机。尤其在竞争越来越激烈的今天，领导者所面临的压力越来越大，越需要左脑和右脑的互补与平衡。

（二）内脑思维加外脑思维

提升领导决断艺术不仅需要领导者左脑加右脑，即领导者自己的"内脑"，还需要"内脑"加"外脑"。要做到"内脑"加"外脑"，发挥好各自的优势，首先要认清二者的角色和分工。内脑是选主意的人、定主意的人，即领导者、决策者。外脑主要职责是出主意，是能够打开空间，民主参与，最后内脑集思广益、便于集中、做出决定。

其次，要认识到"内脑"负有决策决断的最终责任，这也是发挥二者优势的重要方面。外脑是起辅助的作用的，内脑是主要的，一旦做出决定，内脑要承担责任。作为领导者既要善于采用外脑，但是不能被外脑完全牵着鼻子走，因为一旦失误，承担责任的是内脑，是领导者，而不是外脑。

最后，外脑一定要有独立性。外脑要有独立的人格，对问题要敢于负责任，不能只顺着领导的话来说，或许领导可能一时没听进，要坚持自己独立的见解、专业的见解。

（三）人脑思维加电脑思维

提高决断力需要全脑思维，不仅包括左脑加右脑、内脑加外脑，还包括人脑加电脑。随着信息技术的迅速发展，电脑在决策中扮演着越来越多、越来越重要的角色，因此，提高决断力也要学会发挥电脑这一决策主体在决策中的作用。

人类决策为何需要电脑？简言之，一方面，人脑具有自己的思维局限；另一方面，电脑能够弥补人脑的思维局限。这类思维局限主要是指人脑思维的某些技术问题，比如长期记忆、复杂计算、信息搜集、远距离信息传输等。信息技术的迅速发展，使得电脑的作用已经大大突破了传统的信息储存、数据计算等功能，特别是随着网络技术的日新月异，电子政务、电子商务系统的广泛应用，电脑更是能够通过准确、迅速地提供和加工信息，帮助决策者提高决策质量、缩短决策时间。

需要指出，电脑只是决策的工具，其作用仅限于辅助决策，无法代替人脑决策。电脑的本质作用是让人从繁杂的具体事物中解脱出来，从而有时间去学习、调查和思考，进而提高决策的质量。

第二节　决策重在执行

"一分部署，九分落实。"一个正确的决策，还需要正确有效的执行。有的组织和部门领导者在决策制定时下了很大工夫，但在实施决策时却着力不够，或者说方法不对，艺术不足，导致决策成效大打折扣。可以说，缺乏执行决策的艺术是导致领导决策低效甚至无效的主要原因之一。因此，领导者有必要了解决策执行的艺术，进而提升决策的执行力。

一、执行力和领导力的关系

孤立地看领导力和执行力，二者是存在区别的。但如果把二者置于领导活动全过程，以领导活动的绩效来分析，二者本质上是一致的，领导活动既需要领导力，也需要执行力，领导力决定执行力，执行力来自领导力。

（一）执行力与领导力的区别

从二者的概念来说，领导力与执行力是有区别的。领导力是领导者施加于追随者并为追随者所接受的一种定向的、积极的影响力。领导力决定往何处去、去哪儿，具有方向性，主要表现为领导者的决策，简言之就是"做正确的事"。执行力是实现领导决策意图和决策目标的能力，按质按量完成工作任务的能力，把决策目标转化为决策结果的能力。执行力关注干什么、干多少、干得怎样，主要表现为贯彻落实领导者决策的程度，简言之就是"正确地做事"。

对组织的不同层级来说，每一个层级的人员既需要领导力，也需要执行力，但对不同的层级来说，领导力和执行力又有不同的要求和不同的表现。对高层领导者来说，执行力就是把握全局大势和制定战略的能力，高层领导者的执行力强调战略性和方向性，重在目的。对中层领导者来说，执行力就是把高层的战略转化为更具体战术的能力，强调人、财、物的组织协调，强调制度性和战术性，重在明确做什么、做多少。对基层领导者来说，执行力就是要实现中层提出的目标和指标，重在把事情和业务做好。

（二）执行力与领导力的一致性

如果把领导力与执行力置于领导活动过程中去分析，就会发现二者在本质上是一致的，在形式上是互补的。组织行为学大师、领导力大师保罗·赫塞认为，"成功组织的经验和研究结论表明：执行力的本质就是领导力"。因此，在很大程度上甚至可以说，领导力就是执行力，执行力就是领导力；领导力需要执行力，执行力需要领导力。简言之，领导力的体现在基层，执行力的根源在高层。

通常认为，只有高层需要领导力，中基层只需要执行力。但实际上，高层的领导力实际上也是一种执行力，高层重在战略决策，这是领导力，但高层能否制定出合适的战略决策，这就是高层的执行力，其中既蕴含着执行力的普遍性，又体现出执行力的特殊性，但归根结底属于执行力的范畴。而且，许多决策之所以执行时没有达到预期的效果，固然有中基层的问题，但从根源上说是高层的领导力出现了问题。

中基层需要执行力去实现高层的战略意图，在贯彻落实的过程中需要组织协调相关的人、财、物等资源，能否赢得相关群体的支持、认可和配合实现高层的决策，这也需要领导力，需要去影响方方面面的人。

（三）执行力与领导力的互补性

领导力与执行力二者之间具有互补性。没有领导力的方向性，执行力就会失去了方向，就可能出现执行的效果与决策的意图相偏离甚至背离，导致执行力与领导力不一致。相反，如果仅有领导力的方向，没有执行力，一切战略和决策也无法落实，那么领导力的战略方向只能是空谈。因此，领导力规定并引领执行力的方向，执行力必须实现领导力规定的方向和意图，领导力和执行力只有相互结合形成合力才生成领导绩效，才有组织绩效。简言之，领导力决定执行力，执行力来自领导力。

一是领导力决定执行力。首先，从执行力的构成要素看，领导力在其中起着非常重要的作用。执行力的构成要素主要包括运作流程、技能水平、执行意愿三个方面。运作流程主要指业务流程和管理流程；技能水平是指团队成员的执行技能和水平；执行意愿是指团队成员的工作主动性和热情，即团队执行力。这三个方面都与领导者的领导力密切相关。领导者要制定科学合理的执行流程，要通过组织培训提高执行者的技能水平，要通过多种途径激发执行者强烈的执行意愿，因此，由这三个方面因素所构成的执行状况如何，取决于领导者的领导力。其次，执行力包括沟通、协调、反馈、责任、决心五个关键环节，而这五个环节的水平也取决于领导者的领导力。例如沟通协调不到位、反馈机制不健全、责任意识不强、执行意识淡薄，这些都反映了有效领导力的缺失。最后，领导力的水平高低决定执行结果的好坏。如执行力不到位主要表现为作风散漫、政令不畅、效率低下、相互推诿、执而不行，造成执行过程中的梗阻，这些都与领导者没有制定科学合理的管理制度、工作方法、激励机制有直接关系。由此可见，领导力直接决定着执行力的好坏。

二是执行力来自领导力。首先，有效的执行应当包含于领导者的科学决策之中，不考虑执行效果的决策不会是科学的决策，领导者做出决策时应当考虑到执行的内外环境、人员的执行能力、执行流程的承载能力、组织机构的运转水平等因素，这样才能保证执行力的效果和领导力的有效实施。其次，领导者决策的正确与否都要由执行力的效果来检验。领导者做出一项决策，其是否科学合理、能否对事业发展起到推动作用，与执行力的结果紧密联系，要靠执行结果来验证，而不是将决策与执行单独分开进行评价和检验。因此，一项决策的执行效果如何，直接影响着领导力的有效实施和领导者的权威。最后，执行力的水平高低对领导者的领导力起着重要的影响作用。因为领导力的核心是决策与执行的合力，一个成功的领导者要具备较强的决策力和执行力,在做出科学合理的决策后,在执行中,要随时关注执行的过程,即目标分解是否到位、动作流程是否合理、进度是否通畅、组织结构是否协调,这些都直接反映出领导者的领导力水平,并对领导力的进一步实施起到影响和保障作用。①

二、领导决策的解释和传达

领导决策重在执行,重在实施。决策实施就是把领导者制定的决策方案通过一系列的运作转变成现实的过程。决策制定以后只是一种观念的形态,而决策实施之后就是行动,就是一种现实的形态。决策实施的实质是一种变革行为、一种创新行为,是对旧的状态的改变,是新的状态的出现。

实施决策是一个复杂的过程。首先,要正确地解释决策,让实施决策的人理解决策,接受决策,然后才可能自觉地实施决策。其次,要建立必要的组织,选配适当的人员,以保证决策的顺利实施。再次,要把决策实施与其他领导艺术紧密结合起来。最后,决策实施需要计划、预算和控制,需要各种资源的配置,需要有关方面的配合和支持等。把决策方案的内容完整准确地传达给决策的实施者是实施决策的第一步,也是非常关键的一步。领导者传达决策的艺术体现在决策的可理解、可接受、可分解和可修正四方面。

(一)领导决策的可理解

善于正确地解释决策是至关重要的。不能因为决策的制定者早已明了决策的内容就想当然地认为决策的实施者也很容易理解它。决策的制定者与决策的实施者所处的地位不同,所关注的角度不同,认识能力也不同,因此需要制定者多解释,多沟通。

为了让实施者真正理解决策的内容,组织的领导者必须完整地解释决策、传达决策。要把决策的目的即为什么要做这个决策、决策的目标即究竟要完成什么任务、决策的途径即如何去完成任务和决策的对策即如何化解风险等告诉实施者。

为了让实施者真正理解决策的内容,领导者在解释决策时要使用多种方

---

① 杜君,嵇景岩:《论有效提升领导干部的领导力与执行力》,载《理论探讨》2011年第4期,第157—160页。

式,如既有一般会议传达,又有个别的谈话;既有书面的通知,又有其他尽可能多的媒介手段。同时要舍得在决策的解释和传达上花时间。哈佛大学约翰·科特教授通过对决策的长期研究,发现决策传达不够的第一个原因就是领导者花在决策的解释和传达上的时间太少。为了让实施者真正理解决策的内容,领导者还必须做出表率,"用行动说话"。解释既依靠语言,又依靠行动,往往行动比语言更有说服力。

(二)领导决策的可接受

决策的可接受是指经过解释传达以后,决策的实施者认可了这个决策,认为这个决策是值得投入体力、智力和热情去实施的。如果说决策的实施者在没有接受决策之前是被动的、旁观的,那么在接受了决策之后就是主动的、介入的。

为了使决策的实施者自觉接受决策,必须不仅使实施者从理智上认识到实施该决策能给组织带来效益,给社会带来效益,而且也会给本人带来效益,并且使实施者从情感上认识到决策的制定者是为决策的实施者着想的。

为了使决策的实施者自觉接受决策,还要使实施者感觉到自己有能力有条件去实施这个决策。实施决策固然有很多困难,但经过努力是完全可以克服的。实施者在接受决策时就意味着承诺。实施者一旦从态度上理智上接受了这个决策,就会认为是"自己的"决策,是有价值的决策;是责无旁贷的决策,是需要全力以赴的决策。换言之,决策的实施者与决策的制定者的追求应是完全一致的。

为了使决策的实施者自觉接受决策,领导者在解释和传达决策时不仅要千方百计地使实施者理解决策、认同决策,而且还要用极大的精力和热情去激励实施者、鼓舞实施者,使他们以迫切的心情和饱满的干劲去实施决策。

(三)领导决策的可分解

一个组织的决策往往比较宏观,它所定的目标是综合的、多方面的。为了让决策的实施者更好地理解决策和更好地实施决策,有必要把决策的大目标分解为若干子目标,把决策的大步骤分解为若干具体的小步骤,以便使每一个实施者都知道下一步要干什么事,知道应如何去干这件事。

如果一个决策目标难以分解为若干子目标,就极有可能说明原决策还有待于进一步修正完善。一种不可分解的决策目标、决策内容往往是模糊的,不可解释的，也是不可接受、不可实施的。强调决策的可分解性可以有助于提高决策的可操作性，并进一步提高实施决策的效率和取得理想的效果。

需要注意的是，可以分解的目标必定是可以整合的目标。分解后的子目标应完全能整合为一个大目标。而决策目标经过分解和整合后完全结构化，决策的实施者不仅易于理解和接受一个决策，更重要的是更易于实施和操作一个决策。

（四）领导决策的可修正

实施决策还有一个不可忽视的问题，那就是应该让决策的实施者明白决策是可修正的，即可以根据实施的情况随时进行修正。决策的制定者需要向实施者指明，哪些方面是决策的实施者可以直接修正的；哪些方面则是决策的实施者无权修正、必须把遇到问题和境况反馈给决策的制定者，以便做出决策的修正。决策的实施者知道了哪些决策内容可以修正及哪些决策内容无权修正以后，不仅能更明确决策的目标，而且能更有效地激发实施决策的积极性和创造性。

三、决策执行中的管理与领导

决策执行不是意味着决策方案制定之后决策可以自动得到执行。要提升决策执行的效果，就要把决策执行与管理工作、领导活动结合起来。

（一）决策执行中的管理工作

决策执行的过程在很大程度上就是管理的过程，因此，决策执行首先要与管理工作相结合。

一是决策执行与目标的结合。实施决策时务必要与决策目标结合起来，实施决策时领导者一定要强调决策目标的坚定性，即决策的方向一定要坚定不移。但决策实施的途径和对策要有灵活性，对途径和对策的适时变化和调整旨在保证决策目标的顺利实现，实施决策的灵活性和决策目标的坚定性是相一致的。

二是决策执行与沟通协调的结合。领导者在实施决策时要协调好方方面面的关系，包括组织内部各个部门之间的关系，组织与外部环境之间的关系，组织与社会公众的关系等。换句话说，领导者要把实施的决策转化为协调型的决策，这样实施起来就会减少阻力，提高绩效。领导者在实施决策时还要把沟通与决策有机地结合起来。与员工沟通，与管理人员沟通，与领导班子成员沟通，与决策的相关者沟通，这样既能了解实施决策所需要的信息，又能通过参与决策调动各方面的积极性。

三是决策执行与督导考核的结合。制定决策后，领导者不能认为执行决策的事情与自己没有任何关系，下级自然会把决策执行好，或说，即使执行不好跟自己也没关系。实际上，这是非常错误的认识，因为从根本上说，领导者要关注领导活动的绩效，关注决策绩效。没有决策就没有绩效，但没有执行更没有绩效。所以，领导者要关注决策执行情况。在实施决策过程中，要加强对决策实施的督导和考核，一方面要检查决策实施情况并督促落实，如了解大家对决策认不认可，决策实施中还存在什么问题，其中重点是要发现真实情况；另一方面是发现问题后要对发现的问题进行分析和研究，重点是提供及时支持和帮助，帮助下级切实解决执行中的问题，尤其是下级无法解决的问题，从而提升执行的绩效。

四是决策执行与决策制定的结合。执行决策以及对决策的修正实际上都是新的决策的制定。就决策执行来说，实施决策的过程需要中下层领导者和管理者根据上级决策目标和本地区、本部门的实际情况进一步创造性地制定新的决策，与领导决策不同的是，这些新的决策属于微观层面的决策、是管理层面的决策。就决策的修正来说，就是对原来决策的调整，而对原来决策大的调整、根本性的调整就是新的决策的制定。

实施决策中的决策制定还要注意权变。要注意实施决策中环境的变化，找准实施决策的突破口和路线图，以发现实施决策和制定新的决策的有利时机。实施决策中的决策制定更要主动求变。实施决策中的决策制定不能仅仅根据环境的变化、职能的变化、诉求的变化等情境因素相应变化，还要通过主动求变凸显价值、实现价值。

五是决策执行与组织设计的结合。为了顺利实施决策，要设计合适的组织。因为原有的组织机构并不是专门为实施某一个决策建立的，所以就有必要重新构造实施这个决策所需要的组织机构。换句话说，组织机构应该是柔性的、可变的。

不仅组织机构的数量可增可减，而且组织机构的形式也可改可变。从大的方面来说，组织机构应尽量减少中间层次，以形成信息传输快捷的扁平化组织形式。从小的方面来说，在组织和部门内部应成立较多的"项目小组"。每一个项目小组在一段时间内都有一个或几个明确的任务，即都有一个或几个具体的决策要实施。项目小组的成员可以来自不同的部门，这些成员有着不同的背景、不同的优势，组成一个优势互补的团队，能够大大提高决策实施的效率。

组织机构建立以后还要建立必要的规章制度，配备合适的人员。所配备的人员一定是接受这个决策、理解这个决策的，一定是有能力有热情实施这个决策的。所配备的人员必须有团队精神，能够相互配合、相互支持。实施决策需要的不是单个人的能力，而是一个组织、一个机构整体的能力。

（二）决策执行和领导行为相结合

决策执行重在落实好决策方案，把事情做好，因为决策执行中涉及的群体更为广泛，就更需要在决策执行中最大限度发挥一切积极因素的作用，重视人的因素，这就需要把决策执行和领导行为相结合。

一是管理与领导的互补。所谓管理就是要制定完善的计划，编制预算，配置各种资源，建立必要的组织制度，同时还要对实施的过程加以控制，以免实施者偏离决策的目标。所谓领导就是要注意沟通认同，协调好人际关系，对决策的实施者进行授权、激励、鼓舞，把决策执行和用人结合起来。领导者要以身作则，以自己的实际行动去影响决策的实施者努力工作。而且，在实施决策的过程中，领导者要善于对决策的实施者进行关怀、指导和帮助。

管理与领导的互补实际上就是把关心工作与关心人结合起来，兼顾起来。所谓关心工作，是指领导者要关心工作的进度、工作的质量，关心决策的目标，关心各种资源的配置，关心工作的效率和效益等。这些属于管理工作的范畴。所谓关心人，是指领导者关心决策实施者的心理、情感、感受，关心实施者的利益和需要，关心决策实施者的追求和期望等。这基本上属于领导工作的范畴。

二是决策执行与授权激励的结合。在实施决策的过程中领导者要充分授权。领导者要为决策的实施者创造有利的条件和环境，要为决策实施者提供实实在在的服务和必要的授权。执行决策的领导艺术还体现在执行与激励机制的有机结合上。领导者在实施决策时除了考虑利益最大化以外，还要重点考虑决策实施者的利益、需求、意愿和态度。通过决策的实施把实施者激励起来，使实施者自觉自愿地接受决策，实施决策。

三是决策执行与领导用人的结合。领导者在实施决策时要考虑用什么人去实施决策的问题。没有合适的人去实施，决策再科学也是没有用的。反之，用人也不是无目的的，应该通过参与决策和实施决策来发现人才、培养人才、选拔人才和使用人才。把具体的决策与具体的人才联系起来考虑既有利于决策，又有利于用人。

第三节　修正决策的艺术

领导决策并非意味着决策执行之后就可以一劳永逸，而要根据客观情况的变化、根据决策执行的情况、根据政策对象的反应等因素及时的评估决策、修正和完善决策。在实际的领导工作中，评估、修正和完善决策常常为一些领导者所忽略，其实与制定决策相比，评估、修正和完善决策更是领导者常常需要做的。如果说制定决策和执行决策需要领导艺术，那么评估、修正和完善决策就更需要领导艺术。

决策评估、修正和完善是否得当直接影响着决策的实施效果。可以说，对决策的修正和完善也是一种决策和决断，体现了领导决策决断的动态性和持续性，修正和完善决策同样是决策决断的重要内容。所以，领导者一定要在评估和修正决策上多下工夫，一定要在评估、修正和完善决策的各个方面注意运用领导艺术。

一、评估决策的艺术

修正完善决策的基础是对决策执行情况、决策取得效果等进行评估，然后根据评估结果决定是否终止、替代、补充或修正。因此，修正完善决策首先要评估决策，这就需要领导者把握评估决策的艺术。评估决策的艺术，主要体现为六个方面。

一是评估决策的走向。通过评估，如果发现决策预定的目标已完全达到，则应立即停止决策的实施；如果发现环境和条件已发生重大改变，原决策已无必要实施下去，也应立即停止决策的实施；如果发现决策本身是正确的，但目标尚未达到，这时决策就应该继续实施下去；如果发现决策基本正确，但存在一些问题，就应立即对决策进行修正完善；如果通过决策的实施对原决策又有了新的认识、新的思路，这时也应对决策进行修正完善。

二是对评估决策的效果。主要包括以下四个方面的主要内容：第一是评估决策目标的完成程度；第二是评估决策实施后的影响，尤其是非预期的影响；第三是评估决策实施以后各种环境条件的变化，包括决策者和实施者对决策的态度和认识的变化；第四是评估实施决策所投入的各种成本，包括直接成本和间接成本。决策的效果是相对一定成本而言的，并不是只要取得效果就是成功的决策，就可以不计成本和代价。

三是决策评估的难点。这主要体现在以下方面：第一是决策目标的不确定性、模糊性给决策评估带来很大困难。如果是多个目标都模糊，那么不仅给价值判断带来麻烦，而且给评估标准的建立和评估手段的运用都带来困难。第二是多项决策的重叠性和多种资源投入的混合性给决策评估带来的困难。在任何一个组织，同一个时期往往有很多个决策同时实施，它们造成的影响和效果是重叠在一起的，因此，不容易把一个决策与另一个决策的影响和效果区别开来评估。第三是决策影响的广泛性。一项决策的影响往往牵扯组织的各个方面，其中既包括有利的影响，也包括不利的影响；既包括预料之中的影响，又包括预料之外的影响；既包括短期的影响，又包括长期的影响；既包括政治的、经济的影响，又包括社会的、文化的和心理的影响；既包括组织内部的影响，又包括对环境、生态的影响。诸如此类，给评估工作带来了极大的障碍。第四是决策评估的困难还可能来源于有关人员的抵制。正因为决策评估存在诸多困难，所以在具体进行时就要特别注意评估方法的科学性和灵活性。

四是决策评估的精心准备。第一确定评估对象，是评估一个决策还是评估几个决策。一般说来应优先选择那些条件比较成熟、效果比较明显的决策加以评估。第二要明确评估的目的和要求，明确评估的内容和范围。第三要制定评估标准，确定评估类型。所谓评估类型是指正式评估还是非正式评估；是内部评估还是外部评估，是事前评估还是事后评估等。第四要选择评估机构和人员，制定具体的评估方案，包括评估的人员、地点、时间、进度安排、经费使用等内容。

五是决策评估的关键阶段。评估者要坚持信息的完整性和分析的科学性两个原则,深入调查研究,倾听各方面的反映意见,获取决策制定和决策实施的第一手资料,在此基础上进行系统整理、归纳和统计分析,并形成明确的结论。评估时要注意是决策实施中出现问题还是决策制定时出现问题。如果是决策实施中出现的问题就应该在实施的过程中加以解决,而不是去大动干戈修正决策;如果是决策制定的问题就应该针对原因修正完善决策方案本身,而不是在实施过程中改来改去,导致不仅解决不了问题,而且造成更大的损失。不管从哪个角度来看,评估时都应先评估决策实施的情况,然后再评估决策制定的情况。

六是评估时要注意对比分析。要将决策实施前后的各种因素各种情况进行对比,从而判定决策实施所带来的变化和效果。因为影响决策效果的因素众多,很多时候难以确切地厘定决策方案和决策效果之间的相关关系特别是因果关系,这就给准确地评估决策带来极大的困难和挑战,也就意味着在评估决策时更多地需要领导艺术,需要综合把握和研判。

二、完善和修正决策的艺术

一个完整的决策应该包括决策目的和决策价值的确定,决策目标的选择,实现决策目标的途径,以及实现途径的具体对策等。因此,完善决策首先要使决策完整起来。

(一)完善决策的艺术

领导者的决策方案一定要完整,它应该包括目的、目标、途径和对策等四个要素,缺少其中任何一个要素,决策就是不完整的。粗略地看,目的和目标属于决策的战略性、宏观性的要素,途径和对策则属于决策的战术性、微观性的要素。目的、目标和途径、对策相互联系、相互制约,构成一个完整的结构体系。一方面,目的和目标决定着途径和对策,另一方面,途径和对策又制约着目的和目标。

领导者的决策应该是首先根据价值即决策的目的来选择目标,其次是根据目标选择途径,最后是根据途径选择对策。完成了这三大步骤就把决策应该考虑的四大要素即目的、目标、途径和对策抓齐了。到这里完整决策艺术的内涵已经十分清楚了。从正向来看,目的决定目标,目标决定途径,途径决定对策;从反向来看,对策保证途径,途径保证目标,目标保证目的也就是保证价值的实现。四个要素的相互支持保证了领导决策的结构和内容的完整性,从而提高了领导决策的可行性和可靠性。①

目的、目标、途径和对策是一个完整的系统,只考虑其中的一个、两个或三个要素,领导的决策都是不完整的,当然也是不可行的。所谓用大看小,就是用联系的、整体的观点去考虑系统中的每一个要素。所谓用长看短,就是用长远的目的和目标去规定、制约短期的途径和对策。所谓正负兼顾,就是从系统的正的因素中去确定决策的目的和目标,再从系统的负的因素中去针对性地制定决策的途径和对策。所谓由外看内,就是用超越的、发展的眼光去思考决策的内容,完善决策的结构,提高决策的质量。

(二)修正决策的逻辑

一要从对策开始修正。对策是保障途径畅通、保证目标达成的,是保障整个决策成功的。对策本身是柔性的,有着很大的灵活性。当决策遇到阻力,首先反应的就应该是对策。或是改变原来的对策,或者制定新的对策,从而使途径畅通、目标达成。对策的巧妙之处,就在于它随时都能改变自己的内容和形式,使决策的其他三个要素免遭破坏,从而最大限度地保证决策的连续性和稳定性,最大限度地减少因震荡过大而造成的损失。

如果不是从修正完善对策开始,而是一遇到阻力和困难就怀疑自己的决策失误,并且直接从修正目标开始,那么可想而知,这种急刹车、急转弯式的做法不仅使决策的实施者和制定者难以接受,而且也会给领导者的威信造成很大的损失,给组织的发展造成很大的损失。

二要遵循修正决策的逻辑。如果修正了途径仍然解决不了问题,决策实施不下去,这时就要认真考虑修正决策的目标。目标修正了,决策者就要通盘考虑决策的修正方案。目标修正后仍发现严重问题,很可能预示着目标背后的指导思想有问题,目的和价值有问题,因而需要对决策做深层次的修正,需要进一步明确决策的目的,明确决策和价值取向。

鉴于以上分析,修正决策的逻辑思路宜从问题开始,即问题→对策→途径→目标→目的。要注意,在修正决策的时候并不是要求每一个步骤都要完成。可以看到,修正决策的逻辑顺序是与制定决策的逻辑顺序完全相反的。

---

① 刘峰:《简约领导》,国家行政学院出版社2012年版,第136-137页。

制定决策时先大后小，先战略后战术；而修正决策则是先小后大，先战术后战略。

三是完善对策的艺术。修正决策的重点是完善对策，完善对策的艺术体现在以下几个方面：第一，发现实施决策过程中的困难和阻力，针对原因制定相应的对策去确保原决策的实施。第二，发现制定决策中的问题，修正某些对策以保持原决策基本不动地实施下去。第三，增加对策的数量，用若干对策保证一个途径的畅通，保证一个目标的实施。第四，若干对策之间要有一致性，对策之间要相互配合，避免相互冲突，并且要与决策的目标、途径相一致，千方百计保证目标、途径的达成。第五，要增加对策的柔性。对策可以在实施的过程中不修正，也可以在修正的过程中再修正。第六，对策修正要及时，越及时阻力越小、成本越小、效益越高。第七，在评估的基础上进行修正完善。第八，让决策的实施者去修正对策。实施者最了解问题出在哪儿，以及该如何完善对策。实施者直接修正对策既可以提高时效，又可以减少阻力并大大提高他们工作的积极性。

（三）修正决策的艺术

一个决策是否正确，是否需要修正，在什么时机修正，修正时要把握什么都是修正决策时必须首先回答的问题。为了回答这些问题，有必要了解决策实施过程中的阻力曲线。

1. 运用好"阻力曲线"

一般说来，在决策开始实施的时候，会出现一个高阻力的"平台"。这时遇到的阻力很大，而且没有多少变化，可以称其为阻力平台。出现阻力平台的原因是多方面的，主要是实施决策者对决策不够理解和认同，以及实施决策的技能不够、努力不够，还有组织不够得力，团体协调配合不够等。阻力平台的出现是普遍的，是正常的。此时需要的是指挥若定，需要的是勇气，需要的是投入。千万不要认为遇到高阻力就说明决策错了，就迫不及待地对决策大刀阔斧地修正。换言之阻力平台出现的时候往往是加大力度实施决策的有利时机，而不是修正决策的时机。

从某一时刻开始，阻力开始下降，到阻力下降出现了"陡降区"。这说明决策实施非常顺利，决策的实施者对决策已经认可，投入了大量的资源，并且初见成效。显然，此时需要的是乘胜前进，扩大战果，而不是对决策进行修正。接下来或长或短的时间里，降下来的阻力几乎没什么变化，既不减少阻力，也不增大阻力。我们称其为阻力"盆地"，它的含义是决策实施非常顺利，几乎没有什么阻力。此时需要稳扎稳打，进一步扩大决策实施的效果，达成决策既定的目标。当然，修正决策的时机仍没有到来。

到了某一时刻，阻力一下增加很快，出现了阻力"陡升区"。这说明决策实施遇到了新问题、新阻力，而且问题很多、阻力很大。阻力陡升可能是决策老化、方法失效，也可能是环境、条件发生了急剧变化。在新的环境和条件下，原来正确的决策已变得不正确。阻力陡升也可能是实施决策者对原决策的认识有了改变，原来是认同的、承诺的，现在是拒绝的、应付的。不管是什么原因，阻力陡升都说明修正决策的时机到了。这个时候应对决策及时进行修正，不能拖延。因为阻力持续存在，而且增大，若不及时修正，将会给组织发展带来惨重损失。

阻力曲线反映了一般的决策实施之后阻力变化的规律。但具体到某一个决策的实施，阻力曲线的变化是各不相同的，这就需要在修正决策时区别对待。

2. 处理好"四个关系"

第一要处理好评估与修正相结合的关系。一般说来，先决策评估后决策修正，在评估的基础上进行决策修正。另一方面，修正决策的过程中也有决策评估。

第二要处理好修正决策的两个阶段之间的关系。一般说来，应该首先寻找确定决策实施过程中出现的问题，然后再寻找确定决策制定过程中出现的问题。与此相适应，首先修正完善决策实施中的对策，然后再来修正完善决策制定中的对策。但问题还有另外一面，即有时候也可能先发现决策制定中的问题并对之进行必要的修正，然后才发现决策实施中的问题并对之进行及时的修正。两个阶段的先后关系只是从逻辑上讲，从理论上讲应该如此，在具体修正的过程中，有时二者同时进行，有时甚至颠倒过来进行。

第三要处理好两个优化的关系。修正决策时首先要设计出比原决策质量高的方案，这是第一阶段的选择优化。因为决策已实施了一个阶段，方方面面的问题已暴露出来，人们对问题的认识也比原来深化了，所以修正的方案理所当然应比原决策方案优化。但是此时比原决策方案质量高的方案往往不止一个，而可能是多个。这就需要多个修正方案的权衡比较，即第二阶段的选择、优化。修正决策也是一个选择的过程，是一个多阶段选择、多方案选择、多标准选择和多形式选择的复杂过程。

此外，为了提高修正决策的质量，只有两个优化是不够的，领导者决策者还需要多重的优化。包括对策的选择和优化，途径的选择和优化，目标的选择和优化，价值的选择和优化等。只有决策方案的全面优化才能保证决策修正的有效性。

第四要处理好两个减少的关系。既要减少不必要的损失，又要减少当事人心理上的阻抗。决策实施一段时间后，肯定已投入一定的人力、物力和财力，已对环境造成了实际的影响，这时认定决策有误，并且立即对之修正，就会造成一定的损失，就会给决策实施者和制定者带来一定的心理震荡和心理阻抗。面对这种现实状况，修正决策时一定要尽量减少损失，尽可能地把原来投入的资源继续利用下去。修正决策与制定决策的主要区别在于，制定决策是在一张白纸上描画新图，而修正决策则是在已描画的新图上修改。从这个意义上说，修正决策要比制定决策更需要领导艺术。

处理好"四个关系"重点在明确修正决策的主体。修正决策的主体要明确，问题在哪儿出现及应该在哪儿解决。决策的实施过程中遇到了阻力，出现了难题，需要及时修正决策，最合适的决策修正者就是一线的决策实施者。在修正对策和途径时，决策的实施者是修正决策的主体。在修正目标和目的时，修正决策的主体就不应是决策的实施者，而应为原来的决策制定者，或者其他有决策权力的领导者。

决策主体修正决策时要有系统思维。修正决策的高超艺术还体现在多个决策同时修正或先后修正，这样可以相互借力，可以减少成本和阻力。最重要的艺术是把这一决策的修正与另一决策的制定巧妙地结合起来，因为在修正决策的过程中不仅可以发现新问题，而且能够发现新目标，发现新机遇。这样做的结果不仅使原有决策的修正变得容易，而且可以使新的决策制定变得更合理可行。

三、决策目标优化的艺术

修正和完善决策要对决策目标进行优化，现代领导理论和决策理论通常也把决策和决策的修正完善视为目标逐步优化的过程。从决策理论发展阶段就可以看出这种取向，取代经验决策的第一个理论是"最优决策"理论；取代最优决策的第二个理论是"次优决策理论"即"满意决策理论"；取代次优决策的第三个理论是"超优决策"理论。实际上，从经验决策的"不优"到科学决策的"最优"，从比较务实的"次优"到注重创新的"超优"，决策理论的发展都是突出决策目标这个核心的，都是强调优化这个重点的。目标越是优化，决策越是科学，这似乎已成了大多数人的共识。根本来说，领导决策目标优化的关键在于决策价值的优化。

（一）从经验决策到最优决策

在许多组织和部门，至今仍然有不少领导者和管理人员凭经验、凭感觉、凭胆量、凭偏好决策。如果社会发展不快、所处环境变化不大、组织规模又不大，那么领导者的经验的确是很有用处的。但若不确定性增大、社会发展飞快，原来行之有效的经验就不完全适用了。

经验决策确有局限，但崇尚"计算"、定量分析的最优决策一开始就把经验决策全盘否定也是不合适的。最优决策要求决策有关的信息要准确全面，拟订的方案要多，选择的标准要多，而且要排出优先顺序。在某种程度上，最优决策是完全理性的决策，它排除情感、意志、直觉、经验等一切非理性的因素，相信经过精确的"计算"，能够选出唯一的最优的方案，即"利润最大化"的方案。

客观地说，目标优化的最优决策确实比目标不优的经验决策进步了许多。这种"心中有数"的思维方式对于领导者和决策者来说是非常需要的。比如，政府要为群众办几件实事，但究竟怎样才能办好？经验决策者往往心中无数，仿佛只要有一个意愿就行了。而最优决策则要经过一连串的细化分析、一连串的调查研究，目的特别明确，计划也特别完善。这样的决策由于目标明、途径通，因此也容易成功。

最优决策尽管有诸多优点，如严谨的思维、定量的分析，但它过于理想化，对决策的过程、决策的目标等要求过高，以至于在组织的现实决策活动中很难满足最优决策的诸多条件，所以超越最优决策是不可避免的。

（二）从最优决策到次优决策

如果追求最优决策，信息一定要准确全面，比如有了所需信息的95%仍不决策，再等另外5%的信息收集齐了才能做决策。可是这时候可能需求变了、认识变了、条件变了、其他因素早已变了，"最优"的决策也无济于事了。处在变革时代的决策更要讲时效。

最优决策要求决策者完全理性，把方方面面的因素都预计到、计算好，这其实是不可能做到的，因为人的认识能力是有局限的。此外，最优决策排除不确定性、排除非理性，也是不可能做到的。最后，最优决策只考虑自己的最优，对决策执行者、相关者的需求和利益考虑不够，对竞争者的决策考虑不够，对环境条件的诸多限制考虑不够，结果只能给自己带来阻力，带来"减优"。"次优决策"又称之为"满意决策"。它比最优决策更现实，它不追求理想的"最优"，而是追求能够办得到的"次优"。

满意决策不是完全理性的决策，而是有限理性的思维，再加上直觉判断和形象思维，甚至加上经验的作用，形成一种定量定性相结合的决策。满意决策不仅赢得了时间，而且更重要的是它把经验决策和最优决策的优点都包容进来了。如果说最优决策是科学决策的话，那么满意决策就是艺术决策。满意决策考虑人的因素多，考虑的不确定因素多，考虑现实的因素多，考虑方方面面的因素多，在"科学"无法实现的地方，在"最优"无法做到的时候更多地使用决策艺术，使用领导艺术。

（三）从次优决策到超优决策

满意决策确有许多最优决策不具备的优点，然而它也有自己的不足之处。比如，它把决策目标从"最优"降到"次优"，易给人以不够进取的感觉。20世纪八九十年代兴起的"超优决策"新思潮，弥补了满意决策的这一缺陷。所谓超优决策，是指决策的目标不仅不从最优降到次优，而且比最优还优。如何达到比最优还优的超优目标呢？这就要求领导者和决策者要有不同于经验决策、最优决策和满意决策的高超的创新思维艺术，高超的决策艺术和高超的领导艺术。

超优决策与传统的最优决策的思路不同。最优决策的思路过于狭隘，一心追求决策实施之后的收益——成本差的最大化，这在实践中是很难做到的。而超优决策的思路是基于价值的，关键在于提升决策目标，使之超过原先追求的优化目标，然后以创新的、巧妙的设计手段去达到超优的目标。

超优决策重新设立比原先最优决策的目标还要优还要高的目标。不仅目标要超优，更重要的是要突破传统观念，进行创造性思维，以寻求达到超优

目标的具体路径和对策。超优决策需要高超的决策艺术,需要决策者打开思路,另辟新路。具体来说,要注意以下几个方面:①

（1）打开空间,千方百计地发现、扩充、利用各种资源。资源不是一个固定不变的静态的量,而是一个可以不断开发、不断增长的动态的量。用增长的眼光看待各种资源,使超优决策真正成为可能。

（2）善于综合两个或数个看起来相互排斥的决策方案,把它们各自的优势综合起来,形成一个超优的方案。

（3）善于借助第三方的力量,借助组织外部和社会的力量来解决本组织、本部门的问题。在内部优化不起来时,如果把组织与外部社会联系起来,系统地思考问题,有时很容易达到超优的决策目标。

（4）不针对问题搞优化设计,而是更进一步,针对问题发生的原因,甚至原因的原因来设计解决问题的超优方案。

（5）设计一整套方案来达到多个目标,巧妙地处理好多个目标之间的关系。比如,达到了第一个目标之后再去追求第二个目标,这时,第一个目标就成了达到第二个目标的"途径"和"手段"。这样可以大大增大收益,减少成本。

（6）根据激励理论,兼顾各方面的需求和利益,变单赢为共赢,从而达到超优决策的目标。超优决策通常是共赢决策。反过来,共赢决策通常就是超优决策。这一点在前面的共赢决策艺术中已做了很多论述,这里不再重复。

（7）善于在逆境中做决策。领导者决策时不能局限在克服困难上优化目标,不能局限在迎接挑战上优化对策。关键是要创造性思维,在困难中发现希望所在,在逆境中发现机遇所在。超优决策通常是既达到克服困难的目标,又达到了抓住机遇促进发展的超优目标。

（8）要超越目标的局限,更关注目的和价值。比目标更重要的是目的,比成本更重要的是价值。

总之,必须承认决策的实践和决策的理论都是不断发展、不断进步的。从经验决策到最优决策,从满意决策到超优决策,决策的目标越来越优化,达到目标的决策方案也越来越优化,这种进步是显而易见的。但领导决策并

---

① 刘峰:《新领导观》,北京大学出版社2005年版,第176页。

非只是目标的优化，领导决策是追求效果，是追求价值的，是关注如何才能实现最佳效果、如何才能实现理想价值的，是强调要做最好的事情。在领导者的眼中，决策目标不是最高的，最重要的，而价值才是最高的，是比决策目标更重要的。领导决策时一定要下大力气把价值整合起来，或者说"优化"起来。价值"优化"了、明确了，接下来优化实现价值的目标也就容易了。所以，领导决策的重点是价值的优化而非目标的达成。

附录

一、案例和思考

[引言]领导决策艺术是领导科学四大理论的综合应用，也是领导决策行为的灵活应用和创造性应用，因此，掌握领导决策艺术需要结合领导科学理论加以理解，需要结合领导活动实践加以分析和感悟，这里提供两个案例以深化对领导决策艺术的理解。

[案例一] 暴雨中的天价出租车[①]

2012年，北京"7·21"暴雨灾害中，闪烁着人性的光芒，传递着众人的感动。然而，也有令人无奈甚至愤怒的事情——由于首都机场当日500多架航班取消或者延误，8万多名旅客滞留机场，缺乏交通支持的首都机场在暴雨中仿佛成为孤岛，就在此时，有的出租车司机漫天要价，从机场到市区要价400元或者500元，到达东直门最多要价900元。

暴雨过后，回首细想，其实"趁火打劫"的事情古今中外都有。2004年，飓风"查理"咆哮出墨西哥湾，并横扫美国佛罗里达直至大西洋。飓风夺去了22条生命，导致了约110亿美元的经济损失。在美国奥兰多的一家加油站，原本2美元的冰袋卖到了10美元。当时正值8月中旬，因为停电不能使用冰箱和空调，所以人们别无选择，只能购买高价冰块。那些被风刮倒的大树使得

---

① 资料来源于《暴雨中出租车开天价的霸气何在》，载《中国经济导报》2012年7月26日，http://www.ceh.com.cn/ceh/jryw/2012/7/26/124532.shtml。

修补屋顶的需求量猛增。承包商们提出，房主需要支付2万到3万美元，才能将两棵被风刮倒的树从屋顶上清除掉。商店里小型家用发电机的标价通常为250美元，而此时却涨到了2000美元。一个逃离飓风的77岁老妪和她年迈的丈夫以及残疾女儿，住进一家汽车旅馆的房间，竟然被要求每晚支付160美元，而这通常只要40美元。报纸《今日美国》头条这样报道："刚走暴风雨，又来掠夺者。"

面对灾害，所有商品仿佛变了样，价格不是由内在的价值决定，而是由供求关系所决定。商品短缺，同时需求增加，这便给了商品涨价的机会。

北京暴雨中的出租车之所以敢喊出900元的高价，也正是因为相信会有人乘坐，相信不会出现所有乘客集体抵制高价的情况。

在看待天价出租车现象的时候，不能过高估计出租车司机的道德水准，更不能寄希望于通过教育培训等方式扭转这一状况。

出租车司机有各种理由来给自己的高价做辩解——高价出租车一个愿打，一个愿挨，没有强迫交易，属于市场上的自由匹配；路上堵车，油费及各种成本增加；承受出租车公司"份钱"的重压，每天早上出门已经欠了账，维修、清洁等各种费用司机自己承担等。

尽管2006年北京市政府根据出租车行业的意见将出租车定位于公共交通，但是显而易见，数量有限的出租车仍然缺乏足够承担公共责任的能力，个人收入与运营情况直接挂钩的出租车司机也不是都具备承担公共责任的觉悟。

[案例二] 毛泽东善用"外脑"取得淮海战役胜利[①]

淮海战役是古今中外战争史上一次以少胜多的奇迹。之所以取得重大胜利，是同毛泽东的从善如流"放手使用"和粟裕的战略奇思、斗胆直陈分不开的。简言之，淮海战役的胜利与毛泽东的决策艺术和善用外脑的艺术密切相关。

在淮海战役的战略决策和战略指挥中，粟裕都作出了非常重要的贡献，从集中主力于长江以北打大仗，到"小淮海"以及"大淮海"的战略战役规划，毛泽东经过深思熟虑决定后，均以中央军委的名义颁布实施。

孟良崮战役后，粟裕逐步形成了改变中原战局、发展战略进攻的战略构

---

① 案例节选自何虎生：《毛泽东蒋介石用人之道比较》，载《人民论坛》2011年第32期，第78-80页。

想。而中共中央在1947年12月根据战略形势，作出了分兵南进的战略决策，决定从中原战场上抽出一部分兵力渡江南下，以调动中原战场上的国民党主力部队。对此，粟裕经过认真考虑，三次致电直陈中央，提出在中原战场上集中兵力打大仗的建议。1948年1月22日，粟裕向中央军委发出"子养电"。1月31日，他向中央军委发出一份长达2000字的电报，重申"子养电"的观点和建议。4月18日，他再次"斗胆直陈"，向中央军委建议集中兵力在中原黄淮地区打几个大规模的歼灭战。

粟裕的三次建议引起了毛泽东的高度重视。经过研究决定，在既定战略方针不变的前提下，采纳粟裕的建议，使这一重大决策构成了淮海战役的最初蓝图。接着，粟裕的三次关键性建议，又促成了淮海战役由"小淮海"到"大淮海"的推进演变。豫东战役胜利后，粟裕随即向中央军委提出了进行淮海战役的建议。经过一天的慎重考虑，中央军委发出了毛泽东起草的答复电报："我们认为举行淮海战役，甚为必要。"10月31日，粟裕又发电报给中央军委建议："此次战役规模很大，请陈军长、邓政委统一指挥。"毛泽东等当即研究同意。11月7日，即淮海战役发起一天之后，粟裕等分析认为必须当机立断，不失时机地使淮海战役发展为南线战略决战，并立即电告中央军委，即著名的"齐辰电"。11月9日深夜，中央军委复电同意。

正是因为毛泽东数次采纳了粟裕的建议，才促成了淮海战役的最终胜利，从而成就了这一战争史上的奇迹。

二、重点推荐阅读材料

1．《邓小平文选》（全三卷），人民出版社2004年版。

2．刘峰：《管理创新与领导艺术》，北京大学出版社2007年版。

3．[奥]路德维希·冯·贝塔朗菲，林康义等译：《一般系统论：基础、发展和应用》，清华大学出版社1987年版。

4．[美]威廉·N.邓恩：《公共政策分析导论》，中国人民大学出版社2002年版。

5．[美]叶海卡·德罗尔：《逆境中的政策制定》，上海远东出版社1996年版。

思考题

1. 结合北京烟花爆竹"禁改限"的政策调整分析修正决策的艺术。
2. 谈谈你对领导决断艺术的理解和认识。
3. 结合案例一分析该如何治理暴雨中的"天价"出租车?
4. 结合案例二分析毛泽东的决策艺术。

第六章　领导激励凝聚艺术

【内容提要】

本章主要阐述领导激励凝聚的艺术，领导用人重在激励，激励既有科学性，更具艺术性，掌握了激励的原则和规律，然后因地制宜、因人而异地运用就生成激励艺术；领导激励旨在形成动力，凝聚动力以形成合力。本章第一节主要论述领导激励的逻辑，包括领导激励的生成逻辑以及激励制度和激励艺术的动态平衡关系；第二节主要探讨领导激励凝聚的制度和机制，包括激励和保健的结合、激励和约束的平衡以及领导激励的机制和制度；第三节主要阐述领导激励的主要艺术。

领导重在激励，激励众人生成动力；激励重在凝聚力量，把激发的动力凝聚起来以形成合力。因此，领导激励要把激励和凝聚结合起来，没有激励就没有分散的动力和活力；同样，只有激励没有凝聚，就意味着激励形成的分散的动力就没有方向和目标，这样的激励同样无法持续也没有价值。从根本上来说，领导激励凝聚和领导决策用人这两件大事要相结合，领导激励更多地与用人相关，通过激励来调动积极性；领导凝聚更多地与决策相关，通过凝聚来实现决策目标，领导激励凝聚与领导决策用人是一致的。

学习和应用领导激励凝聚艺术可以从三个层面加以理解和把握。第一，领导激励既需要激励制度也需要激励艺术，激励制度强调规律性和普遍性，激励艺术注重灵活性和特殊性；第二，领导激励既需要激励也需要保健和约束，三者要结合起来；第三，领导激励既需要激励也需要凝聚，激励和凝聚要结合起来。

第一节　领导激励的逻辑

领导激励既要服从先后顺序的逻辑规定，又要长袖善舞，掌握"弹钢琴"的领导艺术。

一、领导激励的着力点

领导激励需要把握四个着力点，一是满足员工的需要；二是激发员工的动机；三是鼓励和强化员工的正确行为；四是引导员工的奋斗目标。这四个着力点并不是孤立的，在着力某一点时必须兼顾其他三点，与其他三点相一致。

（一）满足员工的合理需要

按照马斯洛的层次需要理论，人的需要可以由低到高分为五个层次：第一层是生存需要；第二层是安全需要；第三层是归属需要和人际关系的需要；第四层是尊重的需要；第五层是自我实现的需要。在同一时间，不同的员工有不同的需要，有的希望得到领导者的信任尊重，有的希望得到更多的收入报酬。在不同的时间，同一个员工也有着不同的需要。由于每个时期、每个员工有着不同的需要，领导者就要随时关注每一个变化，用不同的方式和不同的内容去满足成员的合理的优势需要。

因此，领导者激励时首先要了解下级的需要及各自的优先顺序，然后再去激励，就能达到事半功倍的效果，即先知道需要及需要顺序然后根据需要层次去激励。激励一定是基于需要展开的，无论是需要层次理论还是保健—激励双因素理论都是围绕着需要满足的层次、保健需要和激励需要的规律展开的。因此，领导激励之前一定要了解下级和群众的需求。

满足员工的合理需要并不是被动的。领导者不仅要发现员工的需要，挑选合理的需要，满足员工的需要，而且要主动地刺激和创造员工的需要，引导员工的需要。有时候员工对自己的需要并不十分清楚，这就需要领导者加以引导，帮助员工发现自己的合理需要和优势需要。领导激励的着力点应放在合理需要和优势需要上，因为这与动机的激发、行为的鼓励和目标的引导等着力点有关。

最后，需要领导者特别注意的是，满足员工的合理需要是有条件有限制的，领导者只能根据现有的资源，根据工作的需要尽量地在满足员工的合理需要上下工夫。

（二）激发员工的积极动机

领导激励的第二个着力点是激发员工的积极动机。由各种需要引发的欲望、热情、动机和潜能，其中既有积极的因素，也有消极的因素。领导激励时只能着力于积极因素的发现，积极动机的激发，而对消极的动机不仅不能激发，而且还要加以抑制。

这里所说的积极的动机和第一个着力点所说的合理的需要是一致的，或者说是一个问题的两个方面。换言之，合理的需要引起的是积极的动机，而不合理的需要引起的只能是消极的动机。所谓"合理"和"积极"只有在特定的情境中才具有确切的含义。换言之，只有相对于特定的领导意图和特定的领导决策目标才谈得上什么需要是合理需要，什么动机是积极动机。

（三）及时鼓励员工的正确行为

领导激励的第三个着力点是及时鼓励员工的正确行为。领导者如果发现员工的行为符合组织发展的方向，符合决策的目标，符合领导的意图，那么，这种行为就是正确的，就是需要激励的，领导者就要对员工的正确行为进行及时地鼓励和奖励。其他员工看到这种行为得到积极的反馈，也会效仿类似的行为，这样，正确的行为从一次到多次，从偶然到习惯，从一人到多人，从个别到整体，最终的结果是这种积极行为的强化有利于组织决策目标的实现。当然，如对员工的错误行为进行迁就，这些错误的行为就会变本加厉，危害组织决策目标的实现。

（四）着力引导员工的奋斗目标

领导激励的第四个着力点是巧妙引导员工的奋斗目标。员工的奋斗目标是个体的，是分散的，他们的积极性被激发出来后领导者就要花力气引导员工个人的奋斗目标，使之与组织决策的大目标一致起来。要对与大目标一致的个人目标给以鼓励，对与大目标不一致的个人目标给以引导。所谓引导就不是强制命令，而是通过利益机制，通过组织文化的影响，使员工自愿地将个人利益与组织利益一致起来，将个人奋斗目标与组织奋斗目标一致起来。

这里有必要指出，引导员工的个人奋斗目标离不开对员工正确行为的及时鼓励，离不开对员工积极动机的激发和合理需要的满足。找准四个着力点后,领导者对员工的激励不应是机械地孤立地进行,而应该针对不同的着力点艺术地施加力量。

根本而言,领导激励的每个着力点都凸显领导激励的选择性,或者称为选择性激励,因为无论是员工的需求、动机、行为还是结果,至少都指向两个方面,一个方面是员工自己的目标,另一方面是领导者和组织的目标。领导激励着力点就是要选择在员工目标和组织目标重合的地方进行激励,这样,员工既能实现自己的目标,同时也利于实现组织的目标。领导激励既要满足需求,又要引导需求,围绕需求进行。这里结合马斯洛的层次需求理论以进一步把握和应用激励的着力点。

一是对人的尊重,尊重人的权利、人格、差异性、创造性。这里讲的创造性,是跟领导力紧密联系的,领导力和创造力又是紧密联系的。创造力不一定是领导力,但是领导力一定有创造力,所以要尊重每一个人的创造力,尊重差异性。

二是对人的信任,领导力是影响力,要去影响人,没有信任,就失去影响力产生作用的基础。信任首先需要领导者敢于承担风险,承担信任对方而得不到正面回馈的风险。对员工的信任这一步是领导者首先必须迈出的,没有领导者对员工的信任,也就不会有员工对领导者和组织的信任。没有信任就没有激励,就没有授权,就没有员工的主动性,员工就感觉不到尊重,就没有团队协作,也就没有组织绩效。因此,"作为一名领导者,你必须自觉地努力去建立并保持信任关系"[1]。

三是对人的欣赏、赞赏,对人的成绩、努力、贡献及时给予肯定、赞扬。在家里,父母的一句话,往往对子女是一种激励;在学校里,老师的一句话、一句肯定、一个眼神,对学生的激励效果有时是十分明显的。领导者更要会欣赏、赞赏成员,因为领导者的一句话往往有意想不到的激励作用。

四是对人的理解,不仅理解人的需求、内心、行为,更要学会设身处地去理解别人。做到能够设身处地地去理解别人,会有助于别人更加的认同你,更加的理解你。

---

[1] [美]詹姆斯·库泽斯,巴里·波斯纳,李丽林等译:《领导力》(第4版),电子工业出版社2009年版,第186页。

五是对人的支持，帮助和服务。可以说"领导就是服务"，点透了领导力的本质。领导应该学会当"配角"，去服务、支持，让下级去冲锋陷阵，创造卓越的组织绩效。

六是对人的关心，对下级生活的关心，尤其是对弱势群体的关心。

二、领导激励的先后顺序

领导激励的逻辑实际上就是激励的先后顺序，这是领导激励科学性和规律性的体现。整体上来说，领导激励的先后顺序是先激励后凝聚。领导激励的先后包括先激后励，先激励心后激励智，先正面激励后负面激励，先激励自己后激励他人，先分开激励后合起来激励，先激励后凝聚。

（一）先激后励

"激"在前、"励"在后，"激"是面向未来、面向明天，"激"要的是动机、动力，是在行为之前，是对行为的激发；而"励"是面向昨天、面向过去，是在行为之后，是对行为的评价、奖励和惩罚。"激"的重点是人的行为的动机，"励"的重点是人的行为的结果。

传统领导激励重在"激"，强调对干劲、热情和意愿的激发和发动，下级做出成绩了，领导对此没有肯定，使得激励的效果是不明显的。因此，过去对领导激励的认识往往停留在"激"的层面，忽视了"励"，这样，"激"和"励"就割裂开来，影响到下级的积极性和领导活动的效果。总之，领导激励的内涵是既要"激"也要"励"，二者要相结合。

由于"激"在行为之前，"励"在行为之后，因此，激励要先"激"后"励"。"励"是一种信号，是领导者的领导行为发出的信号，这种信号是对下级行为的鼓励和奖励；"励"是一种反馈，是一种评价，一种强化，是对下级行为的肯定，"励"是一种强化。

激励是一种力，激励越及时，特别是"励"的越及时，激励的效果越好。激励越及时效果越好，但也不能片面理解。因为有的时候员工的绩效，不是短期就能看出来，有的甚至一年以后绩效才能够显示出来，激励的依据是创造的效能和潜能，不能为及时而及时。

激励要先激后励，"励"的时候重在把握好虚激励与实激励的平衡点。这里的虚激励是特指领导者对员工的精神上情感上的激励，这里的实激励是特指领导者对员工的物质上经济上的激励。由于组织成员既有精神上的需要，又有物质上的需要，所以在激励时最好把精神激励和物质激励结合起来进行，以达到最佳激励效果。

把握虚激励和实激励的平衡点的关键之一是认清组织成员的差异性。尽管在同一个组织，甚至在同一个部门工作，而员工与员工的需要是不同的。很可能有的员工的精神需要多一些而物质需要少一些，有的员工的精神需要少一些而物质需要多一些。换言之，每一个员工都有一个虚与实的结合点。领导者要识别员工需要的差异性，并分别在虚实结合点上进行激励。

把握虚激励和实激励的平衡点的关键之二是把握组织成员需要的变动性。随着环境的不同，素质的不同，时间的不同，虚实需要的结合点也会不同。作为领导者要适应每个员工虚实需求结合点的变动情况，有针对性地去激励员工的积极性和创造性。

把握虚激励和实激励的平衡点的关键之三是处理好主动激励与被动激励的关系。激励并不是被动地去满足员工的需要，也不是被动地去寻找员工虚实需要的结合点。领导者可以根据当时的情境和资源，积极改变员工虚实需要的结合点，既可以用精神激励去弥补物质激励的不足，也可以用物质激励去弥补精神激励的不足。

（二）先心后智

通常认为，激励就是"引发人们的热情和坚定信念去采取某些行动的内部或外部力量"[①]。有时激励强调的是对下级工作积极性和工作热情的激励，把激励心作为领导激励的唯一任务。但实际上，领导激励有两大任务，既要激励心，又要激励智，而且要先激励心后激励智，重点在于激励智。

先激励心，即先激励下级和群众的工作热情、意愿和积极性，激励下级和群众的心理、心态，"动天下之心"；然后再激励下级和群众的智力、能力和创造性。激励心是前提，激励智是目的、是结果，要把二者结合起来，而且二者要有一个先后关系。领导激励时首先要提高对下级的期望值，增加信任度，使其潜能显露出来，从而变成显能和效能。

---

① ［美］理查德·L.达夫特，杨斌等译：《领导学》（第5版），电子工业出版社2012年版，第191页。

（三）先正后负

领导者首先对下属进行正激励，给以正面的鼓励强化，然后还要对下属进行负激励，给以忧患意识，促其发愤图强，重点放在正激励上面。这里的正激励特指对激励对象的肯定、承认、赞扬、奖赏、信任等具有正面意义的激励艺术，这里的负激励特指对激励对象的否定、约束、冷落、批评、惩罚等具有负面意义的激励艺术。正激励给人以激情、给人以动力、给人以自信、给人以梦想；负激励给人以冷静、给人以警醒、给人以反思、给人以理智。正激励更多的是属于领导艺术的范畴，而负激励则主要的属于严格管理的范畴。

先正后负的激励逻辑重在把握正激励和负激励的结合点，关键是要分清楚员工的行为是正确的还是错误的。把握好正激励和负激励的平衡点还要求领导者要事先提供一个明确的标准，什么是符合领导意图、符合组织文化、符合组织决策目标的正确行为，什么是违背领导意图、违背组织文化、违背组织决策目标的错误行为。同时还要提供奖惩的标准，什么样的正确行为能得到多少正激励，什么样的错误行为会得到多少负激励。这样一来，激励就透明公平。组织成员为了多得到正激励和少得到负激励就会自觉地努力地按照领导者的意图为组织决策的目标而奋斗。

（四）先我后他

过去，提及激励通常强调的是领导者对下级的激励，其实，这只是领导激励的一部分内容。每一个人都需要激发，不管是高层领导还是中基层领导，其实都是从自我激发，自我激励开始。领导激励要先我后他，每一个人的原动力就是自己，首先是自我激励，自我激励是永恒的动力。领导者的动力首先来自于自己，一个人自己都不能激励起来，自己都没有自信，没有心理优势，没有强大的正能量，是不可能激励别人的。领导激励首先自我要发动，投入体力、智力、能力、情感、信任，只有自己激励起来了，才可能激励别人和下级。从激励自我开始，然后激励他人，最后相互激励。励是双向的，决断力是双向的，激励力更是双向的，只有相互激励，励才能持久存在。

领导者对下级激励的效果很大程度上取决于领导者自我激励的效果，换言之，领导者对下级、对他人的激励是以领导者的自我激励为前提的。而且，过去常常强调领导者对下级的激励，而忽略了下级对上级的激励、对同级的激励，这也是不全面的。领导激励要先激励自我后激励他人，领导者要激励下级，下级也要激励领导者，领导者和追随者之间要相互激励，这样才能生成持久的动力，才能形成上下一致的合力，相互激励才更容易凝聚。

下级及时地对上级进行激励体现在对上级的服从上，体现在对上级能力和成绩的承认上，体现在对上级的信任依赖上。上级对下级进行激励体现在对下级的服务上，体现在对下级的关心和支持上；体现在对下级的肯定和鼓励上。上级下级相互激励，一可以建立良好的人际关系和上下级关系；二可以相互从对方获得认同，获得信心，获得灵感，获得动力，从而大大提高工作绩效；三可以树立正气，提高士气。

概言之，激励一方面来自于自我激励，另一方面来自于他人激励，领导力是双向的。所以，激励要先我后他，然后相互激励，重点在激励他人、激励下级和群众。

（五）先分后合

激励须先从个体开始，把每一个人都充分地激励起来，才有组织的士气，才有整体的激励，才有整体的能力。个体的个性化和差异化决定了领导激励时要结合激励对象的情况进行，领导者要给下级和群众提供个性化的服务，更主要的是提供个性化的激励、个性化的领导。激励要先个体，实质是强调领导激励时要因人而异地去激励。领导者必须理解每一个人的需求，进行个性化激励。总之，激励要先个体后群体，激励个体与激励群体相结合，但是重点要放在个性化、个体上。

此外，先分别激励后整体激励的另一层含义是要先单一激励后综合激励，即在某一特定时刻，对某一特定对象，针对他的优势需求，进行单一手段和单一形式的激励。等到时过境迁，再对其他需求进行满足，对其他动机进行激发。比如先进行物质激励，然后停一段时间再进行精神激励，这样合起来就是综合激励。

（六）先激后聚

领导激励要先激励后凝聚，激励在先，凝聚在后，激励旨在形成动力，凝聚重在形成合力，激励与凝聚要相结合，重在凝聚。凝聚人心，凝聚力量是领导力的根本目的。如果缺少激励的环节，每个人的能量没有被激发出来，领导者再怎么凝聚也形成不了合力，就如同再多的零加起来仍然还是零。如果只有激励，但缺少凝聚，那么即使每一个体的能力和热情都被充分地激励起来了，每一个人都有很强的战斗力，结果仍不尽如人意。关键是把激励和凝聚结合起来，在激励的前提下凝聚，在凝聚的基础上激励，于是，激励、凝聚、再激励、再凝聚，整个领导活动就会非常有序、有效地展开。激聚既要靠约束，靠纪律，靠保障，这些"硬"的东西；又要靠目的，靠愿景，靠梦想，这些"软"的东西，激聚力量须"软硬兼施，以软为主"。

（七）先要后到

激励要有效果必须注意两个因素的结合：一是激励下属时首先考虑到下属的需要，下属的价值取向；二是考虑到下属的能力，下属达到目标的可能性。领导者为下属树立的目标要让下属感到是他自己所需要的，是他自己认为重要的，这样下属的动机就能被初步地激发起来。领导者为下属树立的目标还必须是下属经过努力能够达到的，并且达到目标以后下属肯定能够得到领导者事先允诺的奖励。"要"是需要，"要"是重要；"到"是达到，"到"是得到。只有将二者内在地一致起来，结合起来，激励才能真正发挥作用。

把"先要后到"的激励逻辑运用起来就形成有用的激励艺术。"先要"意味着领导者应该帮助追随者发现工作的意义和价值，要引发他的需要，激发他的动机。"后到"意味着领导者据此要做好两件事情：一是要对被领导者多辅导、多帮助、多服务、多指导，增加他们达到目标的可能性；二是要建立起与被领导者之间的信任关系。许诺给下属的奖励一定要兑现。否则，被领导者即使经过努力能达到预定目标，但达到目标以后却得不到领导者的赏识和奖励，那么，他的激情和潜能就激励不充分，即使被激励起来了，这种激励也不会长久。所以，从这个意义上来说，"先要后到"的重点也应该放在"到"上面。

三、激励制度和激励艺术

领导重视人，强调以人为本，这里的以人为本是对被领导者、对群众的尊重。以人为本，不是想激励人什么人就激励什么人，也不是想什么时候激励就什么时候激励，更不是想怎么激励就怎么激励，没有标准和规则的激励实际上是一种"人治"，就会有很大的随意性。在一定程度上，制度设计可最大程度上避免人为性和随意性，现代领导激励要重视激励制度的建设。

激励首先要遵循一定的标准和规则，这些标准和规则就是激励制度，激励制度更具有根本性和全局性。因此，领导激励首先是一个制度激励、制度设计，不以人的意志为转移，不以领导者的好恶和更迭而变化。以人为本而不是以领导者为本，制度是共同建立的，制度激励应该是第一位的。过去，激励更多地强调领导者个人的激励，忽视了制度的激励作用，这一点在现代领导激励中尤其要注意避免。

但激励制度也不是万能的，因为激励制度强调的是对所有人的激励，考虑的是普遍情境下的激励问题，由于每一个地区、每一个部门都有自己的特殊性，这样，在实施激励制度时就要灵活地把握和应用，把一般的激励制度和具体的实际结合起来，激励制度和实际情况的结合就生成了激励艺术。因此，领导激励要把激励制度和激励艺术结合起来，先有激励制度后有激励艺术，激励艺术是在激励制度基础上的灵活应用。如果说激励制度强调"硬"的方面，那么激励艺术则更注重"软"的方面，要以激励制度为主，激励艺术为辅，二者缺一不可，二者要相结合。

领导者需要注意到，激励制度不可能面面俱到，这个时候需要用领导艺术和激励艺术去弥补、去补充。激励之所以有效，一方面是因为可预期性，这就靠激励制度；另一方面却是由于其超预期性，这就靠激励艺术。因此，领导激励的逻辑重点在把握激励制度和激励艺术的动态平衡，既有激励制度又要超越激励制度，既要激励艺术也要把激励艺术制度化。

第二节　领导激励的机制

领导激励有广义和狭义之分，从狭义上来说，领导激励主要是激发、鼓励、奖励；从广义上来说，领导激励不仅仅是激励本身，还包括保健和约束，也就是说，领导激励需要一定的前提和基础。因此，探讨领导激励还需要从更广阔的角度去研究激励与保健的结合，激励与约束的平衡，以及如何完善领导激励的机制和制度。

一、激励与保健的结合

保健是领导科学的一个基本概念，最初由赫茨伯格提出。激励与保健相结合意味着领导激励机制既要激励，也要保健，如果没有保健只有激励，激励就丧失了基础和前提，这样的激励短时间可能有效，但难以持久和长久。但二者也有一个先后，就是先保健，后激励。在保健的基础上进行激励，在激励的基础上再进行新的保健，保健和激励相结合，重点放在激励上面。

保健与激励相结合有两层深刻的含义。第一层含义是指对激励的个体要先保健，后激励。保健取决于常量，激励则取决于增量。保健的作用是积极的，它使员工已经激发出来的潜能和热情得以保持。领导者一定要掌握好这个节奏，在保健的基础上进行激励，在激励的基础上进行保健。

第二层含义是指对激励的群体应该先保健，后激励。一个组织需要保健和激励交替进行，才能可持续发展。此外，对组织中的大多数员工要进行保健，对贡献大的人才进行激励，即对人力要多保健，对人才要多激励。换言之，既要重点激励闯关历险的"千里马"的动力，又要维护许许多多默默无闻但努力实干的"老黄牛"的利益。所以，激励要和保健结合起来，只有激励没有保健导致的结果就是激励了少数人的积极性而挫伤了大部分人的积极性。

二、激励与约束的平衡

领导激励也是要把激励和约束相结合，有效地平衡激励和约束。我们可以从积极和消极两个角度来理解约束，从消极方面说，约束就是控制、就是限制；从积极方面说，约束就是凝聚、就是团结、就是集中。而且，约束的消极方面和积极方面是统一的，控制和限制旨在实现凝聚和团结，对员工个人利益的适度约束是为了更有效地实现组织利益和价值，而只有实现了组织的整体利益，每位组织成员的利益才能实现，才能得到保证。

约束既强调对领导者的约束也强调对下级的约束，但首先是领导者的自我约束，领导者要先约束自己再去约束下级，领导者只有先管住自己，管好自己，才能去领导别人，管理别人，约束别人。正如习近平总书记在2013年全国组织工作会议上强调的那样，"要把从严管理干部贯彻落实到干部队伍建设全过程，坚持从严教育、从严管理、从严监督，让每一个干部都深刻懂得，当干部就必须付出更多辛劳、接受更严格的约束"。

为什么要把激励与约束结合起来呢？因为激励重在激发和强化人的行为，

旨在形成动力,但这种动力很大程度上是分散的、个体的动力,这种动力引发的行为很可能会只是追求个人或小团体利益的最大化,可能会偏离组织的目标和领导的意图。所以,在激励形成动力、形成活力的基础上,要影响大家朝着既定决策目标前进,就要进一步形成合力,把分散的动力进行聚焦,形成有效的执行力。

没有约束就没有凝聚力,没有约束就没有执行力。依法行政是约束,组织文化是约束,廉政建设也是约束。约束既要法律法规"硬"约束,也要道德、文化"软"约束。在领导激励的过程中一定不要忽视约束的重要性,一定要把激励和约束结合起来。激励的同时要有约束,通过约束形成合力、通过约束控制动力,激励和约束相结合就是要把握激励的度。

三、领导激励的机制和制度

如上所述,"激"和"励"不同,"激"的重点是激发人的行为的动机,"励"的重点是落在人的行为的结果。领导激励要把激和励结合起来,先激后励,重点在励。但仅仅做到这点还不够,领导激励还要注意激和励一致,领导激励要与领导决策、领导用人相一致,服务于领导决策的目标和全局。

激和励要一致意味着领导的"励"要符合"激"的目的、目标,要符合领导的意图,要与决策目标相一致。如果激励的不一致,激励的效果只能适得其反。

领导者在激励下级的时候,要因时、因事、因人的去激励,要和领导意图、决策目标结合起来。也就是说,领导激励只是手段,归根结底是要实现决策目标、达成领导意图。进一步来说,无论"激"还是"励"都要与决策目标结合起来,一致起来,如果激励与决策目标不一致,就会导致"目标替代",这样的激励是片面的,是不利于决策目标实现的。

领导激励不仅要与领导决策目标一致,还要服从领导用人制度,与领导决策用人结合起来。从根本上来说,领导激励强调的是如何影响人,调动人的积极性,因此,探讨领导激励机制就离不开用人制度。领导激励要在用人制度方面下工夫,以形成更加公平规范、更加高效的用人制度。

第三节　领导激励的艺术

本节结合激励的原则和逻辑，重点探讨领导激励的艺术，包括目标激励的艺术、工作激励的艺术、尊重激励的艺术和兼容激励的艺术。

一、目标激励的艺术

目标激励就是领导者为组织成员树立一个或数个明确具体且切实可行的目标，并以此来规范、引导和激发组织成员的行为。目标激励包括正向的目标激励和反向的目标激励，前者是顺境激励，后者就是逆境激励，在实际的领导实践中，对前者强调的很多，但对后者往往不够重视，实际上，完整的目标激励既要正向激励，也要反向激励，既要顺境激励，也要逆境激励。

正向的目标激励有两个方面的内容：树立适中的目标和强化组织成员的积极行为，前者是激励的基点，后者是激励的过程，前者是静态的，后者是动态的。

一是目标要适中。激励员工一定要树立一个目标，但如果目标太高了，就会丧失激励的作用。激励作用（用 E 表示）取决于目标的重要性即价值（用 V 表示）和实现目标的可能性（用 P 表示）两个因素的综合作用。用公式表示如下：

$$E = V \times P$$

再来看最极端的情况，假定 V 很大，数值为100，而 P 很小，数值为0，于是：$E = V \times P = 100 \times 0 = 0$。显然，如果只重视目标的重要性而忽视实现目标的可能性，那么激励作用肯定不会很大。反之，如果只重视目标的可能性而忽视目标的重要性，同样激励作用也不会很大。

因此，领导者用目标激励既要注意目标的重要性又要注意它的可能性，要把握好度。适中的目标对于组织成员而言，既不是极为重要也不是无关紧要，而是较为重要，并且是经过努力可以达到的目标。

二是目标要强化。所谓强化就是对趋近目标的行为给以及时反馈、评价和鼓励，对偏离目标的行为给以纠正，对背离目标的行为给以惩罚。目标的强化需要掌握及时、公正、连续三个原则。

及时性原则。组织成员的工作有成绩，领导者就要及时给予鼓励、奖励，以便员工更加努力地工作，更快地达到目标。如果拖了很久才去鼓励、奖励，就起不到预想的作用，这实际上造成了激励的断裂。

公正性原则。激励是否有效关键要公正。谁做出成绩就奖励谁，谁的成绩大就重点奖励谁。公正不是平均，奖励不能人人有份。如果激励不是根据工作成绩，而是大家得的一样多，结果名为激励，实际上难以起到激励的作用。

连续性原则。目标强化是个过程。组织成员工作积极，有趋近目标的行为应给予奖励；接下去组织成员工作干得更好，成绩更大，还应进一步奖励。要用连续不断的奖励和鼓励促使组织成员不断地进步。

目标强化的难点是激励的有效性。组织成员之所以要努力达到目标，是因为这个目标对他有价值，如果他趋近了目标却没有得到激励，目标的价值没有实现，那么他就可能停止或放慢趋近目标的行为。还有一种情况是他趋近了目标并且受到了激励，但他仍觉得目标的价值没有实现，他也会停止或放慢趋近目标的行为。因此，领导者在进行目标强化时一定要注重激励的有效性。

如果说目标激励是一种正向激励，是用光明的前途、远大的目标去鼓舞人心、增强斗志。那么，逆境激励则是一种反向激励，是用现实的困难、危机、忧患去唤起人心，凝聚斗志。在实际工作中最好根据前面提到的"先正后负"的激励逻辑，把这两种艺术结合起来运用。在反向激励时，要注意以下几点：

一是把困难告诉下属。逆境激励首先要把组织群体面临的困难如实地告诉员工，使他们知道真实的情况和处境，以便凝聚人心，激发下属克服困难的昂扬斗志。把困难告诉员工，首先要实事求是，既不夸大也不缩小。把困难说过了头，容易使员工泄气；把困难说得太小，则难以引起员工的重视。第二要全面，把遇到的各个方面的困难都一一告诉下属，使他们警醒。第三要讲清面临的形势不仅给组织群体带来困难，同时也给组织群体中的个人带来不利，尤其是讲清组织与个人的关系，把个人利益与组织利益联系起来。第四要选准时机，太早太晚都不利于激励员工。

二是给下属指出光明之路。仅仅把困难告诉员工是不够的，重要的是在告知困难的同时指出机遇所在、光明所在，以提高其克服困难的勇气。"我们的同志在困难的时候，要看到成绩，要看到光明，要提高我们的勇气"。[①]毛泽东这里讲的就是逆境激励的原则和艺术。困难和光明、挑战和机遇往往是并存的，因此不能只见前者不见后者，只告诉困难而不指出光明。领导者在进行激励时要特别注意指出困难与光明的联系，指出克服困难达到光明的具体途径。

三是要同舟共济。逆境激励能否成功还取决于领导者、管理人员和普通员工的沟通、团结——要让组织成员感到领导者、管理者和自己在同一条船上，处境是共同的、心情是共同的、命运是共同的，克服困难的勇气也是一样的。如果只让员工克服困难，领导却袖手旁观，员工的积极性是不可能调动起来的。

总之，逆境激励的艺术就是激起人们的危机感、紧迫感、责任感和使命感，鼓起人们的斗志、勇气、热情和潜力，越是遇到挫折和磨难的时候，越需要进行激励，使领导者、管理人员和普通员工团结起来，共同奋斗。

二、工作激励的艺术

工作激励艺术就是把工作本身作为激励的内容和手段，以提高组织成员工作的积极性和创造性。随着社会的发展和人自身素质的提高，随着自我领导的普及，利用工作本身进行激励的艺术将会变得越来越重要。

一是工作的重要性。领导者在分派工作时要把工作的性质、特点、重要性直接告诉组织成员，让成员知道自己工作的重要性，从而激起工作的自豪感。一般说来，工作的重要性表现在以下几个方面：第一是该项工作在全局工作中所处的重要地位；第二是该项工作的难度，比如特殊的技能要求；第三是该项工作的特殊性，比如特别艰苦；第四是该项工作带来的效益特别大，包括经济效益和社会效益；第五是该项工作的关键性。把以上各个方面的意义告诉成员，让他们感觉到自己的工作是有价值的，感觉到自己为组织群体作了特殊的积极贡献。

二是工作的全程性。领导者要创造条件让组织成员尽可能自始至终参加某项工作的全过程。工作的全程性能激发人们的责任感和荣誉感。需要指出

---

① 《毛泽东选集》第3卷，人民出版社1991年版，第1005页。

的是，有的工作可以让一个人参加全过程，有的工作一个人不可能参加全过程，因此要根据工作的性质灵活掌握全程性工作激励艺术。

三是工作的丰富性。工作本身的丰富性、趣味性能够有效地激励员工的积极性、创造性等。领导者可以通过创造舒适的工作场景、多变的工作内容、有趣的工作方式等手段来激励员工。要特别注意使工作符合员工的特点、兴趣，挖掘员工的潜能，促使他们围绕本职工作开展各种创新活动。

四是工作的透明性。工作的透明性是指员工在工作时就知道自己的工作会带来什么后果——包括积极的后果和消极的后果、给个人带来的后果和给组织集体带来的后果。知道工作的后果，员工在工作时就会自觉地调整自己的行为，加大对工作的投入，包括体力、智能、时间的投入等，从而提高工作的绩效。

五是工作的自主性。领导者对员工要充分信任，在交代了工作任务和工作原则之后就应放手让他们去干，员工有权决定自己工作的方式、节奏。增强工作的自主性可以有效地激发员工的成就感、自豪感，激发员工的创造性和工作热情，激发员工你追我赶竞争向上的动机。

六是工作的参与性。参与性主要是通过让员工在许可的范围内参与管理、参与决策、参与一切可以参与的活动，来激发他们的主人翁意识，增强他们的满足感、成就感，从而增强他们的工作积极性和创造性。参与激励要特别注意发挥员工个人在工作中的独特作用。一个优秀的领导者既要注意发挥集体的作用，又要注意发挥组织中每个人的作用——要让每一个员工都能感受到自己在这个组织中是重要的一员。

七是工作的挑战性。设定一个较高的富有挑战性的标准和目标，能够有效地激励下属的工作热情和创造性。满足工作挑战性的关键是较高的适中的目标，如果工作目标设置得过高，即使经过努力也不能实现，就会挫伤下级的积极性和斗志；如果工作目标设置得过低，不用怎么努力就能完成，下级也没有动力和兴趣去干；只有较高的适度的工作目标特别是经过自己的努力能实现的工作目标，能给员工带来自我实现感，才可以有效地激励员工。需要注意的是，工作的挑战性要因人而异，因时而异，领导者要根据每个人的情况，每个不同时期的情况设置适度高于其工作能力的工作目标，并及时根据员工能力的变化适时调整工作目标，使激励形成持续的动力。

三、尊重激励的艺术

人们尊重领导者，同时希望自己也能得到领导者的尊重。尊重激励的艺术，就是通过尊重员工来激励员工，领导者要尊重员工首先要自尊——一个自尊自重的领导者才有可能赢得员工的尊重，然后再去通过尊重员工来激励员工。尊重激励有两个重点：

一方面，尊重激励重在营造一个尊重的环境。尊重环境的营造首先要求领导者要把注意力从自己的身上转移到员工身上，转移到有热情、有才干的一线员工身上，承认每一个人的能力、每一个人的业绩，倾听每一个人的意见、每一个人的呼声、每一个人的需求，并及时给以积极反馈。其次，领导者要承认每一个员工的差异，并尊重每一个人的差异。不同性别的人，不同年龄的人，不同专业的人，不同地位的人，不同想法的人，不同做法的人，不同个性的人，在一个组织群体里都是重要的、有价值的。再次，领导者要避免对员工约束太多、控制太多、管理太多、指导太多。领导者只在员工真正需要的时候出现，提供必要的指导，提供必要的建议，提供必要的辅导，提供必要的服务。领导者鼓励员工的自我负责、自我肯定、自我接受、自我激励，使员工的权利、员工的选择、员工的创造、员工的尊严得以切实的保障、尊重、鼓励和维护。最后，领导者要与员工一起培养自觉性和主动性，知道自己在干什么，知道自己为什么在干这个工作，知道自己的工作是如何与组织的总目标联系在一起的，知道自己的工作是如何与外界、群众以及社会联系在一起的，知道自己的工作创造了多少价值。尊重不是手段而是目的。领导者要与员工一起尽一切努力，创造一个自尊和互尊的环境。

另一方面，尊重激励要尊重员工在工作中取得的进步、成就和对组织的贡献，这也是对员工最大的尊重，因此，领导者要掌握庆祝胜利的艺术，通过庆祝员工的胜利体现对员工的尊重。庆祝胜利的艺术首先是领导者要把庆祝胜利与组织目标、团队精神建设结合起来。"卓越的领导者知道，庆祝的文化能强化组织是个整体的感觉，是留住和激励员工必不可少的措施。"[①]如果员工的努力和贡献能够促进组织目标的实现，推动工作的进展，领导者就要

[①] [美]詹姆斯·库泽斯，巴里·波斯纳，李丽林等译：《领导力》（第4版），电子工业出版社2009年版，第258页。

学会及时为他们进行庆祝。这里的关键是，领导者要在把握兼容激励艺术的基础上进行，全面把握究竟是谁为组织做出了怎样的贡献的相关信息，为恰当的人庆祝胜利。

卓越的领导者知道，庆祝是激励员工鼓足干劲的大好机会，庆祝胜利意味着领导者看到员工的贡献而且承认员工的贡献。通过庆祝胜利，让员工明白只要他的行为能够促进组织目标。有关庆祝活动的一切事宜都应与激励的目标、决策的目标和组织的目标相一致，而且，领导者庆祝胜利要公开地进行，要让每一位员工都看到，其实这也是给大家树立榜样和典范。庆祝胜利的艺术要求领导者要真诚地庆祝员工的胜利，而不是为了庆祝而庆祝。"只有发自内心地进行庆祝和培养集体主义精神才能让这些东西发挥作用。煞费苦心地举行活动却缺乏诚意只能让大家乐一乐，一点也起不到鼓励的作用。"[①]

特伦斯·迪尔和M.K.凯伊列举了一些庆祝胜利的时机：一是周期性的庆祝活动，比如组织周年庆典、个人生日等；二是奖励性的仪式；三是庆祝胜利和凯旋；四是安慰与哀怜性仪式；五是个人境况的变迁，比如调入或调出都值得纪念；五是工作场合中的好人好事；六是重大事件；七是文体娱乐。[②] 当然，庆祝胜利不能仅仅在于一些固定的时机，更在于时时刻刻都要学会庆祝胜利的艺术，通过庆祝胜利来强化员工的正确行为。庆祝是一种强化激励，要注意以下几点：

一是偶然强化的艺术。所谓偶然强化，就是要随时随地对下级偶然的积极行为进行强化。这个行为可能领导者事先并没有号召、没有要求，也没有想到，但对偶然积极行为的强化可以收到意想不到的效果，使偶然发生的小事变成必然，领导者只要发现某个员工做得好，做得对，就应该对他有所表示，有所激励和反馈。

二是增量强化的艺术。激励的数量只能加不能减，只能扩大规模，不能减少规模，有时维持规模也是无效的。领导者要认识到激励的规模、强化的规模要越来越大，庆祝和激励的层次都要逐步升级。

---

① [美]詹姆斯·库泽斯，巴里·波斯纳，李丽林等译：《领导力》（第4版），电子工业出版社2009年版，第269页。

② [美]詹姆斯·库泽斯，巴里·波斯纳，李丽林等译：《领导力》（第4版），电子工业出版社2009年版，第263-264页。

三是及时强化的艺术。激励越及时，庆祝越及时，效果越好，越明显。不管什么时候，领导者只要发现员工或下级做得好，就要及时激励，不能等到月底或年底总结时再来激励，激励拖得越久，效果越缩减。在变化加快的环境中，人们对自身成长、成功的要求也更为迫切，尤其是优秀的人才更希望能及时得到组织的肯定和重视。如果总是沿用传统长期考察、低价使用的思想，就有可能因为时间拖得过久导致激励的效果不佳。

四是转换强化的艺术。激励分为物质激励和精神激励，有时精神激励的效果更为明显。如果领导者一直对下级采用物质的激励，强度虽然逐步提高，但激励的效果却会不断衰减，此时如果对下级采用精神、荣誉上的奖励，使用心理上的沟通，反而效果可能更佳。相反，如果领导者总是精神奖励，例如会议表扬、沟通谈心、做思想政治工作等方式，也有可能会效果不够理想。因此，领导者应及时转换行为强化的方式，使激励发挥应有的效果。①

四、兼容激励的艺术

奥尔森在《集体行动的逻辑》一书中阐述了一个社会科学研究中最基本的问题：集体行动会发生吗？传统观点认为，团体的存在是为了增进团体的共同利益，理性的团体成员都会为了团体的共同利益而行动。但是，奥尔森认为理性的个人进行成本收益分析后并不会为了实现团体的利益而行动，反而是会选择"搭便车"。现实社会中的确存在旨在实现团体利益的个人行动，奥尔森对这种现象的解释是因为选择性激励的存在，其能够提供明确的奖励（处罚）来促使个体行动起来。进一步而言，奥尔森认为，小集团相较于大集团、相容性集体相较于排斥性集团更容易行动起来。②

奥尔森回答了集体行动得以出现的原因是因为选择性激励的存在，那么，集体行动难以出现的原因是什么呢？就是因为激励的不兼容，只考虑一个方面的利益而忽略了另一方面的利益，只考虑个人利益而不考虑或很少考虑其他人的利益和集体利益。这也是哈维茨（Hurwiez）创立的机制设计理论中提及的"激励相容"：每个人都会有自利的一面，其个人行为会按自利的规则行

---

① 刘峰：《管理创新与领导艺术》，北京大学出版社2007年版，第77-78页。
② [美]曼瑟尔·奥尔森，陈郁等译：《集体行动的逻辑》，上海人民出版社1995年版。

动；如果能有一种制度安排，使个人在追求个人利益的同时也实现了组织目标，那么，这一制度安排，就是"激励相容"。兼容激励的艺术实质是一种正和博弈，就是相关群体都能够从这一行为或制度中受益。

兼容激励艺术的落脚点就是使员工能自觉行动，在实现个人利益的同时也促进了组织目标的实现。在领导活动中，常出现领导者和下级员工间的"相互抱怨"现象，一方面，领导者和组织认为员工"没有集体观念""个人得失看得太重""没有长远发展的眼光"等，另一方面，员工则认为组织和领导者没有为个人的发展提供足够的空间、薪酬制度不合理等。产生这种现象的根本原因就在于兼容激励的缺失，使得组织与个人在实现各自利益和目标的过程中产生了冲突和矛盾，互不理解，互相抱怨。

具体而言，兼容激励的艺术就是把人的动机和结果兼容起来，把激励"千里马"和保健"老黄牛"兼容起来，把激励艺术与决策目标兼容起来，把个体目标和组织目标兼容起来，把组织短期目标与长期目标兼容起来，把组织的不同目标兼容起来。

附录

一、案例和思考

[引言]领导激励艺术实际上就是激励的个性化趋势，要因人激励、因需激励、因变激励。领导激励既需要激励制度，也需要激励艺术，激励制度增强员工的可预期性，知道正确的行为是什么；而激励艺术旨在实现激励超越员工的预期，在于其超预期性，因此，在激励制度基础上的激励艺术能起到事半功倍的效果。这里选取两个案例供读者思考和感悟领导激励艺术和领导激励制度。

[案例一] 毛泽东对傅作义的信任[①]

傅作义是率领50余万官兵到人民阵营中的一位国民党的高级将领，1949

---

① 《领导与信任激励》，载《当代贵州》2008年第6期，第44页。

年1月接受了中国共产党关于和平解放北平的条件。毛泽东高度地称赞了这一义举为人民立下了大功。

1949年2月22日，毛泽东在西柏坡接见了傅作义。一见面，毛泽东亲切地握住了傅作义的手，愉快而风趣地说："过去我们在战场见面，清清楚楚，今天我们是姑舅亲戚，难舍难分。"毛泽东对傅在北平和平解放中的表现，给予充分的肯定，并针对傅作义的忧虑说，假如说你过去有错的话，那么现在功过权衡，还是功大于过，也是有功人员。并提出以后要加强合作，共同建设好国家。毛泽东的话给傅作义很大的鼓舞，使积聚在他心中的顾虑顿时解除。

经过这次见面，进一步坚定了傅作义为人民多做工作的决心。1949年8月，绥远的和平起义遇到严重困难，他亲赴绥远解决此事，如期实现了绥远的和平起义。后来毛泽东又多次在共产党和群众中替傅作义做工作，并给予他信任和关怀，解放初期正式让他担任的职务有，第一届全国政协委员、中央人民政府委员、政务院水利部部长、绥远军区司令员等职。毛泽东委傅作义以重任，并对他高度信任，通过充分肯定他的义举，使这位国民党高级将领为人民做了很多有益的事情。

[案例二] 大庆油田的"冠名法"[①]

在大庆油田，有许多以员工名字命名的发明专利和管理方法。可以说，"冠名法"是大庆油田鼓励创新、发现人才、挖掘潜能的一个诀窍。

磕头机上有个"平衡块"，用来保证抽油机杆匀速运动。每次调整平衡块是最让人犯愁的事情，因为它很重，足有1200公斤，需要好几个人一起处理。采油四厂的工人赵福冬历经两年时间，研制成功"抽油机快速调平衡工具"。这个工具能起到四两拨千斤的作用，不但安装方便、操作简单，而且省时省力，1个人10分钟就能完成一块平衡块的调整。为了鼓励赵福冬，采油四厂决定以发明人的名字为这把扳手命名，称为"福冬扳手"，并专门召开了"'福冬扳手'推广暨革新成果现场会"。采油四厂还制作了100把这种扳手，上面都刻上了"福冬扳手"的字样，在全厂推广。

这样以员工名字命名的小发明、小创造还有很多："张少春扳手""召印洗井法""高翔气井油嘴改造"等，这些在生产过程中摸索、实践、总结出来

[①] 《中国石油报》，http://news.cnpc.com.cn/system/2011/08/23/001345993.shtml。

的发明创造，不但使企业受益，而且让个人更有创新动力。

王春荣是采油二厂的一名普通工人，他发明的热洗操作法，在全油田都很有名。东北天气偏寒，原油易结蜡堵住油管。有一次南3区41排622号井洗井后一连五天不出油，抽上来的全是水。王春荣对全队几十口油井洗井前后的情况进行了认真研究，最终根据油井产量、含水变化及生产状况，摸索出了每口井的最佳洗井方式，并总结出"查、测、定、控、验"的方法，改善了洗井效果，抽油泵检修周期平均延长767天，累计创效上千万元，这就是有名的"王春荣热洗操作法"。

牛家宝是采气分公司的"名人"。他出名，是因为自己发明的"牛氏扳手"。过去，循环泵叶轮坏了，往下拆叶轮得用大锤使劲砸，没一个小时拆不下来，费时费力又耽误生产。针对这一情况，牛家宝研究发明了专用扳手，两三分钟就能拆下叶轮，用起来很顺手。尽管如此，牛家宝并没有停止革新创造，通过刻苦钻研，他又研制出了"牛氏二代扳手"。

"冠名法"对个人是激励，对群体是导向，对企业是贡献，可谓一举多得。一线的普通员工一样能成为企业的"名人"。不但个人得到尊重，而且发明创造也能带来实惠：已有数千人获得不同奖励，最高的获得20万元大奖。对于大庆油田而言，"冠名法"带来的效益十分显著：大庆油田近年来共取得技术革新和"五小"成果2万多项，累计创效4亿多元。

二、重点推荐阅读材料

1．刘峰：《管理创新与领导艺术》，北京大学出版社2007年版。

2．张维迎：《信息、信任与法律》，生活·读书·新知三联书店2007年版。

3．陈钊编：《信息与激励经济学》，格致出版社、上海三联书店、上海人民出版社2010年。

4．[美]詹姆斯·库泽斯，巴里·波斯纳，李丽林等译：《领导力》（第4版），电子工业出版社2009年版。

5．[美]曼瑟尔·奥尔森，陈郁等译：《集体行动的逻辑》，上海人民出版社1995年版。

思考题

1．谈谈对领导用人重在激励的理解和认识。
2．如何处理好激励、约束、保健三者之间的关系。
3．结合案例，分析评价其中的激励方法。
4．为什么说领导重在激聚力量？如何激聚力量？

第七章 领导权变艺术

【内容提要】

本章主要阐述领导权变的艺术,即领导者因时、因事、因人、因境变化而变化的应变艺术。第一节主要探讨领导权变艺术的实质,权变就是一切从实际出发,要求领导者学会辩证思维;第二节主要阐述领导角色转变的艺术,包括从被领导者向领导者角色的转变、不同层级领导者角色的转变和卓越领导的四级进阶;第三节主要论述领导者方圆兼顾的领导艺术。

领导艺术重在权变,权变可以变领导者自己,也可以变被领导者,更可以变领导情境。领导权变不是领导权术,领导权变旨在提升领导力,重在实现领导价值。领导权变艺术的实质就是一切从实际出发,领导权变艺术要求领导者学会并运用辩证思维,及时转变领导角色和领导方法,修炼方圆兼顾的领导艺术。

第一节 领导权变并非权术

领导权变强调领导者要善于应变,善于变化,领导活动的要素中哪个要素容易变就先变哪个,哪个变了之后更有效就先变哪个。但万变不离其宗,领导的原则不能变,方向不能变,权变的只是方式方法。领导权变旨在实现领导价值。领导权变重在因事而变、因人而变、因时而变和因境而变,领导权变需要领导者学会并善于运用辩证思维,把握普遍性和特殊性的统一,两点论和重点论的统一,变和不变的统一。

一、权变就是一切从实际出发

领导权变强调的是变化,但变化要有依据,要有前提,要有标准,领导权变的总依据就是实际情况。因此，领导权变的涵义就是一切从实际出发，就是实事求是，也是领导工作中应该坚持的最基本的领导方法。

一切从实际出发就是实事求是。"不唯上、不唯书、只唯实。""实"就是实际，既包括客观实际，也包括主观实际。客观实际包括两层内涵，一层是客观的自然世界，一层是客观的主观世界，即人的想法和认识。所以，一切从实际出发并不是只是从客观的自然实际出发，而是要从"两个客观"出发，既要遵循客观事物的发展规律，也要重视群众的生产和生活状况以及他们的认识、情绪、愿望和要求，把"两个客观"作为一切从实际出发的基本内容。

一切从实际出发要求领导者解放思想，只有解放思想才能真正做到一切从实际出发，才能及时有效权变。在工作中，常常有两种错误观念妨碍着一切从实际出发，一种是"本本主义"，一种是"经验主义"。前者是迷信书本和理论，后者是迷信经验和过去，如果被这两种错误观念所左右，领导者就很难一切从实际出发。所以，真正做到一切从实际出发，就要解放思想，破除思想上的桎梏和约束，实事求是。世界上不存在任何永恒不变的事物，解放思想也不可能一劳永逸。客观世界的运动无休止，解放思想也永无止境。

同时，解放思想要以客观实际为依据，要通过调查研究真正了解客观实际，探求客观事物中的规律，以客观实际为基础来解放思想。如果解放思想和领导权变不是从客观实际出发，而是从主观出发，就会导致唯心主义的错误，就会脱离客观实际，脱离广大群众的要求。进一步来说，之所以强调领导权变是因为领导权变虽然强调变化，但变的是手段、是方法、是方式，不变的是领导价值和领导方向。

二、领导权变的四个方面

领导活动过程包括领导者、追随者、领导情境、领导任务、领导阶段等主要要素。最初的领导科学研究旨在寻求一种最佳的领导方式以最大程度实现领导活动的目标，毫无疑问，这种研究假设与领导实践是不相符的，领导活动中并不存在最有效的领导方式。后来，研究者认识到并不存在最佳的领导方式，关键是领导方式要匹配追随者的特征，领导者要根据追随者特征的变化及时调整自己的领导方式。美国学者菲德勒认为，领导者的领导方式一旦形成是很难改变的，因此，应当把权变的重点放在领导情境上，比如上下级关系、任务难易程度和领导者权力大小方面。

"明者因时而变,知者随事而制。"领导权变的根本就是一切从实际出发,即从变化的实际出发,分析影响领导活动绩效的要素,哪个必要变就先变哪个,哪个变化最有效就先变哪个。领导活动的根本目的是实现领导价值,要实现领导价值,领导者就必须一切从实际出发来领导变革,既可以变自己,也可以变追随者,更可以变情境、变任务。因此,领导权变主要包括四个方面的内容:因事而变、因人而变、因时而变、因境而变。

(一)因事而变的领导艺术

因事而变就是根据领导任务的变化而变化领导行为和领导风格。以领导者的两大职责决策和用人为例,决策和用人时的风格应是有所变化的。领导决策时要明、要刚,要坚定、要坚持;领导用人时要柔,要沟通和认同,要引导和激励。

(二)因人而变的领导艺术

因人而变就是领导者根据追随者特征和需求的变化、根据自身特征的变化而变化领导行为和领导风格。领导者和追随者是领导活动中的一对主体,二者之间的关系直接影响到领导活动的绩效。在二者关系中,相对来说,领导者处于主导地位,因此,领导者要根据追随者特征的变化和自身特征的变化及时调整自己,调整自己的角色,调整自己的行为。下级能力低时,领导者应该多辅助他们的业务;下级能力强时,领导者应该多授权,多激励,少一点介入和干预。但如果下级能力强,可是缺乏工作积极性,领导者就应该调整领导行为,增强其对工作的责任感。

(三)因时而变的领导艺术

因时而变就是根据领导活动所处阶段的变化而变化。就领导活动阶段来说,主要是组织自身的发展阶段,即组织发展的生命周期。因此,因时而变就意味着领导者要根据组织发展阶段的变化而调整自己的领导方式。

组织发展阶段一般都会经历初创期、发展期和成熟期几个阶段。随着组织发展阶段的变化,领导者要能够准确把握组织发展阶段的变化,及时调整自己的领导方式和领导风格。在初创期,组织面临着各种各样的难题和考验,如何生存下去是最大的挑战。在这一时期,领导者的领导风格应该以人性化、亲情化为主。随着组织进入发展期,领导风格也要从亲情化、人性化的风格逐渐向制度化、体系化转变，通过建立健全完整的管理系统使整个组织稳定发展。在组织进入成熟期后，领导风格就完全制度化和规范化了，同时，在这一阶段，领导者要注重通过对变革的领导和推动，不断稳中求进，引领组织适应客观环境和时代发展的要求。

（四）因境而变的领导艺术

因境而变就是根据领导活动所处环境的变化而变化。就情境来说，对不同的国家而言，文化环境、制度环境、社会环境、经济环境、政治环境等都是影响领导行为和领导风格的要素。随着大的情境的变化，领导者也要随之变化自己，适应客观情境。

对同一个国家的不同组织来说，大的经济、社会、政治、文化背景具有相近性，但这种宏观层面的相近性也是处在不断变化之中，领导者需要把握宏观情境的变化趋势，在把握变化趋势的基础上因境而变，顺势而为。在微观层面，同一国家不同地区的民风民俗、人们的素质能力，以及不同行业的行业文化等方面也是存在差异性的，领导者同样要把握领导情境的特殊性，领导情境变化了，自己的领导行为和领导风格也要随之而变。

三、领导者的辩证思维

领导权变强调一切从实际出发，因事、因时、因人、因境而变，这就要求领导者学会辩证思维，在领导活动中只有掌握并善于运用辩证思维，才能把握领导权变的艺术。

（一）直线思维的弊端

什么叫直线思维呢？例如，认为城市规模越大越好，极力扩张城市规模，结果人口过度集中，既导致各种资源供应紧张，又产生交通拥堵、空气污染等诸多负面效应。虽然城市文明需要建立在一定规模经济的基础上，没有规模，没有人口、生产和消费的集聚就没有城市，但城市的规模并非越大越好，认为"越大就越好"就是一种典型的直线型思维。

检视领导科学发展的不同阶段就发现，仅仅强调领导者的作用就是一种单向思维；领导风格理论虽然注意到被领导者的作用，表面上看是一种双向思维，但本质上仍然是一种单向思维、是直线思维，因为只重视领导者和被领导者之间的关系，而且只是强调领导者对被领导者的单向影响力，并没有看到被领导者对领导者的反向作用力。

仅仅发挥领导者自身的作用对领导力的提升和组织绩效的实现仍是很有限的。还需要重视被领导者、重视追随者的特征，提倡领导者要根据被领导者的情况进而采取相应的领导风格。领导情境理论认为，领导力和影响力不仅取决于领导者和被领导者，也取决于领导情境的作用，因为无论是领导者的领导风格还是被领导者的自身特征都是比较难改变的，这样的情况下，领导者需要学会改变领导情境，比如改变工作任务、改善工作环境等方式来影响被领导者，提升领导力。因此，提升领导力需要领导权变，领导权变又需要多向思维。

（二）普遍性与特殊性

辩证思维要求普遍性和特殊性相结合。任何事物都"首先是各种物质运动形式中的矛盾，都带特殊性。每一物质的运动形式所具有的特殊的本质，为它自己的特殊的矛盾所规定。这种情形，不但在自然界中存在着，在社会现象和思想现象中也是同样地存在着。每一种社会形式和思想形式，都有它的特殊的矛盾和特殊的本质"[1]。但"由于特殊的事物是和普遍的事物联结的，由于每一个事物内部不但包含了矛盾的特殊性，而且包含了矛盾的普遍性，普遍性即存在于特殊性之中，所以，当我们研究一定事物的时候，就应当去发现这两方面及其互相联结，发现一事物内部的特殊性和普遍性的两方面及其互相联结，发现一事物和它以外的许多事物的互相联结"[2]。

另一方面，辩证思维要求把握普遍性和特殊性之间的相互转化。在一定规定条件下被视为是普遍性的，如果条件变了，普遍性就可能变成特殊性；相反，一定条件下是特殊性的，换了场合就变成了普遍性。"由于事物范围的极其广大，发展的无限性，在一定场合为普遍性的东西，而在另一一定场合则变为特殊性。反之，在一定场合为特殊性的东西，而在另一一定场合则变为普遍性。"[3]因此，辩证思维既要把握普遍性和特殊性的统一，也要认识二者之间的相互转换，这也是普遍性和特殊性的权变艺术。

---

[1] 《毛泽东选集》第1卷，人民出版社1991年版，第308页。
[2] 《毛泽东选集》第1卷，人民出版社1991年版，第318页。
[3] 《毛泽东选集》第1卷，人民出版社1991年版，第318页。

（三）两点论与重点论

两点论意味着分析问题要把握矛盾的主要方面和次要方面，要全面，要统筹兼顾。"不能把过程中所有的矛盾平均看待，必须把它们区别为主要的和次要的两类，着重于捉住主要的矛盾，已如上述。矛盾着的两方面中，必有一方面是主要的，他方面是次要的。"①

重点论意味着分析问题要善于抓住矛盾的主要方面，抓住重点，抓住牛鼻子。"任何过程如果有多数矛盾存在的话，其中必定有一种是主要的，起着领导的、决定的作用，其他则处于次要和服从的地位。因此，研究任何过程，如果是存在着两个以上矛盾的复杂过程的话，就要用全力找出它的主要矛盾。捉住了这个主要矛盾，一切问题就迎刃而解了。"②

两点论和重点论是辩证统一的，两点是有重点的两点，重点是两点中的重点，离开两点谈重点或离开重点谈两点都是错误的。同时，也要看到矛盾的主要方面和次要方面是可以相互转化的。"在矛盾发展的一定过程或一定阶段上，主要方面属于甲方，非主要方面属于乙方；到了另一发展阶段或另一发展过程时，就互易其位置，这是依靠事物发展中矛盾双方斗争的力量的增减程度来决定的。"③

第二节　领导者的角色转变

领导者的角色转变首先是由追随者向领导者角色的转变，领导者与追随者二者之间的角色存在根本差异。组织可以分为基层、中层和高层三个层级，不同层级领导者之间的角色定位也是不同的；而且，高中低三个层级之分在既定的领导情境中是相对稳定的，但随着领导情境的变化，基层可以被视为中层、中层也可以被视为高层，对高中低三个层级的界定也是需要权变的。因此，领导权变主要是领导角色的权变，而领导角色的权变既是领导艺术的体现，也能有效提升领导力。

---

① 《毛泽东选集》第1卷，人民出版社1991年版，第322页。
② 《毛泽东选集》第1卷，人民出版社1991年版，第322页。
③ 《毛泽东选集》第1卷，人民出版社1991年版，第322页。

一、领导者角色与追随者角色的差异

从普通群众、被领导者转变为追随者并进一步成为领导者之后，领导者就要及时转变角色，转变行为方式。进入领导角色首先要了解被领导者角色和领导者角色的差异，其主要体现在以下四个方面：

第一，领导者关注组织绩效。领导者关注组织的整体绩效和是否卓越，关注组织干了什么、干得怎样、影响如何，换言之，领导者要关注每一个被领导者的绩效和卓越。一方面是因为组织整体绩效取决于每一个被领导者的绩效产生的合力，有了组织成员的个人绩效才有组织的整体绩效；另一方面是因为关注每一个被领导者的绩效就是关注每一个组织成员的成长和发展，关注组织卓越和关注组织成员的卓越是领导者的根本使命。

第二，领导者关注环境创造领导者的绩效不是关注自己干了多少，而是要关注整个组织干了多少、组织的整体绩效如何。进一步而言，组织的整体绩效不是领导者直接创造出来的，领导者是要通过创造能够调动追随者工作积极性和主动性的环境间接创造出组织绩效，领导者创造的环境包括工作环境、制度环境、政策环境和文化环境等。

第三，领导者关注如何用人。正因为追随者是亲自创造绩效的人，所以关注如何做事，怎样把事情做好，如何把事情做精，即追随者是做事之人。而领导者不仅要自己干，更要创造环境，要团结、影响追随者一起干，要会用人、影响人，因此，领导者是关注如何用人之人。

第四，领导者关注领导力，领导者要关注领导力的提升，提升统筹全局能力、提升决策决断能力、提升沟通协调能力、提升创新思维能力、提升激励凝聚能力等。

二、领导角色与领导方式的转变

领导角色并不是固定不变的，随着领导层级的提升和领导职位的变化，领导角色和领导方式也要随之转变以适应新的领导职位的要求，进而提升自己的领导力，最终实现组织目标。

（一）从指标、目标到目的

基层领导者要关注指标，中层领导者要关注目标，高层领导者要关注目的。指标指干出多少、目标强调干什么、目的回答为什么干。从目的、目标到指标实际上是一个不断细化、层层落实的过程，高层领导重在确定目的，中层领导要把目的细化为若干目标，基层领导要把目标细化为更为具体的指标体系，目的、目标和指标之间要协同，不同层级领导者之间的角色也要协同。没有目的的目标和指标，将会导致"目标置换"和"指标至上"，所以中高层领导者要重点关注目的。

（二）从技术、战术到战略

基层领导者要关注技术，中层领导者要关注战术，高层领导者要关注战略。战略解决的是往哪里去，战术解决如何去，技术解决用什么方法去。基层领导者一定要技术能力高超，在业务上才华出众，重在"自己干好"，要完成指标。中层领导者不能再以技术为主，而要讲究战术，要关注如何带团队，整合资源，调动大家的创造性，重在"带领大家一起干好"，带领团队完成目标。高层领导者的视野和思路更要打开，要关注全局，关注未来，关注外部，关注变化，关注战略，重在确定"在哪个方向集中优势兵力"以实现目的。

（三）从细节、环节到大节

基层领导者要注重细节，中层领导者要重视环节，高层领导者要关注大节。"细节决定成败"，越是基层领导者越要关注细节。中层领导者则要关注环节，尤其是关键的环节，薄弱的环节，重要的环节。高层领导者要关注大节和全局，明确组织发展的目标，坚定组织发展的方向。

（四）从地利、人和到天时

所谓"天时地利人和"，在不同的层级，其关注的重点也不同。越是基层，越要讲究地利，争取在组织中的工作条件和工作环境的改善。到了中层，就要关注人和，中层对上要沟通，要认同，对下要领导，要尊重，要激励，对同级要协同，要配合，要补台。到了高层就要讲天时，也就是大势，高层领导者要发现有利的时机，发现内部环境、外部环境对组织有利的或者不利的时机。

（五）从忙碌、适度到从容

一般来说，基层领导者要比较忙碌，中层领导者需要相对适度，高层领导者需要更为从容。普通员工到了基层的领导岗位要积极向上，忙忙碌碌，越忙越容易有成绩，所以基层领导者要忙碌起来。领导者到了中层就不能再一味地忙了，就要适应按常规办事。基层领导者到了中层就要适度，比较自如地办事。高层领导者需要超脱一点，要从容，要留足够的时间去观察思考重大问题，去感悟宏观的战略和方向。高层领导者的"从容"不但是一种领导方法，也是一种治理之道。

（六）从硬权、软权到授权

基层领导者要严用硬权，中层领导者要善用软权，高层领导者要精于授权。基层领导者有了职务就有了职权，这种职权主要是做事的权力，在很大程度上是硬权，是明文规定的权力，基层领导者要严格按规章制度办事。

中层领导者要善用软权，软权就是个人因素带来的影响力和魅力。比如中层领导者技术超人、资历深厚、经验丰富、品德高尚、人脉广泛，这些都能给自己带来软权力。中层领导者用权时最好是软权力和硬权力搭配使用，先用软权力，再用硬权力；多用软权力，少用硬权力。软权硬权的搭配使用也要注意权变，比如危机时刻要多用硬权力、平时要多用软权力；决策时多用硬权力、用人时多用软权力。

高层领导者要学会授权，即把权力授给下级，主要是做事的权力。真正卓越的高层领导者能通过授权的方式做到：于己分身有术，于人培养有方。如此，高层领导者可以腾出精力抓大局、定战略，同时树立威信；下级得到激励，得到培养，得到锻炼，人尽其才，业绩提升。

（七）从显露、沉稳到隐耀

基层领导者需要显露和表现，中层领导者要适度，高层领导者要柔隐，要藏而不露，光而不耀。组织中的基层领导者需要"显露"，即让周围的同事尤其是自己的领导看到自己积极进取的状态，看到自己的工作能力、工作作风和取得的相应业绩，从而得到培养和重视。当基层领导者发展到了中层，就不能继续"显露"了，因为职务提高了，此时需要能够沉住气，要变得沉稳大气。要学会谦虚谨慎，进退有度。当中层领导者上升到了组织的高层，就要"藏而不露"。高层的谦虚谨慎和藏而不露可以让下级有更多的机会露出来，多表现多锻炼。为下属创造机会，通过授权让更多的下属变得伟大。

（八）从观变、应变到求变

基层领导者观变，中层领导者应变，高层领导者需根据追随者的需求和领导情境的变化去求变。基层领导者要观变，就是观察变化，看领导的意图有没有变化，组织的职能有没有变化、社会环境有没有变化等。中层领导者要应变，跟着社会变领导者变，跟着政策变。高层领导者要主动地追求变化，变化往往意味着机会和发展。

总之，高中低不同层级的领导者具有不同的素质要求和角色重点，领导者要根据领导职位的调整及时转变领导角色：基层领导者要多从微观上入手，关注指标、注重细节、强调技术、需要忙碌、看重地利、立足观变、运用硬权、着重业绩、追求显露；中层领导者需在中观着眼，要关注目标、注重环节、强调战术、需要中庸、看重人和、立足应变、善用软权、着重效率、追求适度；高层领导者则需要在宏观上把握，一定要关注目的、注重大节、研究战略、需要从容、看重天时、立足求变、善于授权、着重效果、追求隐藏、精心育人。需要注意的是，以上并非是独立的要点，也是需统一看待的整体。

三、卓越领导的进阶

领导权变的根本目的是实现卓越领导。领导角色转变的过程从优秀个体、团队成员、基层领导者、中层领导者到高层领导者五个阶段，每一个阶段的角色特征不同，由一个阶段上升到更高阶段的角色定位也不同。

2001年，吉姆·柯林斯（Jim Collins）在《从优秀到卓越》一书中，提出"第五级领导"的概念（见图7-1）。他认为"第五级领导者"是最高级的领导者，此外4个层次的领导者，虽然也能够创造相当大的成功，但并不足以带领组织实现持久的卓越。第五级领导是组织从优秀变为卓越的必要条件——没有第五级领导者，这种转变就会成为奢望。

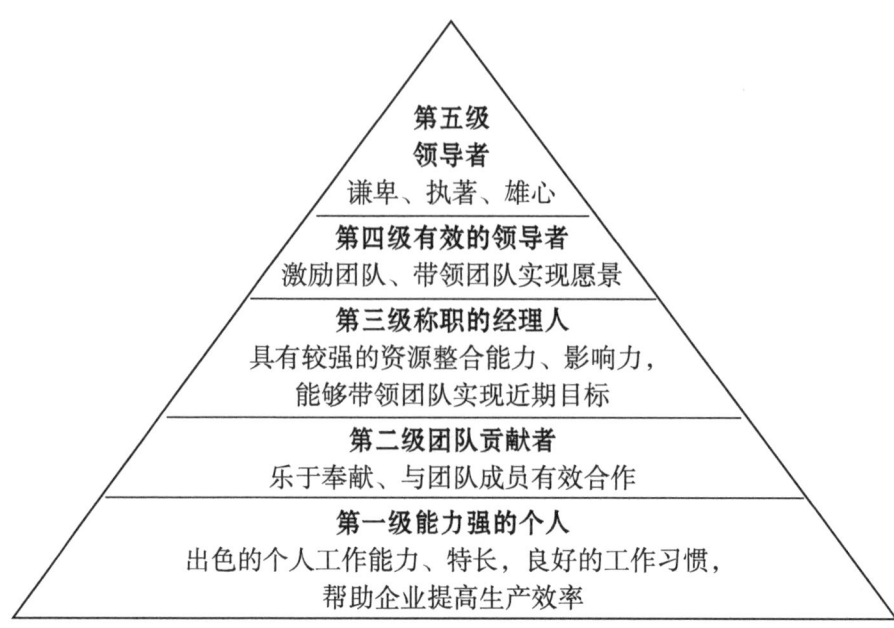

图7-1 柯林斯的"第五级领导"

"第五级领导"的主要内涵包括四项，即突出的谦虚性、超优的绩效、超强的意志力、较强的前瞻性，这也是卓越领导的根本特征。"突出的谦虚性"指领导者在某一活动中取得成功后，在激励下属时，常常把功劳归于他人，归功于下属，甚至归因于外部的偶然因素和好运气。"超优的绩效"指第五级领导者事业心极强，决心把组织的绩效从良好推向优异，追求卓越，追求长期的超优的结果。"超强的意志力"指领导者在追求超优的目标和绩效时，表现出永不动摇的决心、坚毅和果敢，及时地行动，持久地忍耐，一直坚持到最后的胜利。"较强的前瞻性"指领导者为了追求长远的绩效，着眼于未来的发展，着眼于组织的发展，而不只是关心眼前和个人的利益。

第一级领导者是优秀的个体，他们具有出色的个人工作能力或特长，能够利用个人的才能、知识、技能和良好的工作习惯帮助组织提升业绩。第二级领导者是优秀的团队成员，他们不仅自己干，为团队目标的实现和任务的完成贡献个人力量，并且具备较强的合作意识，能在团队环境中与他人开展有效合作。第三级领导者是称职的领导者，他们拥有较强的资源整合能力和影响力，能有效组织和协调人财物资源实现预先确定的目标。第四级领导者是有效的领导者，能激励他人全力以赴地积极实现某一明确的、令人信服的价值和愿景，激发组织创造更高的绩效。

卓越领导共有四级飞跃，这四次飞跃不仅仅是职位的提高，更是领导者角色定位的逐渐转变和领导者素质能力的不断提升。卓越领导的四级进阶具有以下四个方面的具体特征：一是职位逐步提升，二是影响范围逐步打开，三是领导水平逐步提高，四是追随者逐步增多。可以对应由基层、到中层、到高层，影响范围逐步扩大，活动的空间和范围逐步扩大，相应的领导水平逐步提高。领导者成才实际上就是一个由经验领导、科学领导到艺术领导的过程。最后，追随者不断增加，从领导者到领导群。[1]

第三节 方圆兼顾的领导艺术

领导力是积极的、定向的影响力，领导权变的根本目的是提升领导者的领导力，从而实现领导价值。提升领导力在于增强下级对领导者的认同，这还需要领导者把握方圆兼顾的领导艺术。

一、方圆兼顾的内涵

领导权变首先领导者要学会变自己，调整自己的方式，调整自己的角色，调整自己的期望，调整与追随者的距离。

（一）领导者的方圆兼顾

"没有规矩不成方圆。"通常来说，"方"是指坚定性和原则性，指规矩，规则；"圆"是灵活性和创造性，指适应，变通。领导创新要靠领导艺术，领导权变艺术的核心就是方圆——该方的方，该圆的圆，方圆结合，既有原则性又有灵活性。调整方圆的艺术主要有五个方面：大方小圆；内方外圆；后方先圆；己方人圆；有方有圆。[2]

一是大方小圆。大方小圆的意思是大的方面要方方正正，坚持原则；小的方面则可以变通灵活，可以退让妥协，根据具体实际采取适当的权变艺术。

---

[1] 刘峰：《简约领导》，国家行政学院出版社2012年版，第98-99页。
[2] 刘峰：《管理创新与领导艺术》，北京大学出版社2007年版，第61页。

大方小圆能很好地体现领导艺术的原则性和创造性，既能保证领导工作沿着正确的轨道运转，又能形成宽松和谐的人际关系。大的方面方，小的方面圆，追随者就会觉得其所处的领导情境既是宽松的、自如的，又是和谐有序的，这正是领导艺术的妙处。

二是内方外圆。内方外圆的意思是领导者坚持理想信念、思想认识、内心深处要明辨是非，但在具体行为、外部行为上则比较随和，适应性比较强，比较灵活，容易让人接受。所谓"柔中寓刚"讲的就是待人接物、处理事务内方外圆的领导艺术。信仰、理想和追求是不能随便改变的，所以价值取向是方的，但在领导活动中，领导者可以不断地调整自己的行为方式，以适应外部极为复杂而又不断变化的环境，因为领导者不适应环境就不可能达到自己的追求，实现自己的理想，这就叫内方外圆，或叫思方行圆。

三是后方先圆。领导者在与下级打交道，尤其沟通交流时最好是后方先圆。开始接触时，对下级热情、真诚、关心，动之以情，使下级认为你是真诚的，此时指出其思想认识上的某些不足或工作中的错误行为，容易产生好的效果。如果先方后圆，容易产生误解甚至产生对立情绪，这时再用圆的艺术效果就不会怎么好。后方先圆还有一层含义，即处理矛盾、调解纠纷时先来一点模糊的、含糊的表述，待问题调查清楚之后再来明确表态，判明谁是谁非。

四是己方人圆。即严于律己，宽以待人。己方人圆有利于廉洁奉公，有利于克服行政机关中的官僚主义和腐败现象，有利于树立领导者的良好形象。己方人圆更有利于增强领导者的人格魅力，让被领导者潜移默化地接受领导者的影响，从而达到管理创新的积极作用。

五是有方有圆。根据具体情境、具体人物，该方的时候方，该圆的时候圆。领导者可以建立一个适当的权威阈，在没有达到阈值时让下级有足够的自由度，换言之，这时应以圆为主；在达到或超过阈值时要采取适当的措施提醒下级，权威阈是不可逾越的，换言之，这时应以方为主。此外，方圆调整还需要根据领导工作的性质与员工的素质能力来进行。需要注意的是，方圆不能分开，一定是有方有圆、方中有圆、圆中有方。

（二）领导者的刚柔相济

领导者有两类权力，一类是职位权力，就是硬权力，刚性权力；一类是非职位权力，就是软权力，柔性权力。领导权变艺术的根本是领导用权的艺术，而领导用权重在把握刚柔相济的权变艺术。

用权时要软权力和硬权力搭配使用。先用软权力，再用硬权力；多用软权力，少用硬权力；软硬都要用，重用软权力。软权硬权搭配使用同时要注意权变，比如危机时刻要多用硬权力、平时要多用软权力；决策时多用硬权力、用人时多用软权力。就不同层级领导者来说，通常基层领导者要重用硬权力，中层领导者要重用软权力，高层领导者重在授权。

过去，我们讲刚柔相济，以"刚"为主，"刚"是和硬权力连在一起的；现在，强调"柔"，则是跟软权力连在一起的。刚柔相济不是对等的，而是以柔为主，以软权力为主，以影响力为主。领导者用权的原则，应因人而异、因事而异、因环境而异。"灵活权变，因时而动"，有时需要多用软权力，有时候需要多用硬权力；有时需要先用软权力，有时候则需要先用硬权力。"领导者需要根据不同的情况选择不同的影响力策略。一个策略应该基于合适的权力基础和组织文化背景，只有这样，其应用效果才会更好。"[①]

实践表明，领导者在用好软权力的同时，对自己的硬权力可以达到从量上增加的效果，即所谓"扩大软权力，赢得硬权力"。软权力与硬权力是可以相互转化的，一个普通追随者可以有意识地在品德修养和能力业绩等自己的专长方面积累软权力，当软权力足够大的时候，就会引起领导者和同事的关注，可能被组织成员推举或选拔成为领导者。

（三）领导者的距离适中

领导者虽然有职有权，但要想赢得追随者发自内心的认同，还需要把握适当的火候，尤其要注意经常调整领导者与被领导者的能力距离和心理距离。

领导者要扩大自身与追随者的能力距离。领导者的能力强，明显地超过追随者，形成一定的落差、一定的能力距离，将会有助于沟通的进行。因为能力距离大，意味着追随者的知识没有领导者的知识多，追随者的素质没有领导者的素质高，追随者的能力没有领导者的能力强，于是追随者就会对自己的领导者认同。但是也要注意，领导者与追随者之间的能力距离并不是越大越好。能力距离太大，追随者对领导者不仅不能认同，反而容易引起误解。

---

① [美]伊莱恩·碧柯编，徐中、占卫华、刘雪茹译：《美国培训与法治协会领导力开发手册》，电子工业出版社2012年版，第77页。

除了扩大能力距离以外，领导者还要尽量缩小与追随者的心理距离。心理距离小一些，有利于增强领导者的亲和力，增强领导者的影响力，有利于工作的顺利进行。但领导者与追随者之间的心理距离也不是越小越好。心理距离过小，追随者对领导者不够尊重，不够认同，反而会使领导活动的目的难以达到。

"距离适中"的领导艺术要求领导者既要防止"命令主义"，也要防止"尾巴主义"。"命令主义"意味着领导者"领"的太超前，下级和群众不认可、不认同领导者的决策，所以领导者只能采取命令的方式让下级和群众服从。"尾巴主义"意味着领导者落后于下级和群众，还不如下级和群众的觉悟、认识和能力，落在了下级和群众的后面，当然也就无法领导下级和群众。

二、方圆兼顾的领导艺术

作为一名领导者，日常需要协调好方方面面的利益、认识和关系，领导者协调关系的艺术重在把握方圆兼顾的艺术，它包括调解纠纷的艺术，调整关系的艺术，调整压力的艺术、调整行为的艺术等内容。

（一）调解纠纷的艺术

作为领导者，不可避免地要经常协调成员内部矛盾，协调人际纠纷，这就要求做到四个"分清"，即分清是原则分歧还是无原则分歧；分清是利益冲突还是认识分歧；分清是年深日久的矛盾还是新近形成的纠纷；分清是局部纠纷还是整体纠纷。

一分清是原则分歧还是无原则纠纷。对于原则分歧，领导者应优先解决，集中精力解决，对于无原则纠纷则应采取冷处理或慢解决的态度。由于无原则纠纷往往不影响大局，领导者如果急于去调解或处理，有可能火上浇油，激化矛盾；相反采取冷处理的态度，就有可能大事化小，小事化了，有时矛盾纠纷会自动化解和解决，这时领导者的调解就会收到事半功倍的效果。

二分清是利益冲突还是认识分歧。领导者应优先解决认识上的问题，尤其是优先解决思想认识上的分歧，对下级的利益冲突则要冷静处理，由于利益问题往往比较敏感，急于处理，有可能造成更大的矛盾。

三分清是年深日久的矛盾还是新近形成的纠纷。领导者应优先解决新矛盾、新纠纷，再来处理老矛盾、老纠纷。因为新纠纷的缘起往往容易调查清楚，解决起来相对容易一些。老矛盾通常是难矛盾，会牵扯很多难题，领导者必须花较长的时间和精力去解决。如果急于处理，很可能陷入"斩不断，理还乱"的困境。

四分清是内部纠纷还是外部纠纷。领导者要分清是范围小的"火烧星野"式的局部矛盾、本部门矛盾，还是"火烧联营"式的整体矛盾。整体矛盾往往涉及其他单位、其他业务部门。作为领导者，应优先解决内部的"火烧星野"式的局部问题，尤其优先解决突发矛盾、突发事件，优先解决孤立事件、本部门的事件，对于牵扯到方方面面、上上下下的整体矛盾，最好在赢得相应配合和支持后再来解决。

（二）调整关系的艺术

领导活动是在人际关系中进行的，换言之，领导活动不能离开人际关系。领导活动中的人际关系简单说就是上下级的关系，同级间的关系，还有正职副职间的关系。调整人际关系的能力是领导者有效运用领导艺术的非常重要的一个方面，其中包括调整同上级的关系、调整与下属的关系、调整与同级关系和调整正副职间关系。

一是调整与上级的关系。要协调好同上级的关系应注意以下两点：首先，必须正确认识自身的角色地位，努力做到出力而不越位。就是必须尊重上级，维护上级的威信。另外，调整与上级的关系并不是说惟上级和领导者之命是从，关键要看上级政策和领导的决策是否正确合理，如有不当或者严重失误之处，也要据理力争，坚持原则。实现这一点，前提条件是加强与上级的信息沟通和反馈，尽可能了解事情的真相，以免出现判断失误。

二是调整与下级的关系。下级是领导者行使权力的主要对象，因此，公正、民主、平等、信任地处理与下级的关系，对做好领导工作具有重要的意义。为了实现这一点，领导者必须讲究对下级的调整关系艺术。

首先，具备宽人律己的胸怀。为了达到人际关系协调、工作环境和谐，作为领导者，要有对人宽容、对己谨慎的心胸。领导者对下属首先要表现出宽容自律的风度，"大事讲原则、小事讲风格"的气度，关系平等、一视同仁的胸怀。

其次，密切上下左右的感情。古人云："感人心者，莫乎情也。"领导者要高度重视加强与下属的感情联络，尽力缩小自己与下属的心理距离，使之紧密地团结在自己周围一道工作。上下级之间在目标、情感、心理、态度、利益等方面一致起来，这样的领导才容易树立威望。

再次，对下级多支持，多授权。领导者对下级多支持，多帮助，多授权，而且在授权的同时，授予相应的责任。但给下级责任并不是领导者授权后不再承担任何责任，而是指给下级犯错误和改正错误的机会。很多组织都有这样的领导哲学，那就是容忍员工犯错误："容忍员工犯错，是组织应当支付的成本。"当然不是纵容下级屡次犯错，而是要在下级犯了错误之后多支持、多理解和帮助，告诉其正确的方法，以得到更快的进步。

三是调整与同级的关系。作为领导者，协调好与同级之间的关系也是影响个人发展的重要方面，是保证整个团队积极向上、健康发展的重要因素。要正确处理好与同级之间的关系，可以从以下三个方面着手：

首先，增进与同级的感情。感情是人际关系的"润滑剂"，同级之间的关系应当融洽，互为"心理防线"。

其次，注意与同级的沟通。不同部门的领导者，由于本身业务领域和职责不同，看问题的角度也不同，因此，加强同级之间的沟通，了解对方想法并站在对方的立场上看问题，是处理好同级关系的重要保证。

再次，竞争与合作共存。要处理好与同级领导之间的关系，需要领导者放开眼界，不做井底之蛙。要认识到，同级与自身之间的竞争是磨砺自身的一个良好的环境，正确把握同级之间既竞争又合作的关系。

四调整正副职的关系。在领导集体中，正副职的关系能否做到有机协调、优势互补，直接影响到集体的战斗力和凝聚力。在这个协调过程中，往往更需要副职主动维护、配合正职工作。

（三）调整压力的艺术

现代社会生活节奏加快，人们面临着越来越多的生活、工作和社会压力。学会调整心理压力，以不断适应变化加剧的社会环境，也是领导者必须面临的重要问题。因此领导者需要掌握调整压力的艺术。具体来说，主要有两个方面：一是调整自身的压力；二是调整对下级的压力。

一是调整自身的压力。领导者调整自身的压力首先要正确对待压力：克服恐惧心理、采取预防措施并树立信心；其次要加强自我心理保健：了解自己、接受自己，建立自我防卫体系，要认识并面对现实，保持适度休息，积极参加社交活动;三要防止和克服不良心理反应:树立正确的人生观、价值观,加强学习提高素质,协调人际关系、营造良好环境,建立融洽和谐的家庭;四要加强自我心理调控:具体方法如采用拖延法、转移法和宣泄法;五要控制不良情绪:增强自我认知、自我调整和自我监督。①

二是调整对下属的压力。领导者对下属施加一定程度的压力是完成部门任务的前提。如果领导者对下属不施加任何压力,下属的顺从性就比较差,领导者施加的压力值提高,下属的顺从性会相应升高,但一旦施加的压力超过某一阈值,下属就会开始产生逆反心理,当领导者施加的压力继续增大时,下属的逆反心理随之增大,顺从性反会继续降低,也就是说压力曲线分为两段:第一段,压力越大,顺从性越大;第二段,压力越大,反抗性越大。所以领导者在对下级进行管理时,就离不开压力的调整。(见图7-2)

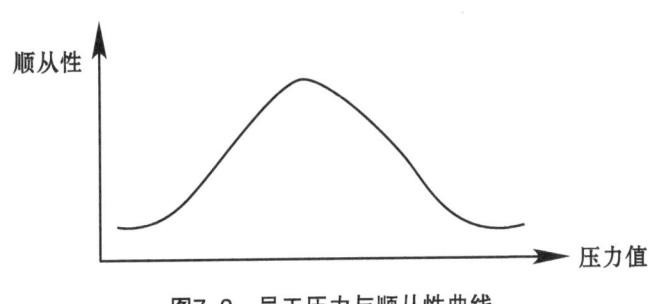

图7-2 员工压力与顺从性曲线

(四)调整行为的艺术

行为指领导者的领导行为、领导风格。一般来说,领导者的风格分为两大类:一类以工作为中心,另一类以感情为中心。以工作为中心的领导者往往关心工作的进度,工作的质量和效率。也就是说,这种领导行为关心的是工作本身。二是以情感为中心。这类领导者更为关心人的情感、人的需求、人的反应、人的心理,注重以人为中心。

在领导实践中,无论对任何人最好将两种领导行为调和起来,有时以关

---

① 胡月星等:《现代领导心理学》,山西经济出版社2005年版,第463-468页。

心人的行为为主，有时以关注工作进度、质量、效率的行为为主，实际上关心人与关心事二者是分不开的。

（五）调整期望的艺术

领导者在沟通时首先要有明确的角色意识，明确自己的角色，也明确对方的角色，同时积极调整自己的角色行为。因为对象变了、场合变了，角色就变了，与之相适应的角色行为、态度和方式也要跟着调整和变化。角色即期望，调整角色的实质是调整期望值。

在领导活动中，领导者要善于站在对方的角度，设想对方期望你是什么样子的，对你的能力、行为的期望是什么，你的一言一行能不能符合对方的期待。如果不能符合，就必须要调整期望值。

假如对下级的期望太高，下级达不到，领导者通常会责怪下级能力太低，而下级则会埋怨领导者的要求太高。所以，领导者要把握适度激励的艺术，把对下级的期望值调得恰当，最好比其实际能力稍高一点，是他通过努力可以达到的，这样下级才能够把自己的潜力爆发出来，才可能认为上级通情达理有亲和力。因此，适度激励的艺术就是领导者善于调整、适度激励的艺术，对下级不能要求太高，也不能要求太低。

三、沟通认同的领导艺术

领导者的方圆兼顾还体现在沟通与认同的艺术上面。认同是领导的基础，沟通则是认同的前提。所谓认同，就是一个人发自内心地承认你、接受你、追随你。随着追随者的文化层次越来越高，他们更愿意自觉地追随、认同领导者，而不喜欢被命令、被领导。

（一）赢得认同的逻辑

赢得认同一般遵循以下逻辑：

一是先认同人，后认同事。把"认同人"与"认同事"紧密地结合起来，把认同人作为用好软权力的重点。追随者一旦认同了领导者的人格，就容易认同领导者的决策，接受领导者的安排。

二是先认同他，后认同你。认同的另一个规律是先人后己，这点就更实用，更具有操作性了。我们无论是与上级交往，还是与下级交往，都要主动沟通，主动认同。认同永远是相互的，又是主动的。

（二）沟通认同的步骤

沟通是手段，认同是目的。沟通在先，认同在后，认同是重点。领导者的有效沟通应该分作四个阶段，逐步推进。

一是外求共同点、重在信息沟通。沟通的第一步，可以从外表来寻求共同点，比如，年龄差不多，阅历差不多，利益差不多，这都是领导者沟通时可以寻求的共同点。共同的语言，共同的习惯，这些虽然是表层的，但却能有效地帮助领导者打开沟通之门。

二是内求共鸣感、重在情感沟通。一般来说，共同点越多，双方在思想、认识、感情、心理上产生的共鸣感就越强。这种共鸣感在沟通的过程中发挥着极为重要的作用，它能拉近领导者与追随者，与沟通对象之间的心理距离、感情距离。

三是深求共识度、重在思想沟通。认同的过程是一个由外到内、不断深化、不断强化的过程，即追求并扩大共识度的沟通。就一般规律而言，寻求的共同点越多，得到的共鸣感也就越强；得到的共鸣感越强，则双方的共识度也就越高。

四是实求认同感、重在人格认同。在领导工作中，在决策的实施过程中赢得决策执行者的认同是极为重要的。因此，在领导活动中，沟通是手段，认同是目的，人格认同才是最重要的。追随者只有认同了领导者的人格，才可能更好地认同和执行领导者的决策。

（三）沟通认同重在共赢

领导者对于追随者要善于"沟通"，要避免强迫命令式的"打通"。"沟通"与"打通"的差别，就在于沟通是观点的交换与思想的碰撞激荡。沟通要求领导者要善于说出自己的观点，并倾听追随者的观点，形成共识，取得共赢。沟通是平等的，设身处地的，是领导者和追随者共赢的基础。

方圆兼顾的领导艺术的目的是不断调整领导者的角色和关系，以适应不断变化的外部环境。领导艺术重在方圆兼顾、刚柔相济。太方会束缚灵活性，减弱亲和力，使做事的阻力加大，不易达到领导目的。太圆有可能破坏原则性，做事缺少方向感和分寸感。

附录

一、案例和思考

[引言]领导艺术重在权变,权变就是从具体情况出发,既要变自己又要变别人、变情境;既要因时而变,又要因人而变、因境而变。领导权变,变的是领导角色、领导思维、领导方法、领导方式、领导情境等,不变的是领导目的和领导方向。下面这个案例从不同角度体现了领导权变的艺术,供读者阅读和思考。

[案例] 邓小平与"一国两制"[①]

1984年,邓小平曾说到,他做了两件事,改革开放和一国两制,这是他对自己的评价。祖国统一是邓小平1977年7月份复出后反复思考的中心问题。

"主权问题"不能讨论

中英两国的历史遗留问题由于香港总督麦理浩1979年访华而变得迫切起来。根据1898年中英两国的条约,新界99年的租期1997年6月30日届满。英国政府与当时香港总督做出的结论是:"若不设法采取步骤减少1997年这个期限所带来的不明朗情况,在80年代初至90年代中期,便会开始出现信心迅速崩溃的现象。"英国政府由此决定,在1979年3月麦理浩访华时,以土地契约可否续签过"九七"的间接询问方式,非正式地试探中国政府对香港前途的态度。

3月29日,邓小平会见麦理浩。按照英国政府的指示,麦理浩准备以商务问题而非政治问题的方式提出新界土地租约问题,询问新界土地的批租契约能否改为"在英国统治着地方的时间内有效"。然而,未待麦理浩进一步说明,"邓小平抢先表态,香港是中国的一部分,这是前提,这个问题本身不能讨论"。

邓小平提醒英国方面重视中国政府解决"台湾"、澳门问题制度不变的新

[①] 案例节选自《香港回归:邓小平与"一国两制"》,《三联生活周刊》,2009年9月25日。http://book.ifeng.com/yeneizixun/special/yueduzhongguo/list/detail_2009_09/25/314153_1.shtml。

思维，他讲道："我可以明确地说，中国政府的立场不影响他们（香港人）的投资利益，说清楚一点，就是在本世纪和下世纪初的相当长时期内，香港还可以搞它的资本主义，我们搞我们的社会主义。就是到1997年香港政治地位改变了，也不会影响他们的投资利益。"

1982年9月，英国首相撒切尔夫人访华，与邓小平就香港前途举行会谈。"她带着被英国在马尔维纳斯群岛的战争胜利所鼓舞的自信与傲慢，来到中国。"在9月24日的会谈中，"撒切尔夫人提出香港繁荣问题，认为香港繁荣系于香港人对前途的信心，而繁荣和信心系于英国的继续统治，中英双方只有在香港未来治权上达成协议，才能讨论主权问题"。

但是邓小平告诉撒切尔夫人："我们对香港问题的基本立场是明确的，这里主要有三个问题。一个是主权问题；再一个问题，是1997年后中国采取什么方式来管理香港，继续保持香港繁荣；第三个问题，是中国和英国两国政府要妥善商谈如何使香港从现在到1997年的15年中不出现大的波动。"在邓小平看来，香港问题的实质是主权归属问题，只有解决了这个根本问题，明确香港主权者是谁，这个主权者才有资格考虑如何维护香港繁荣。如果香港主权属于中国，香港的经济繁荣就是中国政府需要考虑的，与英国人毫无关系，英国人应当关心的是如何过渡，这才是中英谈判的实质。

邓小平在与撒切尔夫人的谈话中这样说："关于主权问题，中国在这个问题上没有回旋余地。……如果不收回，就意味着中国政府是晚清政府，中国领导人是李鸿章！"

签署"中英联合声明"

1984年7月，邓小平在会见英国外交大臣杰弗里·豪时，再一次表达了对香港过渡时期的关注。邓小平说了五点：希望不会出现动摇港币地位的情况；同意批出1997年后50年土地契约，同意港英动用卖地收入，但要用于香港的基本建设和土地开发，而不是用做行政开支；希望港英政府不要随意增加人员和薪金、退休金额，以免增加将来特别行政区政府的负担；港英政府不要在过渡时期中自搞一套班子，将来强加于香港特别行政区政府；希望港英政府劝说有关方面人士不要让英资带头转走资金。邓小平在做出决策的时候，对各种可能都估计到了。

对撒切尔夫人提出的香港繁荣问题，邓小平回应道："保持香港的繁荣，我们希望取得英国的合作，但这不是说，香港继续保持繁荣必须在英国的管辖下才能实现。香港继续保持繁荣，根本上取决于中国收回香港后，在中国的管辖下，实行适合于香港的政策。香港现行的政治、经济制度，甚至大部分法律都可以保留，当然，有些要加以改革。香港仍将实行资本主义，现行的许多制度要保持。"

"现在人们议论最多的是，如果香港不能继续保持繁荣，就会影响中国的四化建设。我认为，影响不能说没有，但说会在很大程度上影响中国的建设，这个估计不正确。如果中国把四化建设能否实现放在香港是否繁荣上，那么这个决策本身就是不正确的。人们还议论香港外资撤走的问题，只要我们的政策适当，走了还会回来的。"邓小平这些话在15年后得到了应验。

这次谈话后，中英双方开始通过外交途径就解决香港问题进行商谈。"实质性问题，是在1983年7月至1984年9月间的第二阶段谈的。开始英国一直坚持1997年后管治香港，会谈在第四轮后陷入僵局。1983年9月，英国前首相希思访华，他是邓小平的老朋友。邓小平对希思说，英国想用主权换治权是行不通的，如果英国不改变态度，中国将不得不单方面公布解决香港问题方针政策的局面。邓小平的强硬立场，促使英方不得不在第五、六轮谈判中放弃管治权。"

1984年6月，正值第二轮谈判进行之时，邓小平会见了香港工商界访京团和香港知名人士钟士元，作了题为"一个国家，两种制度"的谈话。在这个谈话中，邓小平着重谈的是爱国和港人治港的问题。说到底，在"一国两制"的问题上，香港人的核心问题是，是不是爱国，是不是相信中央政府贯彻"一国两制"的诚意，是不是相信中国能够把香港治理好。

因此，邓小平说："中国政府为解决香港问题所采取的立场、方针、政策是坚定不移的。……我们还多次讲过，北京除了派军队以外，不向香港特别政府派出干部，这也是不会改变的。……我们对香港的政策50年不变，我们说这个话是算数的。"邓小平还说，"鸦片战争以来的一个多世纪里，外国人看不起中国人，侮辱中国人。……是中华人民共和国改变了中国的形象。凡是中华儿女，不管穿什么服装，不管是什么立场，起码都有中华民族的自豪感。香港人也是有这种民族自豪感的"。

邓小平特别强调："要相信香港的中国人能治理好香港，不相信中国人有能力管好香港，这是老殖民主义遗留下来的思想状态。""香港过去的繁荣，主要是以中国人为主体的香港人干出来的。中国人的智力不比外国人差，中国人不是低能的，不要总以为只有外国人才干得好。"

这次谈话结束不久以后，《中英联合声明》签署。《中英联合声明》作为国际条约一签署，香港社会、港英政府和英国政府都相信了中国政府履行"一国两制"的诚意。此后，香港问题的进展就特别顺利了。

二、重点推荐阅读材料

1．《毛泽东选集》（全4册），人民出版社1991年版。
2．刘峰：《管理创新与领导艺术》，北京大学出版社2007年版。
3．[美]吉姆·柯林斯，俞利军译：《从优秀到卓越》，中信出版社2006年版。
4．[美]伊莱恩·碧柯，徐中、占卫华、刘雪茹译：《美国培训与法治协会领导力开发手册》，电子工业出版社2012年版。

思考题

1．结合领导科学情境理论，阐述领导权变的重要性和必要性。
2．分析领导角色转变与领导行为转变的关系。
3．结合实际谈谈如何运用方圆兼顾的领导艺术。
4．为什么说领导权变不是权术。

第八章　新领导力的修炼艺术

【内容提要】

本章主要阐述新领导力的修炼艺术，包括新领导力的构成和特征，新领导力提升定律，以及新领导力的修炼艺术。第一节主要论述新领导力的构成和特征；第二节主要探讨新领导力的四大定律；第三节主要分析新领导力的修炼艺术，包括领导力与领导艺术的关系，领导力修炼的途径和领导艺术的应用。

第一节　何为新领导力

新领导力与领导变革互为影响，领导活动的变革催生了新领导力，新领导力反过来也影响和推动世界的变革。新领导力既不同于领导能力，也不同于领导权力。新领导力是积极的、定向的影响力，从不同的角度出发，新领导力的构成要素是有差别的。通过学习新领导力构成要素有助于全面、辩证把握对新领导力的认识和理解。

一、新领导力的构成

从不同的角度出发，新领导力的构成要素是不同的。从内容来看，新领导力主要包括两大要素，一是决策力，二是影响力；从形态看，新领导力包括硬权力和软权力；从来源看，新领导力包括权力、能力、魅力和魄力。

（一）新领导力=决策力×影响力

《管理创新与领导艺术》一书中提出了领导力的"十力"模型，认为领导力包括决断力、洞察力、亲和力、激发力、凝聚力、学习力、影响力、应变力、执行力和综合力。[①]如果对这"十力"进一步概括和提炼，就能发现其中决策力和影响力是两大核心，洞察力、学习力、决断力、应变力、执行力等都指向决策力，亲和力、激发力、凝聚力、影响力、综合力等都指向影响力。

这里的决策力主要与"领"相联系，去哪儿，干什么，领导活动的目标和路径需要决策；而影响力主要与"导"相联系，什么人去实现目标，怎样去实现目标，需要引导，需要激励，需要影响力。决策力重在方向，影响力重在力量。因此，就有了关于新领导力构成的第一个公式：

新领导力=决策力×影响力

（二）新领导力=硬权力×软权力

传统的领导力等同于权力。没有权力就没有领导力。权力分为硬权力和软权力，硬权力是强制影响力，它与职位有关，是外在的，有限的，强制性的；而软权力是个人的，内在的，在一定程度上，是可以无限开发的。硬权力是一个常量，而软权力是一个变量。尽管硬权力在领导活动中不可或缺，但软权力在不断升值却是不争的事实。新领导力不仅重视硬权力，更强调硬权力和软权力的叠加和结合。这样，新领导力构成的第二个公式就是：

新领导力=硬权力×软权力

需要注意的是，这两个角度的新领导力构成两大要素之间是乘号，而非加号，这意味着新领导力并非是决策力和影响力、硬权力和软权力的简单相加，而是更强调两种要素之间的相互作用和相互影响。

（三）新领导力=权力+能力+魅力+魄力

传统的观点认为，领导力是权力的函数，也就是说，权力是传统领导力的唯一来源。而新领导力的实质是影响力，影响力的主要来源是非强制性的软权力，而不仅仅是强制性的硬权力即职位赋予的权力。新领导力的内涵远比传统的领导力要广泛，新领导力实际内涵为"1+3"模式，即领导者首先需要组织授予的职位权力，同时还要有处理具体事情的能力、人际沟通协调中的魅力和在不确定性的情境中敢于决策决断的魄力，唯此才可能成为优秀的领导者。即：

新领导力=权力+能力+魅力+魄力

[①] 刘峰：《管理创新与领导艺术》，北京大学出版社2005年版。

这里，权力与领导职位相关，能力与业务素质相关，魅力与用人影响人相关，魄力与决策决断相关。这个构成公式对领导者来说既是机遇，因为新领导力可以有多个来源；又是挑战，因为领导者必须从多个方面去获得、拓展和提升自己的领导力。

二、新领导力的特征

新领导力既不同于领导能力，也不同于领导权力。从主体上来说，领导权力、领导能力主要与领导职位、领导者相关，而新领导力则与每一个人相关，它存在于组织的每一个角落、存在于发生的每一个事件、存在于每一个成员身上，即"人人都有领导力，人人都需领导力"。总的来说，新领导力具有以下六大特征。

（一）新领导力的单向性与双向性

新领导力具有与领导力相同的特征，就是领导力的单向性，强调领导者对被领导者、对追随者的定向的积极的影响力。没有单向性，领导活动就没有了方向，没有了目标，因此，在领导过程中，领导者与追随者在大多数情况下都是单向影响的，即领导者影响被领导者和追随者。

随着社会的发展，领导活动中新领导力的双向性开始凸显，即领导者与追随者是相互影响的，领导者能够影响追随者，追随者同样也能影响领导者，领导者只有积极影响自己的追随者才可能成为真正的领导者；追随者只有积极影响自己的领导者才可能成为潜在的领导者。只有这样，领导力才能够产生，才能够不断扩大。

（二）新领导力的个体性与组织性

新领导力"1+3"公式构成揭示了新领导力不能仅仅依靠权力，还需要能力、魅力和魄力。权力指向新领导力的组织性特点，在组织情境中，权力依然是新领导力的基础；而能力、魅力和魄力主要指向新领导力的个体性特点。新领导力的四大构成要素实际揭示了新领导力的个性化特征，即领导力越来越多地与领导者个人因素密切相关，领导力中权力的作用逐渐缩小，而非权力因素诸如能力、魅力和魄力这些因素发挥影响力的作用越来越大。进一步来说，新领导力的个性化意味着一个人有权力但不一定就有领导力，但有了领导力就有影响力，就有了权力。因此，新领导力是一个比领导权力更广泛的概念，新领导力的个性化特征昭示着现代领导者不仅要用权力，更要生成、修炼、创造和运用领导力，这也就对领导者个体提出了更高的要求。

（三）新领导力的间断性和连续性

通常认为，新领导力一旦为领导者所拥有，就会"长"在领导者身上，就永远不会失去，实际上这是不正确的。新领导力存在于领导事件之中，换句话讲，新领导力产生于领导实践。领导者不做事，没有活动，是不可能产生领导力的。或说，没有领导活动，没有领导事件就没有领导力更谈不上新领导力。领导者在领导事件中如果应对妥当、处置有效，上级认可、下级和群众认同，领导者就有了领导力；相反，如果领导者在领导事件中只考虑自己，没有妥善处置，领导者也就没有了领导力。因此，新领导力的事件性意味着领导者必须在领导实践中不断提升新领导力，必须把每一件事情办好，办得高效才有领导力，才可能生成新领导力。这就是新领导力的间断性。

另一方面，新领导力还有连续性的特征。约翰·麦克斯韦尔把领导力划分为五个层次：第一层次是职位，人们追随你是因为他们非听你的不可；第二层次是认同，人们追随你是因为他们愿意听你的；第三层次是生产，人们追随你是因为你对组织所作出的贡献；第四层次是立人，人们追随你是因为你对他们所付出的；第五层次是巅峰，人们追随你是因为你是谁以及你所代表的东西。[1]如果一个领导者已经达到第三层次的领导力，那么，即使他离开原来的组织到了新的组织，尽管很多时候他需要从头开始，但由于已经有了如何从第一层成长到第三层的经验，即使到了新的组织他也会清楚如何快速到达原先的层次，这就是新领导力的连续性。新领导力的连续性能帮助我们理解为何许多领导者特别是中高层领导者能快速地在不同行业甚至不同领域之间转任，而且能做得很好。

（四）新领导力的新锐性与传统性

新领导力还意味着领导力的主动和快速，即新锐性。领导力要及时，要果断，要主动，要快速，否则犹豫不决，就会一再地丧失机遇。这里，新领导力就是一种"攻击力"，即主动地出击，主动地变革，积极地创新。与传统领导力相比，新领导力更加主动，更强调变革和创新，变革和创新的目的旨

---

[1] [美]约翰·麦克斯韦尔，任世杰译：《领导力的5个层次》，金城出版社2012年版。

在集中优势的资源,去实现领导的目的和价值。

同时,与领导力相比,新领导力在强调新锐性的同时还注重传统性。所谓传统性就是指新领导力的基础、过程和归宿要与传统价值保持一致,更多地涉及伦理道德、文化规范等价值问题。比如,领导力的诚实和信誉、领导力的公道正派、领导力的以人为本等。

(五)新领导力的分散性和整合性

领导力强调领导者的作用,主要与领导者自身、领导职位相关。而新领导力不仅存在于领导者身上,更存在于每个人。领导力不是领导者的专利,不是领导者专有的,而是每一个成员身上都有领导力,这是新领导力的"点睛之处",也是新领导力的分散性。

新领导力强调分散性也强调整合性。只有分散的动力还不够,还要把分散的动力变成合力。每个人都有动力,都有活力,都有领导力,如果相互之间能形成合力,就能凝聚生成更强大的新领导力。

(六)新领导力的坚定性与变动性

新领导力不仅是影响力,更是定向的影响力。新领导力强调信仰的坚定性,目标的坚定性和意志的坚定性。领导者必须"独立","他尊重他人的意见,做出自己的决定"[①]。他不被小团体或大多数人推着走,不受他们的影响,不因为他们的指责和质疑改变自己的信念。新领导力的坚定性意味着领导者也许做出的决定恰好是某些人提出的方案,但毫无疑问,这个方案并不是那些人的,而是真正成为领导者自己认可的方案并独立决断的结果。

管理对任何一个组织来说都很重要,同时,管理是在程序之内发生作用的,也就是说管理必须按照规章、制度、程序来进行,没有程序,管理也就无从谈起。但在规则和程序之外,在变动和变化的时候,在管理没有明确规定不能解决问题时,就要通过领导力来发挥作用。因此,在程序之内靠管理,在程序之外、在变动之时就要靠领导力,靠适当应变、合理创新来寻求解决的办法。领导力是一种创造力,一种创新力,它不是在常规、程序之中发挥作用,而是一种艺术,是一种程序之外的东西。因此,越是在事物不确定时,越是有风险,就越需要领导力;越是有变化,有变数,就越需要领导者出面

---

① [美]赫伯特·卡森,程海荣译:《领袖力》,中国商业出版社2010年版,第8页。

发挥作用。如果领导者在风险和不确定因素面前，茫然失措，迷茫困惑，则有可能引发更大的混乱，那么他的领导力就是零，甚至是负面的。新领导力更多的是存在于风险和不确定因素之中，只有那些有远见，有预知能力，有决断力，有魄力的领导者才有可能产生新领导力。

第二节　新领导力定律

新领导力定律指生成和提升领导力需要遵循的基本规律，其揭示了领导活动的重要内容和领导关系中领导者和追随者如何发生作用的内在逻辑，把握和理解领导力的规律有助于新领导力的生成和提升。

一、新领导力第一定律

传统的领导权力指领导者对被领导者施加的单向的作用力，而新领导力则是领导者与追随者之间相互的影响力，对两者关系的总结就是新领导力第一定律，可以下面的公式表示：

$$F_1 \geqslant -F_2$$

F_1代表领导者对追随者的影响力，F_2代表追随者对领导者的影响力，这里的"—"，即负号，代表这两个力的方向相反，这里的"＞"意味着领导者与追随者之间都有影响力，但是在领导活动中，领导者的作用力一定不小于追随者的作用力，否则领导活动无法进行。

领导者对于追随者不仅施加软权力，而且在必要时可以施加硬权力，而追随者对领导者只能施加软权力，不能施加硬权力，所以，领导者对追随者施加作用力是有诸多资源和有利条件的。而且，追随者对领导者的作用力在一般条件下不仅是有限的，而且是十分发散的。

领导力第一定律还引申出一个更深远的意义。当$F_1 > -F_2$时是正常的领导活动；当$F_1 = -F_2$时是临界的领导活动，说明追随者的F_2越来越大，而且很可能双方力量旗鼓相当；当$F_1 < -F_2$时，领导情境则发生逆转，原来的追随者变成了新的领导者，而原来的领导者则转变成了下属和追随者。这个定律告诉我们，是不是领导者不是看他的地位而是看他的领导力，谁的领导力强谁就可能成为领导者。

二、新领导力第二定律

在领导过程中,如果用 Q 表示领导者决策的质量,用 A 表示下属对决策的认同度,用 F 表示领导力,于是就可以得出下面的公式。Q 是决策力,而 A 是影响力。这个公式的含义即领导力取决于领导决策的质量和追随者和执行者对决策的认同这两大因素的综合作用。

$$F = Q \times A$$

如果 $Q=100$,$A=0$,那么 $F = Q \times A = 100 \times 0 = 0$。显然,即使领导者决策质量很高,它是科学的、正确的,但如果决策的执行者对此不认同、不接受,缺少实施决策的积极性和主动性,那么领导力仍等于零。由此可见,在领导活动中,在决策的实施过程中赢得执行者的认同是多么重要。这个公式告诉我们,在一切领导活动中,应始终注重决策和用人两件大事,把决策力和影响力结合起来。

如果 $A=100$,$Q=0$,那么 $F = Q \times A = 0 \times 100 = 0$。这里的涵义也是很清楚的。一个领导者即使有很强的魅力,很强的影响力,但如果他决策能力很低,决策完全失误,那么它的领导力也肯定是不够的。

特别值得一提的是,国外的领导力局限于影响力的范畴,而忽略了决策力的巨大作用。事实上,没有决策就没有方向和路径,没有引领和带领。所以,领导工作的"两件大事"体现了新领导力的两个方面:第一个跟决策、决断有关,跟做事有关;第二个跟用人和激励有关,只有把这两件大事结合起来,才有卓越的领导。

三、新领导力第三定律

为了做到领导与群众的真正结合,就必须首先"从群众中来",然后"到群众中去",此处的重点是"来"与"去"两个字。

"来"是指领导者在能力、素质、胆略、业绩和使命感等多个方面必须"出众",必须与广大群众拉开距离。领导者只有扩大这个距离 S_1,才能赢得广大群众对自己的尊敬、认同和服从。"去"指领导者必须在感情、心理、行为、态度等方面回到群众中去,必须与群众打成一片,与群众找到共同语言,必须缩小与群众的距离。缩小这个距离 S_2,广大群众才能更愿意、更乐意、更容易接受领导者的思路，接受领导者的人格。如果用F代表领导力，用K代表领导情境系数，用S_1代表能力距，S_2代表心理距，那么会得出以下公式：

$$F = K\frac{S_1}{S_2}$$

其中，新领导力F与能力距S_1成正比，与心理距S_2成反比。"来"就是加大能力距S_1，"去"就是缩小心理距S_2。又"来"又"去"，再"来"再"去"，领导与群众结合得就会越来越紧密，领导者的领导力F也就越来越强大。当然，能力距S_1不是越大越好，心理距S_2也不是越小越好。需要特别说明的是，新领导力的大小不仅取决于领导与群众之间的两个距离，而且也取决于领导与群众所处的由制度和文化等多种环境因素综合基础上形成的领导情境系数K的大小，因为这些因素影响着新领导力的生成和提升。

领导者要与群众拉开距离，拉开素质、能力、胆识和觉悟的距离，领导力与出来的距离成正比。领导者还要回去，要缩小心理的感情的距离，领导者还必须与群众打成一片，因为心理距离越小，领导力就越大，领导力就越强。

当然，领导者要处理好来与去的关系，也不能走极端，必须遵循"辩证法"。能力距不是越大越好，心理距也不是越小越好。领导艺术的精妙往往需要辩证法的灵活运用，在于"度"的把握。一方面，能力距离要适中。另一方面，心理距离要适中。

四、新领导力第四定律

领导力第三定律着眼于领导力的来源，而领导力第四定律关注的是领导力的放大和增长。培养下属，领导力只能加法式增长；培养追随者，领导力则有可能乘法式增长；如果培养领导者，领导力就可能指数式增长。

$$F = m^n f$$

这里的F仍然代表组织的领导力，f代表组织中个人的活动。假定一个组织里共m个成员，把他们都培养成领导者后，从理论上讲，整个组织的领导力就是$F=mf$；然后，这m个领导者每个人再培养出m个领导者，于是$F=m^2 f$；以此类推，n代表层级，即$F=m^n f$。[①]

---

① 刘峰：《简约领导》，国家行政学院出版社2012年版，第73–77页。

第三节　新领导力的修炼艺术

新领导力的修炼不仅要掌握新领导力的基本定律，更需要领导者的实践和应用。因此，新领导力的修炼艺术首先需要把握领导力与领导艺术之间的关系，然后了解新领导力的修炼途径，在此基础上与领导情境结合并有效地运用领导艺术，进而提升领导绩效。

一、领导力与领导艺术的关系

新领导力的修炼艺术要先掌握领导力的规律和定律，把一般的领导力定律与自己、与追随者、与领导任务、与领导环境等相关要素结合起来灵活地、创造性地运用从而生成领导艺术。总的说来，理解领导力与领导艺术的关系需要从以下四个方面予以把握。

（一）实践性

领导科学的最大学科特点就是它的实践性。当前无论是中国的领导科学还是西方的领导科学都开始强调领导力，从"领导科学"到"领导力"的强调意味着领导科学的实践性更为凸显，领导科学注重学理、强调理论，而领导力则更强调实践、注重应用。领导力的提法强调一种普遍意义上的实践性，一种规律性层面的实践性，既可以有西方的领导力实践，也可以有中国的领导力实践，它们共同遵循一定的领导力定律。与领导力相比，领导艺术更强调领导力定律与自身领导活动实践的结合和应用，这也是最根本的实践性。

因此，在从事领导活动的过程中，领导者只有把领导力理论与领导实践、领导事件相结合，在具体活动中灵活地、创造性地运用领导力理论，才能够生成领导艺术。如果领导者只有一定程度的"领导力理论"功底，即使掌握了一些定律和方法，如果不能因地制宜地运用这些理论和定律，也就称不上拥有领导艺术。反过来说，领导者只有通过大量卓有成效的领导实践，才能提升领导力，才能提升领导艺术。

（二）个性化

领导力具有普遍性，领导力与具体的领导者相结合就生成了领导艺术，因此，领导艺术具有个性化的特征。领导艺术是领导者的智力、情商、胆略、经验、经历和阅历的综合反映，是领导者创造性地运用已经掌握的各种知识和方法，妥善应对和解决工作中实际问题的能力、策略和技巧，无法衡量，无法复制，带有领导者自己的独特标签。

领导特质理论探讨的就是领导者的特殊性，进一步来说，就是领导者与被领导者相比有何特殊性，不同行业的领导者之间有何特殊性，不同层级的领导者之间有何特殊性，不同岗位的领导者之间有何特殊性。领导特质理论的核心理论观点就是每个领导者都是特殊的，领导特质之"特"就特在每一个领导者都是不同的，都是具有自己个性的。同样，领导艺术的个性化色彩就更为浓厚。

(三) 权变性

领导力更多地体现出科学性，这一方面意味着领导力的研究和提升要注重内在的客观规律性；另一方面因为领导力具有客观性，所以相对来说具有稳定性、普遍性。领导艺术更为强调实践性和个性化，因此，领导艺术强调变动性、特殊性和权变性，领导艺术之要就在于领导者需根据领导活动的具体情境采取相应的领导方式和领导方法，从而提升领导活动的绩效。

传统的观念认为领导者都是那些积极表现、勇于发言、善于发号施令、制订计划的人，通常在人群中处于主导的地位。然而事实未必如此。例如，沃顿商学院管理学教授亚当·格兰特最新的研究成果就对最高效的领导者往往是外向的人这一传统假设提出了质疑。他们的研究结果表明，在某些环境下，内向型领导者要比外向型领导者更加高效，关键在于被领导的人。外向型的领导风格能提供明确的权力结构和发展方向，但如果这些领导者所管理的员工同样具有良好的主动性，就有可能产生摩擦，而把这种类型的员工与内向型领导组合起来，就可以更好地通往成功。所以，无论是内向的领导还是外向的领导，都可能会成功，关键在于领导艺术灵活的应用。

(四) 中国化

领导力的科学性和规律性意味着领导力在世界范围内的普遍性意义，因此，中国的领导科学研究也需要国际视野，需要与国际同行交流，把西方先进的领导科学理论和领导力模式引入中国，借鉴参照。但领导科学还应该更中国化、本土化，因为领导科学的中国化是必然趋势，这是由领导科学的实践性、应用性和民族性决定的，把先进的领导理论与本国领导活动实践、本国文化背景融合在一起，也更容易得到领导干部的认同。

领导科学的中国化既要遵循中国领导科学研究内容的普遍性，包括中国的领导实践、中国的领导智慧、中国的领导文化，也要把握特定阶段、特定历史时期等特殊性，要结合具体的领导实践、结合当前的难点问题进行研究。当前，领导科学的中国化主要受到两种错误认识的阻碍。第一种观点认为，西方领导科学是发达国家的领导科学，因此，它是先进的、系统的，应当全盘拿过来以指导中国的领导实践活动，排斥本土的领导理论和领导方法；第二种观点认为，中国从不缺乏本土的领导理论和领导方法，只是因为发掘的不到位，如果把传统的领导理论和领导方法加以系统化和学科化，就能成为一门学科。简言之，无论是排斥领导科学的中国化还是排斥西方的领导科学，都是有失偏颇的。中国领导科学研究要在端正研究目的上下工夫，把握领导科学的社会性和应用性。

二、新领导力的修炼途径

新领导力的修炼是以领导者自身的成长成才为中心，以提升新领导力为根本目的。无论是领导者的成长还是新领导力的提升归根结底都离不开自己的努力和外力的作用，新领导力的修炼需要把主观和客观结合起来，修炼途径主要包括参加领导力培训和训练、接受领导力教练指导和辅导以及领导者的自省和感悟。

（一）领导力培训和训练

接受各种各样的领导力培训是提高新领导力的一条路径，关键是要针对自身的需要和实际情况选择合适的培训机构，选择合适的培训课程。不管是一般的领导力培训还是领导力训练，现在都越来越注意培训方式的多样化和有效性。参加培训已不仅仅是听教师讲授某方面的理论知识，而且可以进行角色扮演，可以进行情景模拟，可以进行案例分析，可以进行敏感性训练，可以进行无领导小组的讨论，甚至进行野外的拓展训练。参加培训已不仅仅是"学会"某些理论知识，而且是掌握"学会"更多理论知识的方法。参加培训已不仅仅是领导力基础知识的学习，而且还有环境的适应性学习，团队精神的学习，人际关系技能的学习等某一具体方面领导力的学习。

领导力培训和训练要因材施教才能事半功倍，因此，了解自己在领导力方面的现状、特点和不足是特别必要的。而且，对各个层次、各个部门、不同情境下的领导者素质要求也是有很大差异的。因此，领导者要学会调整自己的知识结构、能力结构和气质结构。调整结构就是根据领导情境的变化和领导工作的具体要求，根据自身已有素质条件，有选择有重点地提高某方面的素质、能力和气质，从而达到优化结构的目的。

提高素质要本着补充短板的原则来调整和完善素质结构。比如，理工科出身的人要多读一点文史和社会科学的书，增加社会科学的知识。文科出身的人要多读一点自然科学的书，增强逻辑思维的能力。调整结构要有依据，这就需要领导者通过领导力测评等相关方法明确自己的现状，看看哪些方面还不能满足要求，还有进步的空间，在测评的基础上进行结构调整往往能收到事半功倍的效果。对领导者的测评既可以采取自评，也可以他评，也可以采用二者相结合的方式。

（二）领导力指导和辅导

提高自身的领导能力和素质，向榜样学习是一条行之有效的途径。领导者要向中基层管理人员学习，向广大下级学习，广大下级也要向管理人员和领导者学习。此外，还要注意向本行业、本部门以外的先进单位、先进个人学习。

其中，领导者首先自己要善于向榜样学习，当好学生，其次还要组织好所在组织、所在部门的学习，带领并辅导下级学习，要当好教师。领导者就是教师，好的领导者就是好的教师，就是教练。"担任导师、教师和教练的领导者是组织中至关重要的资源，他们为那些现有的或未来的领导者的发展提供支持。让领导者担任导师是非常有效的领导力发展策略，尤其在迎接大的工作挑战和工作任务时，这个策略的运用对促进领导者的成长和发展更加有效。"领导者当教练的实质是让领导者通过教来学，通过让领导者"教"推动领导者要学得更多，学得更透，一方面能教得更好，另一方面自己也能学得更好。

（三）领导者自省和感悟

领导者经常的反思自省能较快地提高自己的能力和素质。实际工作中千头万绪，领导者很容易陷进事务堆里碌碌无为。正确的做法应该是经常冷静下来，作一些深层次的思考：自己的长处是什么，有什么局限？这一段工作取得了哪些成绩？遇到了哪些阻力？造成了哪些失误？有哪些心得体会？有哪些规律性的东西需要总结？这种经常性的深思反思能够更好地洞察内心，调整情绪和心态，找准自身的差距，明确下一步的努力方向和奋斗目标。

领导者的自省和感悟离不开实践锻炼，没有实践锻炼，领导者的自省和感悟就只是无水之源，无本之木，提高领导力培养只能是一句空话。领导者要善于从自己的经验中学习，善于在领导管理的实践中锻炼提高自己的领导艺术。实践锻炼不是唯一的培养人的途径，但肯定是最重要的途径，而且一定要与其他培养人的领导艺术结合起来才能更有成效。

三、领导艺术的应用

在变革的世界中唯一不变的就是变化，正是因为变化的常态性使社会和组织比以往任何时候都更需要领导者，需要领导力。公众常常期待着领导者能够有效运用领导力应对世界的快速变化，这就需要领导者能够在遵循领导力规律的基础上，根据时代、任务、对象和环境的变化有效地应用领导艺术。

（一）领导应变力

领导应变力是指领导者决策之前要学会宏观地把握国内外政治、经济、文化等情况的发展态势；决策时要善于利用这些关于宏观发展态势的信息，去形成有利于己方的主动态势并相应地采取行动。它包括"顺势"和"借势"两个前后关联的环节。"顺势"指领导者要顺应事物发展变化的态势，做决策时不得"逆势而动"，做出的决策要符合事物发展变化的态势。即在领导实践中必须结合和互动的"顺自然之势"和"顺社会之势"两种策略。

首先，"顺自然之势"指领导者制定政策时要符合特定的自然地理条件之势，充分考虑到包括地理条件、土地状况、天气情况等因素对其实施的影响。其次，"顺社会之势"指领导者制定政策时要充分考虑到国内外重大政治经济形势的变化情况，符合发展变化的社会态势。

"借势"比"顺势"更进一步，指发挥人的主观能动性去借助事物发展变化的态势，以进一步推动事物朝着更有利于己方的态势发展。

首先，领导者需要学会"度势"。"势"有动态变化之意，常用于军事领域，主要指有利于己方的战场变化，包括战场之外宏观政治经济情况的变化和战场之中微观军事力量的变化，凭借有利的战场变化把握，机动应变，进而掌握战场主动权。正所谓"势者，因利而制权也"。由此可以看出"势"的使用对于克敌制胜具有关键意义，所以领导者要善于发挥"势"的作用。

其次，领导者"度势"之后需要"用势"。"势"源于"计"，即谋划，"计利以听，乃为之势，以佐其外"。领导者通过谋划能够形成一种有利的外在条件。谋划则要根据战场内外形势和情况的变化，灵活机动运用战略战术，获得主动地位。"是故善战者，其势险，其节短。势为彍弩，节如发机。"因此，"用势"一方面要使得发"势"的时候"势"务必要处于运动变化的最高点，此时的"势"最具力量；另一方面"节"要"短"，即发"势"的时候一定要使"势"以最快速度落下，攻其不备，此时的"势"最有杀伤力。

领导者不能仅仅是"顺势"，更重要的是要善于"度势"和敢于"用势"，如此才能把握时机做大事。而且，领导者不仅要能应变，更要能主动创造变化，注重发挥人的主观能动性，敢于改变微观发展趋势掌握主动，去形成有利于己方的态势。

应变力是从宏观的、不可改变且只可遵循的角度谈到的领导者的被动对策；但是在微观的层次上，领导者可以通过局部地"制造变化"来形成有利于己方的局面。从逻辑上来，我们对待"变化"的科学态度应是：发现变化、应对变化、创造变化和利用变化。其中发现变化是前提，随后的应变、制变、用变则是在此基础上的进一步提升。

（二）网络领导力

信息化、知识化、全球化、网络化、市场化浪潮把全球联系成为一个现代网络社会。与传统社会相比，网络社会具有七大特征：一是突破空间的"间断"，正在形成新的空间观；二是突破时间的"间断"，正在形成新的时间观；三是突破信息的"间断"，正在形成新的信息观；四是突破网络的"间断"，正在形成新的网络观；五是突破媒体的"间断"，正在形成新的媒体观；六是突破国家的"间断"，正在形成新的世界观；七是突破阶层的"间断"，正在形成新的社会观。[①]

对领导者来说，网络社会的发展大趋势既是挑战，也是机遇。领导者可以利用网络的力量，超越各种传统的"间断"，加强协作，传递正能量，推动变革，实现目标，共享成果。在一定程度上，网络社会的崛起正引发领导理论

---

① 雷强：《网络领导》，国家行政学院出版社2012年版，第5-6页。

的变迁，从个人领导到团队领导再到共享领导，使"共享领导力"成为一种大趋势。领导者要超越传统垂直科层制组织的独自负责和控制一切的观念，更加注重通过网络来"引导"和"推动"组织内外成员。领导者的任务是引导大家平等参与，相互影响，彼此合作，共同承担责任。领导者要善于从控制转向授权。只有这样，领导者的拥护者、追随者、同盟者才能越来越多，领导力才能越来越大。

顺应网络社会崛起之势，首先，领导者要适应新的领导情境，树立一种网络领导观。"网络领导的本质是多元领导主体共享领导；网络领导的关键是协同共治；网络领导的目的是共享共建。"① 因此，网络领导就要更加注重舆论引导，引导也是领导，引导并非意味着不要管理，而是重在引导。

其次，领导者要准确把握网络特征，全面提升网络素养，集中网络智慧。在这一过程中，需要多元网络领导主体推进合作，通过创新工作模式，把网络建设成推进事业发展的平台，确保每个人的网络权利，通过推进网络领导力，实现影响力的分散化和个体化。提升网络领导力，领导者需要提升网络素养，即客观认识网络和运用网络的能力，领导者要以良好的网络素养和卓越的工作能力不断适应网络领导活动的新要求。

第三，领导者需要尊重网民，进入"在线"状态。"领导者要把互联网作为'社会管理创新'的舞台和推手，注重舆论引导，发挥新闻媒体、公众人物、理性网民骨干等方方面面的积极作用，形成积极向上的主流声音，'最大限度激发社会活力，最大限度增加和谐因素，最大限度减少不和谐声音'。"② 这就要求领导者要积极与公众沟通、与网民沟通，同时引导主流媒体适应网民的需要和习惯，培养网民保持理性表达和有序参与的行为，同时，建立网络舆论监测与引导机制。

第四，领导者需要提升网络领导力，调整和改善领导和服务方式。需要统筹网上和网下两个世界，赢得网民认同。互联网技术一方面把"群众"具体为微众，深入人心，落到实处，无"微"不至；另一方面使微众链接成为大众，使群众路线泛在化，无时不在，无处不在。

---

① 雷强：《网络领导》，国家行政学院出版社2012年版，第41页。
② 雷强：《网络领导》，国家行政学院出版社2012年版，第153页。

（三）形象领导力

"领导形象"是领导者外在形体容貌与内在精神风貌的统一。"领导形象"与"领导魅力"相互联系，又有所区别。相互联系，是因为二者都是领导者外在形体容貌与内在精神风貌的统一；相互区别，是因为"领导形象"侧重于领导者外形、外貌，而"领导魅力"更侧重于领导者内在精神风貌，二者互为表里。实际上，领导形象在新领导力的修炼艺术方面最本质的表现是领导者的象征艺术。

服装是人的第二皮肤，也是内在自我的外在延伸。领导者的服饰通常要遵循以下原则：一是要符合职业特征；二是要符合价值观念。三是要符合形体气质。四是符合场所。服饰应该符合时代，应该符合氛围。另外，领导者的语言艺术也是提升形象领导力的重要方面。领导活动的间接性决定了领导者要依靠讲话去激励和影响别人去实现组织目标。讲话是一个人知识结构、思维水平、阅历经历等多方面的综合反映，领导者的讲话水平在很大程度上影响领导力，影响领导者形象和领导者魅力。领导者要善于讲话，要把握语言艺术。

（四）学习领导力

在知识经济时代，知识更新加快，这就要求领导者要善于学习，勤于学习，及时掌握最新的各种知识和信息。而且，领导者善于学习不仅是自己学习，更要带领大家一起学习，知识经济社会是一个学习型社会，每个组织都是一个学习型组织，领导者、管理人员和普通员工要终生学习。领导者只有善于学习，才可能善于创新，不断创新。

作为领导者要明白领导者的学习不同于专家学者的学习，不同于学生的学习，而具有特殊性，最大的特殊性就是领导者学习的目的在于应用，能够把学到的知识应用到工作中去，能够有效指导自己的工作。因此，领导者的学习一方面要求学习的知识面要开阔，不仅要学习业务知识，更要重点学习中国特色社会主义理论体系，学习党史、国史、哲学、人文、经济、科技、领导力等综合知识；另一方面要求领导者学习书本知识的时候要学会把书由厚读薄，把一本书、一个专业、甚至是一门学科的核心理论、基础知识浓缩成一段话、一句话，甚至上升为哲学层面的思考，从而指导自己的工作。

领导者的学习不仅要学习书本知识，更要善于学习经验知识，无论是历史的领导工作经验还是现实的领导工作经验，无论是传统的资政智慧还是共产党自身的领导经验，无论是国内的还是国外的领导工作经验，领导者都要善于从中汲取经验，升华经验，进而应用经验。领导者学习经验知识，既可以在工作中学习，也可以在党校、行政学院等培训机构学习，通过专题研讨、相互探讨和结构化研讨等方式来相互学习、相互总结、共同提高。

（五）共享领导力

领导的根本目的在于培养人，把下级培养成积极的追随者，培养成领导者。在这一过程中，领导者和追随者一起共同创造价值，共同分享价值。特别是随着下级和群众自主性和素质能力的提升，越来越多地被动执行者成为积极的追随者，成为能够自我领导的领导者，这就要求领导者学会并善于共享领导，提升共享领导力。

共享领导极大超越了过去的领导理论，在共享领导中，领导者和追随者组成领导团队共同分享领导权力，承担领导责任，团队成员充分参与团队领导，并为最大限度发挥团队的潜力而对其他团队成员甚至职位领导者进行影响，实现团队领导。简言之，共享领导就是团队成员之间持续的、相互影响的过程，期间伴有一系列不同的非正式领导者的出现，团队的成功并非固定职位的领导者带领成员的结果，而是交替、相互带领团队成员走向成功。

在共享领导中，团队成员对团队工作的成败负有更大的责任，他们都参与组织的领导活动，都必须对组织的绩效负责，都必须学会关注全局和大局。共享领导并非排斥职位领导者的存在，而是一种领导者角色和责任的变化，领导者的责任不再是决定前进的方向，而是建立一支强有力的团队，使团队成员拥有共同的愿景目标，大家平等参与、相互影响，彼此合作、共担责任、共同发展、共同进步，共同创造价值、共同分享价值。

附录

一、案例和思考

[引言]新领导力是积极的、定向的领导力。新领导力既需要领导也需要管理，新领导力重在实践、重在行动，新领导力的灵活应用和创造应用形成

领导艺术。

[案例] 习近平阐述中国梦[①]

第十二届全国人民代表大会第一次会议于2013年3月17日举行闭幕会，中华人民共和国主席习近平发表讲话。

习近平指出，实现全面建成小康社会、建成富强民主文明和谐的社会主义现代化国家的奋斗目标，实现中华民族伟大复兴的中国梦，就是要实现国家富强、民族振兴、人民幸福，既深深体现了今天中国人的理想，也深深反映了我们先人们不懈奋斗追求进步的光荣传统。

习近平表示，实现中国梦必须走中国道路、必须弘扬中国精神、必须凝聚中国力量。习近平称，中国梦是民族的梦，也是每个中国人的梦。只要我们紧密团结，万众一心，为实现共同梦想而奋斗，实现梦想的力量就无比强大，我们每个人为实现自己梦想的努力就拥有广阔的空间。生活在我们伟大祖国和伟大时代的中国人民，共同享有人生出彩的机会，共同享有梦想成真的机会，共同享有同祖国和时代一起成长与进步的机会。有梦想，有机会，有奋斗，一切美好的东西都能够创造出来。全国各族人民一定要牢记使命，心往一处想，劲往一处使，用13亿人的智慧和力量汇集起不可战胜的磅礴力量。

二、重点推荐阅读材料

1．刘峰：《简约领导》，国家行政学院出版社2012年版。

2．刘峰：《领导大趋势》，中国言实出版社2003年版。

3．刘峰：《新领导观》，北京大学出版社2005年版。

4．刘志伟：《魅力领导》，国家行政学院出版社2012年版。

5．雷强：《网络领导》，国家行政学院出版社2012年版。

---

① 《17日两会热搜：习近平阐述中国梦》，http://news.china.com.cn/2013lianghui/2013-03/17/content_28271836.htm

思考题

1. 为什么说软权力在升值？试举例说明。
2. 评析新领导力与领导权力、领导能力的区别。
3. 根据新领导力定律，谈谈自己的学习体会。
4. 新领导力修炼的主要途径有哪些。

后 记

2013年11月，党的十八届三中全会《决定》中强调"必须在新的历史起点上全面深化改革"。全面深化改革的实践需求催生领导科学的升级版，催生领导艺术的新提升。2013年，中央组织部启动第四批全国干部学习培训教材编写工作，国家行政学院作为《领导力与领导艺术》教材的牵头编写单位，委托我作为编写组长负责具体编写工作。这对领导科学的发展是一个实实在在的利好和推动。

"好风凭借力，送我上青云。"国务院颁布的《行政学院工作条例》把领导科学列为全国行政学院系统的重点建设学科，从此领导科学的学科地位得以正式奠定。而自2013年开始，经国务院学位委员会批准国家行政学院正式招收领导科学专业的硕士、博士和博士后，领导科学的发展更加名正言顺。

"欲穷千里目，更上一层楼。"2013年10月，国家行政学院中国领导科学研究中心与新加坡公共服务学院、英国阿什里齐商学院联合举办了首届"领导力国际论坛"，昭示着中国的领导科学正在走向国际。中国领导科学的发展需要与西方领导科学的研究者进行对话和交流，也更要凸显中国特色，植根于中国国情和中国改革开放的当下实践。

社会一旦需要，就比十几所大学更能推动学科的发展。无独有偶，喜事成双。高等教育出版社和北京大学出版社计划联合出版全国MPA教材《领导科学与领导艺术》，并委托我主持编著。现在，书稿可以付梓，终于有一种如释重负的感觉。作为中国领导科学研究中心主任，我从事领导科学的教学与研究工作三十年来出了20多本著作和教材，但这本教材所花心血最大，整整用了三年时间。但我感到很欣慰，很值得！

"两岸猿声啼不住，轻舟已过万重山。"领导科学在中国随着改革开放的进程而兴起发展。我相信，在全面深化改革的今天，在实现中华民族伟大复兴中国梦的伟大事业中，领导科学一定会有更积极的发展，一定会发挥更长足的作用。

国家行政学院中国领导科学研究中心副秘书长张国玉副教授和国家行政学院中国领导科学研究中心学术秘书、北京大学政府管理学院陈纪稳博士参与了本书的资料收集和前期编写工作，张国玉教授还协助本书作者对全书进行了统稿，对他们所做的大量工作，在此表示感谢！欢迎读者多提批评意见。

刘峰

2014年1月20日于北京皇苑

郑重声明

高等教育出版社依法对本书享有专有出版权。任何未经许可的复制、销售行为均违反《中华人民共和国著作权法》，其行为人将承担相应的民事责任和行政责任；构成犯罪的，将被依法追究刑事责任。为了维护市场秩序，保护读者的合法权益，避免读者误用盗版书造成不良后果，我社将配合行政执法部门和司法机关对违法犯罪的单位和个人进行严厉打击。社会各界人士如发现上述侵权行为，希望及时举报，本社将奖励举报有功人员。

反盗版举报电话　（010）58581897　58582371　58581879
反盗版举报传真　（010）82086060
反盗版举报邮箱　dd@hep.com.cn
通信地址　北京市西城区德外大街4号　高等教育出版社法务部
邮政编码　100120